古代歷史文化研究輯刊

十四編

王明蓀 主編

第 15 冊

漢唐女主政治之探究
——以呂太后和武則天爲中心

梁筱婷 著

國家圖書館出版品預行編目資料

漢唐女主政治之探究——以呂太后和武則天為中心／梁筱婷
著 -- 初版 -- 新北市：花木蘭文化出版社，2015〔民 104〕
目 4+194 面；19×26 公分
（古代歷史文化研究輯刊 十四編：第 15 冊）
ISBN 978-986-404-323-1（精裝）
1. 中國政治制度 2. 漢代 3. 唐代
618   104014378

ISBN-978-986-404-323-1

9 789864 043231

古代歷史文化研究輯刊
十四編　第十五冊　　　　　　　　　ISBN：978-986-404-323-1

漢唐女主政治之探究
——以呂太后和武則天爲中心

作　　者　梁筱婷
主　　編　王明蓀
總 編 輯　杜潔祥
副總編輯　楊嘉樂
編　　輯　許郁翎
出　　版　花木蘭文化出版社
社　　長　高小娟
聯絡地址　235 新北市中和區中安街七二號十三樓
　　　　　電話：02-2923-1455／傳眞：02-2923-1452
網　　址　http://www.huamulan.tw 信箱 hml 810518@gmail.com
印　　刷　普羅文化出版廣告事業
初　　版　2015 年 9 月
全書字數　188651 字
定　　價　十四編 28 冊（精裝）台幣 52,000 元

漢唐女主政治之探究
——以呂太后和武則天爲中心

梁筱婷　著

作者簡介

梁筱婷，國立台灣師範大學國文學系碩士畢業。

提　　要

　　本論文以「漢唐女主政治之探究──以呂太后和武則天為中心」為題，針對呂太后和武則天兩位女主臨朝之原因、執政之表現、後世的評斷等諸方面進行分析與探討，全文共七章（含參考文獻），凡十二萬七千餘言。論文第一章為緒論，敘述本文研究動機和目的，研究範圍和方法，前人研究回顧和研究步驟。呂太后和武則天的政治生涯有許多可比較之處。兩位女主都是在開國之初便臨朝主政；在眾多曾經臨朝的女主當中，唯有她們被立紀，顯見她們也得到了部分史家認同，擁有如男性帝王般的歷史地位。因此，欲探究漢唐時期的女主政治，呂太后和武則天可說是兩朝的典型代表。

　　第二章探討女主臨朝的成因。對於母親的尊崇賦予了女性一種權力和義務，促使母后臨朝成為了維護皇權的可靠方法；帝王制度本身的家天下性質，也讓后妃有了正當的理由攝政。父系傾向的宗法政治使女性止步於政治前，卻也同時成為了后妃涉政的關鍵原因之一。從她們臨朝的契機可以發現，她們都是在帝王制度無法正常運行的時候，為了穩定國家統治秩序而採取讓她們主持國政這樣的變通方式。據此，即使漢唐相隔近千年，然而由女主臨朝作為變通的方法是有其根源存在，所以才會為歷代所用。

　　第三章探討女主臨朝的特徵。呂太后和武后都曾廢立皇帝，以直接或間接的方式除掉前朝皇帝的血脈。此外，兩位女主都曾任用酷吏，不過呂太后並沒有借助太多的酷吏力量掌政。反之，武則天在特定時期曾很大程度上借助酷吏的力量剷除異己，藉以穩固政權。呂太后和武后執政時表現出來的另一個共同點，便是同樣在朝廷中安置本生宗族的人。在呂太后和武后所樹立的外戚當中，有專權殘暴的亂政者，也有忠節賢明的穩政者。雖然兩位女主用外戚，不過這並不表示她們會放任外戚胡作非為。她們都適當的抑制外戚，只要有違綱紀、行為不端者便會遭到貶謫罷官。呂太后和武后皆能知人善斷，從而鞏固政權，穩定時局，因此也是值得探討的。

　　第四章探討了兩位女主施政的表現。本文從安定時局、經濟、法制、思想文化、軍事活動、外交政策諸方面的發展探究兩位女主在這些方面的改革、發展與貢獻。

　　第五章探討的是兩位女主臨朝時所面對的局限，主要是來自朝臣的制約和傳位的問題。由於兩朝初期的政治環境都是屬於相對的獨裁，統治者的權力並無達到高度集權，故而呂太后和武后臨朝受到朝臣的制約。作為皇權的代管者，女主臨朝只是一種過渡的形式，在封建社會建立的嚴密制度下，臨朝的女主基本上不可能傳位於本生家族的人，這也是她們臨朝的局限。

　　第六章探討的是從漢朝至近現代史家學者對兩位女主的評價。最後一章為本文的結論。

目

次

第一章 緒 論

第一節 研究動機與目的

一、研究動機

　　《禮記·昏義》:「天子聽男教,后聽女順;天子理陽道,后治陰德;天子聽外治,后聽內職。教順成俗,內外和順,國家理治,此之謂盛德。」〔註1〕「天子」乃古時最高統治者的別稱,〈曲禮下〉載:「君天下曰天子,朝諸侯,分職授政任功,曰予一人」〔註2〕,《尚書·周書·洪範》載:「天子作民父母,以爲天下王」〔註3〕;「后」是天子的嫡妻,「天子之妃曰后,諸侯曰夫人,大夫曰孺人,士曰婦人」。〔註4〕天子治理國家外務,皇后管理後宮內事,就角色模式而言,這是對統治階級的職責設定;在性別上而言,這是男女內外之別的表現。天子和皇后各正其位,各司其職,內外和諧恭順,國與家便都能安定。即使在這樣的分工模式下,女主涉政卻並非罕見的現象,

---

〔註1〕 〔漢〕鄭玄注,〔唐〕孔穎達疏:《禮記》,收入《十三經注疏》(臺北:藝文印書館,1955年)卷六十一〈昏義〉,頁1002。

〔註2〕 〔漢〕鄭玄注,〔唐〕孔穎達疏:《禮記》,收入《十三經注疏》卷四〈曲禮下〉,頁78。

〔註3〕 〔漢〕孔安國傳,〔唐〕孔穎達等正義:《尚書》,收入《十三經註疏》(臺北:藝文印書館,1985年)卷十二〈周書〉,頁173。

〔註4〕 〔漢〕鄭玄注,〔唐〕孔穎達疏:《禮記》,收入《十三經注疏》卷四〈曲禮下〉,頁94。

「整個中國從西元前 221 年至西元 1912 年的歷史，主要是一個男權和父系的社會，這已是普通知識。然而，卻很少有人注意到中國悠久的歷史中，有好幾個時期由女主統治。」〔註5〕 在「男子居外，女子居內」〔註6〕觀念根深蒂固的社會中，女主政治〔註7〕始終存在，這是特殊的政治歷史現象。

「女主」可指主婦或宮闈女性，前者見於《禮記》：「其無女主，則男主拜女賓於寢門內」〔註8〕；後者首次見於《荀子·彊國》：「相國舍是而不爲，案直爲是世俗之所以爲，則女主亂之宮，詐臣亂之朝，貪吏亂之官。」〔註9〕此女主泛指後宮婦女，如皇后、太后、妃子，後來司馬遷（145BC～87BC）於《史記·呂后本紀》以「今高帝崩，太后女主，欲王呂氏」〔註10〕指漢高祖（206BC～194BC）元配呂雉（241BC～180BC）掌政。自此「女主」一詞多指經由直接或間接方式參與政治的女性。

秦始皇（241BC～206BC）統一天下前便有女主涉政，《後漢書》載：「唯秦芈太后始攝政事」〔註11〕，李賢（654～684）注曰：「太后，昭王母也，號宣太后。《史記》曰，昭王立，年少，宣太后自知事，以同母弟魏冉爲將軍，任政，封爲穰侯。太后攝政，始於此也。」〔註12〕據此，宣太后（？～265BC）是首位見於正史的女主。根據朱子彥統計，戰國（475BC～221BC）至清代（1616

〔註5〕 楊聯陞著，林維紅譯，鮑家麟校對：〈中國歷史上的女主〉，收入鄧小南、王政、游鑒明主編：《中國婦女史讀本》（北京：北京大學出版社，2011年），頁2。

〔註6〕 〔漢〕鄭玄注，〔唐〕孔穎達疏：《禮記》，收入《十三經注疏》卷二十八〈內則〉，頁533。

〔註7〕 蔡幸娟：〈北朝正史女主政治評價之考察研究——兼論中國史上「女禍史觀」之形成與發展〉，收入《認識中國史論文集》（臺北：稻鄉出版社，2000年），頁155中提出，女主政治的定義，即舉凡以直接或間接方式參與王朝帝國政治構成一定影響的所有後宮女性均可謂之爲「女主」；而「女主政治」就是「女主」經由直接或間接方式參與王朝帝國政治的一種政治形式事實。

〔註8〕 〔漢〕鄭玄注，〔唐〕孔穎達等正義：《禮記》，收入《十三經注疏》卷四十四〈喪大記〉，頁3。

〔註9〕 〔唐〕唐倞注，〔清〕王先謙集解：《荀子集解》（臺北：世界書局，2000年）卷十一〈彊國〉，頁274。

〔註10〕 〔漢〕司馬遷撰：《史記》（北京：中華書局，2003年）卷九〈呂后本紀〉，頁400。

〔註11〕 〔南朝宋〕范曄撰，〔唐〕李賢等注：《後漢書》（北京：中華書局，1965年）卷十上〈皇后紀上〉，頁400～401。

〔註12〕 〔宋〕范曄撰，〔唐〕李賢等注：《後漢書》卷十上〈皇后紀上〉，頁400～401。

～1911）的女主共有三十七人。〔註13〕秦始皇創建皇帝制度，確立了相關稱號後，自此在實行帝制的二千一百三十餘年裡，臨朝女主便有三十四人。杜芳琴認為古代女性直接參與政治的方式有三種，即「臨朝稱制」、「女皇稱制」和「垂簾聽政」。〔註14〕所謂「制」，鄭玄（127～200）於《禮記・曲禮下》注：「制謂君教令，所使為之」〔註15〕；《史記・秦始皇本紀》釋：「王為泰皇，命為制，令為詔」，裴駰集解引蔡邕曰：「制書，帝者制度之命也。其文曰制。」〔註16〕《漢語大詞典》解釋「制」曰：「帝王的命令」。〔註17〕以女主「稱制」，意指女主掌政，首見於《史記・呂后本紀》：「元年，號令一出太后。太后稱制」〔註18〕，司馬遷以「稱制」表示呂后臨朝主政，意謂她行使皇帝之權力，故《漢書・高后紀》顏師古注：「天子之言一曰制書，二曰詔書。制書者，謂為制度之命也，非皇后所得稱。今呂后臨朝行天子事，斷決萬機，故稱制詔。」〔註19〕此後女主出面主持國事者，便謂之「臨朝稱制」。第二種參政方式為「女皇稱制」，歷史上唯有唐朝（618～907）武則天（690～705）一人。第三種「垂簾聽政」意即「臨朝處理事務，執掌政事……或稱攝政，即替幼主處理政事……若女主專斷獨行，則有『專權擅政』之譏」。〔註20〕垂簾制度起自東晉（317～420），《晉書・孝宗穆帝紀》記：「太子即皇帝位，時年二歲……皇太后臨朝攝政……永和元年（345）春正月甲戌朔，皇太后設白紗帷於太極殿，抱帝臨軒。」〔註21〕唐初武則天以垂簾方式臨朝輔佐高宗（628～683）處理政事，

〔註13〕詳見朱子彥：《帝國九重天——中國後宮制度變遷》（北京：中國人民大學出版社，2006年），頁172：「女主37人，其中戰國3人，西漢2人，東漢6人，西晉1人，東晉2人，北魏2人，唐代2人，宋代9人，遼代4人，元代4人，清代2人。其餘西夏及五胡十六國等小王朝的女主，皆不列入其中。」
〔註14〕詳見杜芳琴：〈中國古代女主政治略論〉，《山西師大學報（社會科學版）》第20卷第2期（1993年4月），頁83。
〔註15〕〔漢〕鄭玄注，〔唐〕孔穎達疏：《禮記》，收入《十三經注疏》卷四〈曲禮下〉，頁78。
〔註16〕〔漢〕司馬遷撰：《史記》卷六〈秦始皇本紀〉，頁236。
〔註17〕羅竹風主編：《漢語大詞典》（上海：漢語大詞典出版社，2001年）上冊第二卷，頁662。
〔註18〕〔漢〕司馬遷撰：《史記》卷九〈呂后本紀〉，頁399～400。
〔註19〕〔漢〕班固著，〔唐〕顏師古注：《漢書》（北京：中華書局，2012年）卷三〈高后紀〉，頁95。
〔註20〕杜芳琴：〈中國古代女主政治略論〉，《山西師大學報（社會科學版）》第20卷第2期（1993年4月），頁83。
〔註21〕〔唐〕房玄齡等撰：《晉書》（北京：中華書局，2003年）卷八，頁191。

「上每視朝，天后垂簾於御座後，政事大小皆預聞之，內外稱爲『二聖』。」
〔註22〕這是「垂簾」一詞首見於正史，後「凡后妃攝政，即稱『垂簾聽政』，
而由此段記載可以證明的，不只是武則天以皇后之姿臨朝，它更指出臨朝皇
后的權利是與皇帝相等的。」〔註23〕女主政治現象自始至終存在於中國歷史
中，表示中國政治的大環境裡有促成其出現、存在的必然因素。楊友庭認爲
后妃得以專政是封建主義中央集權制與宗法制相結合的必然產物。〔註24〕帝
制時期，皇帝是國家的主體，擁有至高無上的權力，臣民對他有絕對的服從
義務。西周（1044BC～771BC）以還中國政治以宗法制爲核心，而宗法制度
以血緣關係維繫家族。集權政治和宗法制結合，中國的政治便變成了一個世
襲制的政治形態，而君位的傳承又以嫡長制爲主要原則，確保皇帝之寶座代
代相傳。張金鑑指出：「宗法政治組織之實際係以嫡長繼承制與政治倫常化爲
政治骨幹……所謂政治倫常化的意義，易言之，就是說國家乃家庭的擴大，
政治關係是家屬關係的推廣。宗法的家族組織以父系父治父權爲基石。父系
者以男系親屬爲同族爲內屬，女系親屬爲異族爲外屬。」〔註25〕「家天下」
的政治屬性使「國事——家事」概念模糊，皇帝治國如治家。一旦皇帝無力
治理朝政，或皇帝猝崩導致君權出現真空狀態，皇權便有旁落的危機。此時
由后妃出面主政是最好的「權宜之計」〔註26〕，原因在於「后妃和皇帝或是
夫婦關係，或是母子關係，夫婦之愛非同尋常，母子之情出於天性，應該是
可以信賴的了」〔註27〕，故在皇位找到繼承人，或皇帝有能力親政以前，讓
后妃成爲皇權代理者／守護者乃是理所當然之事。這樣不僅具正統〔註28〕性

〔註22〕〔後晉〕劉昫等撰：《舊唐書》（北京：中華書局，2010年）卷五〈高宗本紀
下〉，頁100。

〔註23〕陳美伶：《兩漢太后臨朝稱制研究》（臺南：國立臺南大學，國語文學系碩士
論文），2009年，頁40。

〔註24〕詳見楊友庭：《后妃外戚專政史》（福建：廈門大學出版社，1994年），頁1。

〔註25〕張金鑑：《中國政治制度史》（臺北：三民書局，1986年），頁63～65。

〔註26〕楊聯陞：〈中國歷史上的女主〉，收入《中國婦女史讀本》，頁5：「太后攝政（1）
是一個已建立的制度，雖然（2）偶爾被禁止並受到批評，但（3）卻常作爲
緊急措施及權宜之計。」

〔註27〕朱子彥：〈略論中國封建社會的后妃干政〉，《上海大學學報（社科版）》第1
期（1994年），頁60。

〔註28〕〔漢〕許慎撰，〔清〕段玉裁注：《說文解字注》，頁69釋「正」曰：「正，是
也，從一」，頁69釋「是」爲「直也，從日正」；頁645釋「統」曰：「統，
紀也」。從宗法制度的角度來看，所謂正統即符合宗法繼承原則。

和合理性，同時也能達到維護政權的目的。換言之，雖然禮制明確了女后主內的定位，然而以宗法制爲基石的政治制度卻在另一方面賦予了女性涉政的機會，成爲了女主現象存在的必然因素。

除此之外，女主臨朝也必須具備其他條件方能成立。以本文的研究對象，呂后和武則天生活的時代背景而言，有學者認爲兩朝的社會風氣與文化觀念都有可能是女主臨朝的要素。舉西漢爲例，文愚曾提出，漢王朝的統治秩序特點之一便是提倡「孝治」，以孝治天下的觀念使太后們得以通過兒子干預國家政權。〔註29〕武則天亦「深諳忠孝之道對皇權統治的重要意義。因此無論是在獲取皇權的過程中，還是在鞏固其皇權統治上都盡力樹立自己的忠孝形象。」〔註30〕除了社會環境，皇帝的詔命，朝臣對女主臨朝的接受，是促成女主得以臨朝的必要性因素。

雖然以父系爲本的宗法政治造就了女主參政的機會，但是也同樣限制了她們政權的延續。縱觀歷史上的女主，儘管她們得以臨朝甚至行使皇帝的權力，但是她們的政權卻不是恆久的。呂后能夠以輔佐幼帝之名義爲她的主政披上合法的外衣，然而執政期間所立的太子仍爲劉氏後嗣，因爲她終究必須把政權歸還給劉氏皇朝。武則天亦然，即使她成功改唐爲周，自立爲帝，最終仍不得不把政權傳於中宗（656～710）。朱子彥曾指出：「即使女主成爲女皇帝，也不能改變皇位繼承權。她不能像男皇帝那樣，視夫族爲外戚，按照女皇帝的世系傳授帝位。」〔註31〕由此可見，不管女主在掌政時期如何呼風喚雨，她們最終也沒能推翻父權、父治、父系政治。換言之，她們在本質上始終沒有眞正得到過如同男性統治者般的權力。這是女主政治的局限之一。此外，縱令女主稱制也不能像男性皇帝般自由。劉邦平定天下後，行使他作爲皇帝的特權分封劉氏宗族爲王；呂太后臨朝行使皇帝之權時「欲立諸呂爲王，問右丞相王陵（？～180BC）。王陵曰：『高帝刑白馬盟曰『非劉氏而王，天下共擊之』。今王呂氏，非約也。』」〔註32〕由此可見，即使政令由她而出，然而畢竟只是「皇帝代理人」，故其權力仍然受到限制。女主政權有其限制性，

〔註29〕 詳見文愚：〈西漢后妃干政問題淺析〉，《史學月刊》第 12 期（2002 年），頁 115。

〔註30〕 李慶陽：〈武則天與忠孝觀念〉，《西北大學學報（哲學社會科學版）》第 39 卷第 6 期（2009 年 11 月），頁 139。

〔註31〕 朱子彥：《帝國九重天——中國後宮制度變遷》，頁 363。

〔註32〕 〔漢〕司馬遷撰：《史記》卷九〈呂后本紀〉，頁 400。

在於她們仍然附屬於男性皇帝，權力本源亦來自夫家。基於此，雖然女主政治是中國歷史上相始終的現象，卻只是父權政治的另一種表現形式。

自呂后伊始迄於慈禧太后（1835～1908）爲止，歷經二千餘年。在這漫長的女主政治史裡，以呂后和武則天最爲特殊，「僅據二十五史不完全統計：臨朝稱制者主要有二十一人。其中最著名的莫過於西漢呂后，唐代武則天及清代的西太后。」〔註33〕本文以呂后和武則天爲研究對象，在於她們的政治生涯有著許多可以比較之處。她們生活的社會風氣略同，且皆在王朝建立之初便臨朝主政。同時，她們開創了女主政治史的先河。呂后是首位臨朝稱制之女主，而垂簾制度雖非創自武則天，卻是在她之後流行的臨朝表現形式，並且她也是中國歷史上唯一的女皇帝，地位和影響不言而喻。其二，史家皆爲她們立了本紀。司馬遷作本紀的目的是敘述帝王的事蹟：「罔羅天下放失舊聞，王蹟所興，原始察終，見盛觀衰，論考之行事，略推三代，錄秦漢，上記軒轅，下至于茲，著十二本紀」。〔註34〕裴松之（372～451）《史目》云：「天子稱本紀，諸侯曰世家」〔註35〕；趙翼（1727～1814）《廿二史箚記》言：「司馬遷參酌古今，發凡起例，創爲全史。本紀以序帝王，世家以記侯國，十表以繫時事，八書以詳制度，列傳以誌人物」。〔註36〕由此可見唯有帝王始有資格被立本紀，呂后雖未曾稱帝，但「政由后出」〔註37〕，不曾有皇帝之名義卻實際行使了皇帝的權力。武則天兼具皇帝之名義與權力。在二十四史、《清史稿》中，皇后、后妃之事，包括歷代曾經臨朝的女主，都只能見於后妃列傳。唯獨呂后和武則天兩人如同其他帝王般，被史家個別立了本紀。因此欲探究漢唐時期的女主政治，則呂后和武則天可說是兩朝女主的典型。

雖然大部分女主皆以維護皇權之目的臨朝參政，並且也勵精圖治，歷來卻常有非難她們的言論，以及后妃不得預政的法令規定。〔註38〕相較於有爲

〔註33〕朱子彥：〈略論中國封建社會的后妃干政〉，《上海大學學報（社科版）》第 1 期（1994 年），頁 60。

〔註34〕〔漢〕司馬遷撰：《史記》卷一百三十〈太史公自序〉，頁 3319。

〔註35〕〔漢〕司馬遷撰：《史記》卷一〈五帝本紀〉，頁 1。

〔註36〕〔清〕趙翼：《廿二史箚記》（臺北：華世出版社，1977 年）卷一，頁 3。

〔註37〕〔清〕趙翼：《廿二史箚記》卷一，頁 4。

〔註38〕歷代皆有針對女主不准與國事的法令規定存在，如〔宋〕司馬光編著，〔元〕胡三省音注：《資治通鑑》（北京：中華書局，1997 年）卷六十九〈魏紀一〉，頁 2206：「（魏文帝於黃初三年）九月，甲午，詔曰：『夫婦人與政，亂之本也。自今以後，羣臣不得奏事太后，后族之家不得當輔政之任，又不得橫受茅土之爵。以此詔傳之後世，若有背違，天下共誅之。』」

的男主，呂后和武則天的施政表現絕不遜色；與許多昏庸無能的男性皇帝相比，說她們是傑出的政治家更不爲過。然而，許多傳統的史家和學者在評述她們時卻著眼於她們的性別而否定和忽略她們的功勞，甚或指責她們牝雞司晨，爲禍國家，危害朝政，繼而對她們作出有失公平的評斷。劉詠聰便曾如是指出：「歷史成爲男性本位，並帶有性別歧視的歷史，成爲描寫男性對女性的態度的歷史……凡是女主專政的局面，就是陰居陽位、朝綱不振、王室中衰」〔註39〕；朱子彥亦認爲：「封建綱常倫理規定，女子應該未嫁從父，出嫁從夫，夫死從子，始終處於依附從屬的地位。因此男子掌權被認爲是天經地義，女子擅政被視爲陰陽顛倒，稱王稱帝更是大逆不道。古代所謂「牝雞司晨，牝雞之晨，唯家之索，就是這一狀況的具體反映。」〔註40〕不過，從正史的記述，不難看見也有史家對她們的能力和貢獻給予褒詞，如司馬遷曾正面評價呂后曰：「高后女主稱制，政不出房戶，天下晏然。刑罰罕用，罪人是希。民務稼穡，衣食滋殖。」〔註41〕欲評斷歷史人物，尤其是像呂后和武則天般爭議性頗大的女性政治人物，不惟須從她們臨朝的成因著手，也須對她們臨朝後的政績功過作探析，方能對她們作較爲全面、公允的了解，此即本論文起而研究之動機所在。

二、研究目的

本文欲達到的目的有四：

（一）探析呂后和武則天臨朝的成因

呂后和武則天能夠直接參與政治由許多因素促成。中國宗法制的政治形態賦予了她們臨朝的合法性和合理性。皇帝本身的狀況（年幼體弱，昏庸無能）、禮制觀念的推崇等也是造就她們執政的客觀條件。朱子彥提出：「在中國君主專制制度中實際上存在著兩個相互抵牾的方面：一方面，基於男權統治的角度強調『女人』干政的危害，反對后妃干政；另一方面，則基於倫理政治的考慮，在禮法上暗含著對母權的承認與肯定，有時在客觀情勢上也不

〔註39〕劉詠聰：〈中國古代的「女禍」史觀〉，收入《女性與歷史——中國傳統觀念新探》（臺北：臺灣商務書館，1995 年），頁 8。

〔註40〕朱子彥：〈略論中國封建社會的后妃干政〉，《上海大學學報（社科版）》第 1期（1994 年），頁 64。

〔註41〕〔漢〕司馬遷撰：《史記》卷九〈呂后本紀〉，頁 412。

得不需要太后出面主持國家政事。」〔註42〕由於尊母之傳統,故在遇到緊急狀況〔註43〕時,即使男權統治譴責婦女涉政,卻也不得不讓太后權時主持國政。繼母親之後,妻子是守護夫家的不二人選。在倫常化的政治形態下,當皇帝因疾無法親政時,作為妻子的皇后便有可能協助皇帝處理事務,或以皇后的身份暫代皇帝主持政事,於情理而言有其合法性和正統性,同時也能夠繼續維持其統治地位,避免君權旁落的憂患。其他因素如社會風氣,對母權的肯定,以宗法為本的政治形態,皇帝和朝臣的態度等是否為呂后和武則天參政創造了有利條件,這是本文將會探討的部分。

(二)探究呂后和武則天政權的局限性

兩位女主在皇權出現真空狀態及男主皇帝無力治理朝政時,臨朝主持國事。易言之,她們都是在得到認可的情況下直接參與政治。呂后臨朝稱制十五年,而武則天從輔佐高宗直到稱帝,臨朝輔政三十年,稱帝執政十五年。雖然如此,身為女主的她們權力受到限制。朱子彥據此曾提出,在一個以男子為中心的私有制社會,后妃雖能臨朝稱制,但她們的掌權往往是短暫的。一旦促使她們臨朝的因素不復存在,她們就不得不把權力歸還皇帝。〔註44〕此外,從她們施政時的某些舉措,以及政治生涯的終結方式——歸政於劉漢皇朝與李唐皇朝,可見女主政權的局限性。

(三)分析、歸納呂后和武則天使用的政治手段和她們臨朝的政績功過

呂后和武則天同是有為的女主,政治才幹為許多史家學者所認同。杜芳

〔註42〕 朱子彥:《帝國九重天——中國後宮制度變遷》,頁345。

〔註43〕 轉引自楊聯陞:〈中國歷史上的女主〉,收入《中國婦女史讀本》,頁4:所謂緊急狀況,趙鳳喈指出,通常遇到三種情況下才會造就太后得以執政的機會:「然非謂凡屬太后,皆可攝政,蓋必具備相當之條件而後可。所謂相當之條件者,亦無成文法為之明白規定;稽諸史策所載,約有左(下)三列者:(1)皇帝年幼如東漢竇太后臨朝,和帝年十歲;鄧太后臨朝,殤帝方誕育百餘日;梁太后臨朝,沖帝年僅二歲;皆此例也。唯西漢呂后臨朝,惠帝年已十七,實由呂后貪權之過。(2)帝疾不能視事如宋英宗感疾,請皇太后權同處分軍國事;又神宗寢疾,宰相王珪奏請皇太后權同聽政;皆此例也。(3)先帝猝崩,或有遺詔如漢安帝崩,閻皇太后先臨朝,後策立少帝;即前例也。唐高宗崩,遺詔軍國大事,聽天后處分;又宋真宗崩,遺詔太子即位,軍國大事權同太后處分,即後例也。」

〔註44〕 詳見朱子彥:〈略論中國封建社會的后妃干政〉,《上海大學學報(社科版)》第1期(1994年),頁62。

琴曾針對歷史上的女主，以她們對政治與權力的態度和政績為據分為積極型和被動型兩大類。在積極型女主底下又另外分成「有為女主」、「弄權女主」、「自覺相夫助子的女主」和「恪守禮法女主」四種，而呂后和武則天被歸類為「有為女主」。〔註45〕《史記》載：「孝惠、高后時，為天下初定，復弛商賈之律，然市井之孫亦不得仕宦為吏。量吏祿，度官用，以賦於民。而山川園池市井租稅之入，自天子以至於封君湯沐邑，皆各為私奉養焉，不領於天下之經費。」〔註46〕經濟上，她減輕了人民的負擔，又「減田租，復十五稅一」〔註47〕，鼓勵農事生產。法制方面，實行減刑廢除苛政法令：「上造以上及內外公孫耳孫有罪當刑及當為城旦舂者，皆耐為鬼薪白粲」〔註48〕，「省法令妨吏民者；廢挾書律」。〔註49〕總言之，在呂后「統治時期，西漢的政治、法制、經濟和思想文化各個領域都得到了全面的發展，為文景之治奠定了堅實的基礎。」〔註50〕武則天輔佐高宗時便為政事「憂勞天下」〔註51〕，亦「整頓朝綱，虛心納諫，改革弊政」。〔註52〕舉經濟為例，早在她當皇后時便曾上書建言「勸農桑，薄賦徭」〔註53〕，採取輕徭薄賦的政策以減輕百姓的負擔。她亦針對田制、逃戶等與農業生產有莫大關係的問題採取了適當的經濟政策。這所有的一切不僅為當時的社會帶來了穩定和繁榮的景象，亦開啟往後玄宗時期的盛世。〔註54〕兩位女主執政期間許多方面得到全面的發展，但是

〔註45〕詳見杜芳琴：〈中國古代女主政治略論〉，《山西師大學報（社會科學版）》第20卷第2期（1993年4月），頁82。

〔註46〕〔漢〕司馬遷撰：《史記》卷三十〈平準書〉，頁1418。

〔註47〕〔漢〕班固著，〔唐〕顏師古注：《漢書》（北京：中華書局，2012年）卷二〈惠帝紀〉，頁85。

〔註48〕〔漢〕班固著，〔唐〕顏師古注：《漢書》卷二〈惠帝紀〉，頁85。

〔註49〕〔漢〕班固著，〔唐〕顏師古注：《漢書》卷二〈惠帝紀〉，頁90。

〔註50〕陳世：〈論呂雉為穩定漢初局面做出的貢獻〉，《社科縱橫》第22卷第2期（2007年2月），頁114。

〔註51〕〔宋〕歐陽修、宋祁撰：《新唐書》（北京：中華書局，2003年）卷七十六〈后妃傳〉，頁3479。

〔註52〕王洪軍：《武則天評傳》（濟南：山東大學出版社，2010年），頁277。

〔註53〕〔宋〕歐陽修、宋祁撰：《新唐書》，卷七十六〈后妃傳〉，頁3477。

〔註54〕胡戟：《武則天本傳》（北京：北京大學出版社，2011年），頁141中指出：「武則天活躍了半個世紀，是貞觀之治和開元之治從治世到盛世間的橋樑。貞觀之治主要是政治清明，空前開放，經濟剛剛從隋末戰亂中復甦，全國編戶至貞觀末不過300餘萬戶，才相當隋大業中的三分之一，土地墾闢自然有限，雖社會比較安定，但經濟遠非富庶。然而開元年間，全國經濟卻是一派繁榮

爲了鞏固自己的地位，她們採取了許多激烈的手段。諸如誅殺異己、廢立皇帝等，是兩位女主共同使用的政治手段。因此在臨朝特徵方面，本文擬歸納出兩位女主爲鞏固地位和政權而使用的手段。這部分的探討之必要在於可作爲辨析後世對她們參政所提出的評價是否客觀公允的參考。

（四）探析呂后和武則天的歷史評價

對於呂后和武則天臨朝之舉，歷代時有誇大她們的過失而橫加撻伐的人，亦有根據史實予以她們較爲公平評價的公論者。劉詠聰曾提出：「如何客觀地評價歷史上的女主、后妃呢？竊以爲，最重要的是擺脫從性別去評價的方法，實事求是地評估其具體政績，就史論史，女主臨朝絕非女權之提倡，而是皇權的另一表現形式。如果說到朝代之興亡，也實在必須從深刻的經濟、政治、社會、軍事等因素上去尋找治亂根源，而不應直覺的歸咎於女性之得寵和主政，否則就不是尊重歷史事實的做法了」〔註55〕後人時以「篡位」、「亂政」、「擅權」等歧視字眼看待呂后和武則天的臨朝，認爲她們「不在其位卻擅其職」，批判意味濃厚。這是有欠公允的，因爲呂后和武則天權術再厲害，她們也絕不可能僅憑一己之力便能夠臨朝主政，而須有客觀條件配合人爲因素始能完成。

現階段學者從政治學、歷史學、社會學等學科的視角對女性臨朝的現象和問題做探討研究，並且累積了客觀的有價值的研究成果。雖然如此，女主政治的研究較之其他女性課題如婚姻制度、婦女生活等，還算是比較少人碰觸的課題，而以漢唐兩朝之女主爲探討對象的研究更是稀少，故仍有深入探析之空間。本文試圖繼承前人之說，重整前人說法，對此課題進行更深入且全面的討論。

氣象，如果不是武則天那半個世紀打下良好基礎，那麼在她去世後僅八年，她的孫子唐玄宗李隆基上台伊始便不可能有那樣一個天下大治，經濟、政治在整個中國古代都堪稱巔峰狀況的盛世出現。」另在頁146中也引述《唐代研究會會報》第3號說：「從當時社會財富的湧現，含嘉倉等大糧倉的豐實，商業的繁盛，人口穩定的增長，社會相對的安定，我們看到武則天的經濟政策取得了相當的成功。」

〔註55〕劉詠聰：〈中國古代的「女禍」史觀〉，收入《女性與歷史──中國傳統觀念新探》，頁8。

第二節　研究文獻之探討

　　二十世紀初，中國婦女的議題始獲得學界關注。至 80 年代台灣地區的婦女研究亦興起並快速發展，凡與女性相關的研究主題，皆爲兩岸學者所涉獵。自此婦女研究已有相當斐然的成績。從前人的研究概況中，可見研究的重點主要以呂后、武則天及其相關主題爲核心，對她們作個別的專題研究，但同時以兩者爲研究對象的著作卻非常稀少。

　　呂后和武則天相關的研究，可分爲直接文獻資料和相關文獻資料兩部分。直接文獻資料即《史記》、《漢書》、《舊唐書》、《新唐書》等，記述了兩后臨朝之前因、執政之過程，以及實施之政策制度等，是了解兩后事蹟的重要資料。至於相關文獻資料則是近現代學術成果，涵括了近現代之專著、期刊論文和學位論文。

一、直接文獻資料

　　本文既以呂后和武則天爲研究對象，故《史記》、《漢書》、《舊唐書》、《新唐書》爲主要材料，佐以相關史書和政書，如荀悅（148～209）《漢紀》、司馬光（1019～1086）《資治通鑑》、馬端臨（1254～1323）《文獻通考》、徐天麟（生卒年不詳）《西漢會要》、王溥（922～982）《唐會要》等。據史書中對於兩位女主的記載，從中劃分出她們臨朝之因素、施政之特點，旁及漢唐社會背景、禮制觀念變遷等數方面進行探討。爲求齊全，對兩后有完整了解，若其他文獻有主要材料未記載或相異之處，則將考據文獻之來源。其他著作如趙翼《廿二史箚記》、胡寅《致堂讀史管見》等皆於參考之列。經書如《禮記》、《儀禮》、《周易》等亦是本文在探析特定制度、文化觀念時的重要參考資料。

二、相關文獻資料

　　近現代的學術研究成果爲學者從各個角度去剖析、論述女主政治的現象，以及對個別女主的專題探討，數量豐碩。其中與本文有直接相關的包括黃淑麗的《漢唐后妃干政──呂后與武后之研究》〔註 56〕以及林淑玫的《漢

〔註 56〕黃淑麗：《漢唐后妃干政──呂后與武后之研究》（新竹：玄奘大學，中國語文學系碩士論文），2014 年。

唐后妃參政干政研究》。〔註57〕前者出版於 2014 年，與本文所探討的課題相似。後者涵蓋兩漢和唐朝共十六位女主，從後宮制度、來源、女主參政過程、參政之特徵和影響等諸方面對兩朝之女主作了全面的探述。然而由於涵括範圍之廣，故並無針對呂后和武則天作深入的探析。這是本文得以突破的地方。

　　以下將分爲「女主政治」／「後宮制度」、「呂后、西漢政治」及相關議題，「武則天、唐代政治」及相關議題，這三個方面說明與本文研究有較大關聯性的重要著作、單篇論文和學位論文。

（一）女主政治／後宮制度

　　在今人專著方面，朱子彥之《帝國九重天——中國後宮制度變遷》〔註58〕系統的論述了從三代至明清之後宮制度的起源、運作和變遷。在最後兩章中此書探討了中國自古后妃參政與王朝興衰的關聯性，以及外戚的發展和對朝政的影響。此書對本文研究之重要，在於它將中國的宗法制皇權政治與後宮的本質和發展規律相聯繫作分析，進一步探討後宮政治對朝政的影響。禮俗觀、後宮政治和皇權政治環環相扣，是女主現象出現、存在的根本。故此書的參考價值甚大。楊友庭的《后妃外戚專政史》〔註59〕從宗法制和中央集權產生的起源，說明女主出現、存在的必然性。趙鳳喈《中國婦女在法律上的地位》〔註60〕中扼要的談及了皇太后攝政的制度，提出女主涉政乃權宜之計的觀點。這三本專著對本文有重要之參考價值，在於它們都提出了女主臨朝的必要性和必然性。然而對於呂太后和武則天的討論僅限於某段落或某篇章，範圍較小，故以這兩位女主爲研究對象作深入探析乃本文可以發揮之處。女主政治的產生與存在和中國帝制有莫大的關係，因此其他專著如白鋼著《中國皇帝》〔註61〕、朱子彥、徐連達合著《中國皇帝制度》在探究中國帝制的起源和發展時，也同樣論及了女主政治的變遷和特徵，故也在參考之列。

〔註57〕林淑玫：《漢唐后妃參政干政研究》（新竹：玄奘大學，中國語文學系碩士論文），2010 年。

〔註58〕朱子彥：《帝國九重天——中國後宮制度變遷》（北京：中國人民大學出版社，2006 年）。

〔註59〕楊友庭：《后妃外戚專政史》（廈門：廈門大學出版社，1994 年）。

〔註60〕趙鳳喈：《中國婦女在法律上之地位》（臺北：稻鄉出版社，1993 年）。

〔註61〕白鋼：《中國皇帝》（北京：社會科學文獻出版社，2008 年）。

　　學位論文方面，米莉《帝制中國的女主與政治》〔註 62〕從政治形態和忠孝的體制，探討女主政治的合法性。該論文認為，儘管女主一直存在，然而女主只是從中國特殊的政治體制獲得看似合法的政治資源，本質上女主政治只是具備「過渡性」、「不穩定性」和「個人性」的多重特徵，並無法永久把持政權，最終仍需還政於男性統治者。此論文提出了女主政治的限制性，其論點有值得反思之處，故參考價值甚高。

　　期刊論文方面，朱子彥〈垂簾制度述論〉〔註 63〕探討了垂簾制度的起源和發展，與本文探討之女主臨朝方式有直接的關聯，故對本文研究幫助甚大。另外，楊聯陞〈中國歷史上的女主〉〔註 64〕、毛佩奇〈中國后妃制度述論〉〔註 65〕、蔡幸娟〈史傳中之女主臨朝「稱制」「攝政」與「聽政」〉〔註 66〕、杜芳琴〈中國古代女主政治略論〉〔註 67〕等概括了歷來女主涉政之情況，同時也針對女主的特徵以及女主的制度化作簡明的闡述。朱子彥〈略論中國封建社會的后妃干政〉〔註 68〕、顧文幸〈歷代后妃涉政原因析〉〔註 69〕、張星久〈母權與帝制中國的后妃政治〉〔註 70〕等分析了女主得以臨朝的成因，提出了尊母之傳統、權力鬥爭等論點為涉政因素，故亦在本文參考之列。

（二）呂后、西漢政治現象參考文獻

　　此部分說明可作本文參考的歷來與呂后或西漢初期／西漢時期相關的學

〔註 62〕米莉：《帝制中國的女主與政治》（北京：中國政法大學，政治學博士論文），2008 年。

〔註 63〕朱子彥：〈垂簾聽政制度述論〉，《學術月刊》第 2 期（1998 年），頁 55～61。

〔註 64〕楊聯陞著，林維紅譯：〈中國歷史上的女主〉，《食貨月刊》第 1 卷第 11 期（1972 年 2 月），頁 570～577。

〔註 65〕毛佩奇：〈中國后妃制度述論〉，《中國人民大學學報》第 6 期（1990 年），頁 82～93。

〔註 66〕蔡幸娟：〈史傳中之女主臨朝「稱制」「攝政」與「聽政」〉，《國立成功大學歷史學報》第 23 期（1997 年 12 月），頁 247～274。

〔註 67〕杜芳琴：〈中國古代女主政治略論〉，《山西師大學報（社會科學版）》第 20 卷第 2 期（1993 年 4 月），頁 82～86。

〔註 68〕朱子彥：〈略論中國封建社會的后妃干政〉，《上海大學學報（社會科學版）》第 1 期（1994 年），頁 60～64。

〔註 69〕顧文幸：〈歷代后妃涉政原因析〉，《中華女子學院山東分院學報》第 1 期（1995 年），頁 27～29。

〔註 70〕張星久：〈母權與帝制中國的后妃政治〉，《武漢大學學報（社會科學版）》第 56 卷第 1 期（2003 年 1 月），頁 41～51。

位論文、期刊論文。根據「中央研究院近代史研究所婦女與性別史研究群」〔註71〕和「臺灣博碩士論文知識加值系統」〔註72〕，臺灣地區對於呂太后或西漢皇權、西漢前期政治相關的研究成果並不多。相對的，大陸地區的成果數量較為豐碩。縱觀兩地對此課題的涉獵主要從兩個大方向著手，其一為西漢的后妃政治／母權政治，旁及她們的歷史作用、婦女的政治地位以及西漢外戚專權之探討。其二為專題談論呂后之事蹟，議題涵蓋史書中所刻畫的呂后形象、政績和功過、權力來源以及她的心理／性格特徵。

　　談及呂后主政之因素，婦女／后妃政治地位的，在學位論文方面有梁艷麗《論西漢婦女的政治參與》〔註73〕、陳美伶《兩漢太后臨朝稱制研究》〔註74〕、林君儀《西漢后妃研究——以呂后、竇后及元帝王后為主》〔註75〕等。首篇論文著重探討了西漢皇族女性至平民女性政治地位高之因素，參與的方式，以及她們對當代的作用和影響。第二篇論文的研究對象為兩漢臨朝的太后，探討了共八位太后的臨朝事蹟，以及她們為政局所作的貢獻和對當代、後世的影響，予以兩漢太后臨朝正面的評價。第三篇論文主要對三位皇后的人生、她們對當代的影響、外戚擅權三個方面做論述。這三篇論文與本文探討呂后的權力原則時有直接相關，然而前者的篇幅不長，僅作概括性的談論，而第二篇和第三篇則因涵蓋範圍廣而無對呂后作深入探究，因此呂后時期的婦女政治參與風氣，呂后主政之因等便是本文得以深入探討之處。以史書為據對呂后及其形象作探討者有藍敏華《〈史記·呂后本紀〉與其相關問題研究》〔註76〕、陳靜《〈史記〉中漢初政治女性形象研究》〔註77〕、蕭青雲《呂后、

〔註71〕 「中央研究院近代史研究所」網站：http://proj1.sinica.edu.tw/-women/taiwanpaper.htm，2012 年 12 月 14 日。

〔註72〕 「臺灣博碩士論文知識加值系統」網站：http://ndltd.ncl.edu.tw/cgibin/gs32/gsweb.cgi/ccd=vg0pY3/search#result，2012 年 12 月 14 日。

〔註73〕 梁艷麗：《論西漢婦女的政治參與》（內蒙古：內蒙古大學，歷史學碩士論文），2008 年。

〔註74〕 陳美伶：《兩漢太后臨朝稱制研究》（臺南：國立臺南大學，國語文學系碩士論文），2009 年。

〔註75〕 林君儀：《西漢后妃研究——以呂后、竇后及元帝王后為主》（新竹：玄奘大學，中國語文學系碩士論文），2012 年。

〔註76〕 藍敏華：《〈史記·呂后本紀〉與其相關問題研究》（宜蘭：佛光大學，文學系碩士論文），2008 年。

〔註77〕 陳靜：《〈史記〉中漢初政治女性形象研究》（重慶：重慶師範大學，文學系碩士論文），2006 年。

元后史學形象比較與班固的女性觀》〔註78〕等。首篇從政治、家庭和心理三個層面剖析呂后;第二篇探討了西漢時期從呂后、薄后、竇后至王后這段期間權力消長的變化和她們的功過。第三篇則對兩位皇后的生平和性格作探究。這些論文對於本文在整合史書對呂后之生平事蹟時可作參考之用。同時,由於它們都分別觸及呂后的性格和心理層面,因此亦為本文探討呂后的思想觀念根源的基礎。

　　至於期刊部分,則有更豐富的單篇論著與本研究相關。對西漢初期／漢朝之女主政治作探究,對本文極具參考價值的單篇論文有賈麗英〈論漢代母后政治〉〔註79〕、林紅〈漢代母權研究〉〔註80〕、卞直甫〈漢代后妃的歷史作用〉〔註81〕等。前兩篇從禮制角度探討了太后臨朝之成因,提出太后在「主幼時艱」、「皇統屢絕」、「漢家舊典,尊崇母氏」的情況下獲得參與政治的機會;後篇則以積極和消極兩個層面探討漢之后妃對社會、教育皇嗣和皇帝本身所產生的作用。這三篇論文的篇幅都不長,僅作概括性的探究,卻可作為本研究的基礎背景了解。

　　以呂后為專題的單篇論文,大致從其形象、權力來源、政績功過、心理個性四個方向為切入點作探討。就其形象著手的,如趙騫、彭忠德之〈從角色理論看司馬遷筆下的呂后〉〔註82〕、林勵和林新陽合撰之〈淺析呂太后形象的多樣性〉〔註83〕,從她在家庭和社會中的角色,以及該角色表現出來的性格特徵,如在政治上的堅強剛毅、在為人妻方面的服從包容,為人母親對孩子的愛護之情等作簡明的探討。陳靜所著〈試析西漢呂太后權力極盛之原因〉〔註84〕不僅從漢初的社會制度,亦從劉邦的性格和政治觀念、西漢功臣

〔註78〕蕭青雲:《呂后、元后史學形象比較與班固的女性觀》(北京:北京語言大學,中文系碩士論文),2007年。

〔註79〕賈麗英:〈論漢代母后政治〉,《石家莊師範專科學校學報》第4卷第3期(2002年9月),頁40～43。

〔註80〕林紅:〈漢代母權研究〉,《中華女子學院學報》第19卷第2期(2007年4月),頁77～81。

〔註81〕卞直甫:〈漢代后妃的歷史作用〉,《歷史教學》第10期(1990年),頁5～8。

〔註82〕趙騫、彭忠德:〈從角色理論看司馬遷筆下的呂后〉,《咸寧學院學報》第28卷第4期(2008年8月),頁58～61。

〔註83〕林勵、林新陽:〈淺析呂太后形象的多樣性〉,《湘潮》第5期(2008年5月),頁93～94。

〔註84〕陳靜:〈試析西漢呂太后權力極盛之原因〉,《淮海工學院學報(社會科學版)》第8卷第3期(2010年3月),頁59～61。

的共同性格分析呂后權力膨脹擴大的原因。有別於多數學者從時代背景和社會風氣來解釋呂后權力極大的原因。此篇論文能由其他角度作探討，對本文極具啓發性。魯雲華〈試論呂后歷史功過〉〔註 85〕、陳世〈論呂雉爲穩定漢初局面做出的貢獻〉〔註 86〕等從呂后的手段、施政方式、對漢初的影響闡述其人生的歷程，並且正面肯定呂后的貢獻。評價歷史人物，除了從具體事例入手，也不可忽略其心理性格特徵，因爲這是促使其作出某種行爲舉止的內在動因。對呂后這方面作探究的有劉昌安〈呂后的個性心理特徵及其形成〉〔註 87〕、史曉蓓〈呂后個性心理的變化〉〔註 88〕、張麗〈以呂后的性格特徵看臨朝稱制〉〔註 89〕等。前兩篇從呂后一生的經歷，即庶民時期、階下囚時期、居后位時期至她獨攬大權這幾個階段，分析她心理層面的變化。兩篇都不約而同的指出，呂后的自卑，恐懼、嫉妒最後發展爲殘忍變態的心理是促成她在政治和對待敵人上的表現的根本因素。後者從呂后使用的殘酷手段來分析她負面的性格特徵。雖肯定她對西漢的貢獻，卻認爲她是個殘酷無情，利欲熏心的人。以上所提及的論文對於本文在探討呂后的權力原則、自我意識、政績功過等都有直接的關聯性，故深具參考價值。

（三）武則天、唐代政治現象參考文獻

此部分說明可供本文作參考的歷來與武則天或唐初／唐代政治相關的專著、學位論文、期刊論文。相較於呂后，不論是臺灣地區還是大陸地區，對於武則天或唐初／唐代政治相關的研究成果豐碩。兩地對此課題的研究面向多元，除了一般的政績功過、參政因素、女性形象等範疇之外，也對她的政治手段、經濟法律思想、她對宗教文學發展的作用等進行考述，甚至亦有針對其評價作探究的論文。以下列舉對本文有重要參考價值的專著與論文。

〔註85〕 魯雲華：〈試論呂后歷史功過〉，《和田師範專科學校學報》第 25 卷第 5 期（2005 年 7 月），頁 167～168。

〔註86〕 陳世：〈論呂雉爲穩定漢初局面做出的貢獻〉，《社科縱橫》第 2 期（2007 年），頁 114～115。

〔註87〕 劉昌安：〈呂后的個性心理特徵及其形成〉，《漢中師範學院學報（社會科學版）》第 3 期（1999 年），頁 37～42。

〔註88〕 史曉蓓：〈呂后個性心理的變化〉，《鄭州航空工業管理學院學報（社會科學版）》第 27 卷第 5 期（2008 年），頁 46～50。

〔註89〕 張麗：〈以呂后的性格特徵看臨朝稱制〉，《黑龍江教育學院學報》第 4 期（2003 年），頁 85～86。

　　與武則天相關的專書很多，然而大部分只適於作基礎了解之用，參考價值相對較低。不過，趙文潤、王雙懷合著《武則天評傳》〔註90〕依據史實，從經濟、軍事、政治等方面評析了武則天臨朝掌政時的狀況，提供新的證據爲武則天平反。有別於一般評傳以傳記小說的手法來刻畫武則天的人生，此評傳以史實爲據客觀的探討武則天之事，故具有很高的參考價值。

　　學位論文方面，對於唐代社會風氣以及后妃參政作探討的有張萍萍《從唐代后、妃看唐代的政治與社會》〔註91〕、李昕《唐代女性對唐朝社會的影響》〔註92〕等。前者簡述唐時的后妃制度，唐朝前後期后妃之出身與政治勢力，以及后妃對政治的影響。後者從當代社會風氣探討上層社會婦女參政之現象。這兩篇論文涵蓋面雖廣但篇幅卻不長，故深入性不足。談及武則天政治生涯的學位論文方面有曹嘉琪《武則天政治事業之研究》〔註93〕、王景麟《武則天政治人格之研究》〔註94〕等。首篇論文共分八章，敘述了武則天從入宮至稱帝這段期間所經歷的政爭，使用的政治手段，她的政績等，以及最後還政於中宗的意義。此文與《帝制中國的女主與政治》有相似之處，反思了武則天臨朝對於父系政權的影響。第二篇論文以政治學角度從社會、自我等方面探討武則天政治人格的形成，並且將武則天主政與初唐之盛世作銜接分析。兩篇論文皆從武則天一生之歷程作論述，因此可作爲本文了解武則天生平的奠基。此外亦有針對唐代或武周政治時之政策制度作探討者，如畢曉暉《武則天時期的對外政策》〔註95〕、嚴韡《唐代前期的皇權與司法》〔註96〕等，對本文探討武則天當代發展之作用有參考價值。另外也有綜合後世對武則天之研究和其評價作探討的論文，如黃文珊《論近代學者對武則天之歷史

〔註90〕趙文潤、王雙懷：《武則天評傳》（西安：三秦出版社，2000年）。

〔註91〕張萍萍：《從唐代后、妃看唐代的政治與社會》（天津：天津師範大學，古代史碩士論文），2009年。

〔註92〕李昕：《唐代女性對唐朝社會的影響》（濟南：山東大學，古代史碩士論文），2008年。

〔註93〕曹嘉琪：《武則天政治事業之研究》（臺北：中國文化大學，史學研究所碩士論文），1979年。

〔註94〕王景麟：《武則天政治人格之研究》（臺北：中國文化大學，政治學碩士論文），2008年。

〔註95〕畢曉暉：《武則天時期的對外政策》（長春：吉林大學，歷史學碩士論文），2008年。

〔註96〕嚴韡：《唐代前期的皇權與司法》（北京：中國政法大學，法律史碩士論文），2008年。

評價》〔註 97〕、段桂英《新中國成立以來的武則天研究》〔註 98〕等。這些論文對本文探究不同時期之武則天評價，以及重構武則天的評斷時，將有莫大的幫助。

　　期刊論文方面，研究方向主要從武則天的參政因素、政治才能、政治手段、歷史作用和影響、政績，旁及她的酷吏政治、儒家文化觀念、政局等方面作探討。就武則天參政或稱帝問題作討論的有黃約瑟〈武則天何以會臨朝聽政〉〔註 99〕、李治勤〈武則天參政原因探析〉〔註 100〕、徐嫩棠〈武則天稱帝原因淺析〉〔註 101〕、王媛、喬麗萍〈淺談武則天稱帝的社會和文化因素〉〔註 102〕等，提出當時的社會風氣、婦女地位、武則天本身的參政意願和政治能力、隋唐的意識觀念、庶族地主對她的支持等為武則天得以攝政的重要原因。另外亦有多篇探討武則天的用人之道，如卓遵宏〈武則天用人之研究〉〔註 103〕、安秀玲〈武則天的人才思想及其啟示〉〔註 104〕、黃霞、王倩〈試析武周吏治——兼論武則天的用人特徵〉〔註 105〕等。對於她的用人措施可分為讚賞和批評兩個極端說法，稱道者認為她知人善任、用人唯賢，為開元時代培養了傑出的人才；批評的則認為她不善知人導致吏治廢弛，政風腐敗。為了客觀的探究武則天事蹟，這兩種說法本文都將會列入參考之用，同時也會對個別觀點作深入探究。針對武則天對當代及後世之作用和影響的論文數量很多，探討範疇包括她對佛教、文學、禮制、政治、婦女參政等。其中與本文

〔註 97〕黃文珊：《論近代學者對武則天之歷史評價》（臺北：臺北市立教育大學，社會科教育學系碩士論文），2009 年。

〔註 98〕段桂英：《新中國成立以來的武則天研究》（開封：河南大學，史學理論及史學史碩士論文），2012 年。

〔註 99〕黃約瑟：〈武則天何以會臨朝聽政〉，《歷史月刊》第 18 期（1989 年 7 月），頁 24～29。

〔註 100〕李治勤：〈武則天參政原因探析〉，《重慶科技學院學報（社會科學版）》第 8 期（2010 年），頁 116～118。

〔註 101〕徐嫩棠：〈武則天稱帝原因淺析〉，《史學月刊》第 6 期（1995 年），頁 32～36。

〔註 102〕王媛、喬麗萍：〈淺談武則天稱帝的社會和文化因素〉，《大同職業技術學院學報》第 15 卷第 4 期（2001 年 12 月），頁 24～25。

〔註 103〕卓遵宏：〈武則天用人之研究〉，《淡江學報》第 16 期（1978 年 11 月），頁 55～82。

〔註 104〕安秀玲：〈武則天的人才思想及其啟示〉，《商丘職業技術學院學報》第 4 卷第 3 期（2005 年 6 月），頁 44～45。

〔註 105〕黃霞、王倩：〈試析武周吏治——兼論武則天的用人特徵〉，《宜賓學院學報》第 4 期（2006 年 4 月），頁 30～34。

有直接關聯性的有何磊〈武周革命對李唐王朝的影響〉〔註 106〕、于華東〈略述武則天在歷史上的積極作用〉〔註 107〕、何美慧〈武則天以刑法治天下對後世女性參政之影響〉〔註 108〕等。

武則天和呂后歷來都是較多人注目的女主代表，相關論著不勝枚舉。然而，部分評傳在敘述她們的事蹟時夾雜傳說附會，並且帶有濃重的傳統倫理批判色彩，故這類書籍的參考價值不高。

研究武則天和呂后的單篇論文數量是相當可觀的。然而在彙集資料時，本文發現，同為中國歷史上顯赫有為的女主，針對二者的研究範疇卻有所差別。除了基本的生平考述、臨朝因素、政績功過、作用影響、歷史評價，其他涉獵的方向二者不一。舉例而言，針對呂后的心理個性、性格內涵作研究的論文數量可觀，然而此議題以武則天作研究對象的論文卻不多。再者，探討武則天用人方式的論文數量頗多，但是針對呂后用人方略的論文數量相當稀少。是故，本文擬在前人研究成果的基礎上，可以針對不足之處加以補充，而對於較少碰觸之議題，亦可作深入的探討，以期對於呂后和武則天研究的部分能有所突破。

第三節　研究範圍與材料

本文的研究對象為呂后和武則天，研究範圍以她們臨朝掌政的期間為限。呂后臨朝的身份較單純，只有以皇太后稱制。故其臨朝的時間點以史書之記載，「呂氏權由此起……元年，號令一出太后」〔註 109〕為起算，至她崩逝為止的這段期間。武則天的參政歷程可劃分為兩個時期，即她輔佐高宗和以太后身份臨朝時期，以及她稱帝時期。據此，筆者把時間範圍設定在呂后以皇太后身份臨朝稱制時期，即從高后元年（187BC）至高后八年（180BC）；武則天以皇后、皇太后以及皇帝身份涉政，即從顯慶五年（660）至神龍元年（705）這段期間，探討兩位女主的執政概況。

〔註 106〕何磊：〈武周革命對李唐王朝的影響〉，《雲南師範大學學報（哲學社會科學版）》第 37 卷第 6 期（2005 年 11 月），頁 33～37。

〔註 107〕于華東：〈略述武則天在歷史上的積極作用〉，《武漢大學學報（人文科學版）》第 59 卷第 6 期（2006 年 11 月），頁 796～800。

〔註 108〕何美慧：〈武則天以刑法治天下對後世女性參政之影響〉，《中國歷史學會史學集刊》第 31 期（1999 年 6 月），頁 1＋3～35。

〔註 109〕〔漢〕司馬遷撰：《史記》卷九〈呂后本紀〉，頁 399。

本文的主要研究材料爲《史記》、《漢書》、《舊唐書》、《新唐書》。就《史記》版本，本文所採用的是中華書局於 2003 年，以清同治年間金陵書局三家注刻本爲底本進行整理之點校本；《漢書》採用中華書局於 2012 年，以清王先謙的漢書補注本爲底本進行整理的點校本；《舊唐書》使用中華書局於 2010 年，以清道光年間揚州岑氏懼盈齋刻本爲工作本進行整理的點校本；《新唐書》使用中華書局於 2003 年，以百衲本爲工作本進行整理的點校本。內容方面，則以史書內詳述呂后和武則天，以及相關人物、事件的記載爲中心。

第四節　研究方法與步驟

本文以西漢呂后和唐朝武則天臨朝稱制的權力歸屬原則、施政的局限、採用的政治手段、政績與後世評價爲考察範圍，如下敘述「研究方法」以及「研究步驟」。

一、研究方法

（一）文獻分析法

文獻分析法爲本文的研究方法之一，文獻分析是以一種客觀、系統的方法，透過蒐集、閱讀相關文獻及專論進行分析，以獲得有助於釐清全盤觀念的看法和論點。本文擬以此法先釐清、分析所彙集的直接文獻、相關文獻資料。在這過程中，若史料中對同一事件的記載有所差異，則以考證法來檢視史料文獻的來源。

（二）歸納法

以文獻分析法分析所蒐集的史料文獻後，使用歸納法整列出與兩后事蹟相關的人、事，進而劃出幾個分類，以作更深入的探析。接著以考證法來檢視、對比前人的論述，再作進一步的分類和詳述，直到釐清各種論點、看法。

（三）比較異同法

本文以呂太后和武則天爲研究主體，筆者將運用此法比較她們獲權的方式、施政的表現、施政空間的局限，不同時期對她們的評價，以期對漢唐兩個時期的整體環境，兩位女主的共同性和差異性作系統的了解和探述。

二、研究步驟

本論文第一章爲「緒論」，先釐清所要探討的問題意識，說明研究動機與研究目的、研究範圍與研究方法、前人研究回顧以及研究步驟。呂后和武則天雖然歷來多爲學者所討論，然而把兩者聯繫在一起進行分析卻相對少，故可以探討的地方還有很多。

第二章爲「女主臨朝之成因」。此章預計分爲五節討論，第一節探討倫理政治的特性，以考查其對兩后臨朝之必然性的作用。第二節探究漢唐初期的社會環境對女主執政的作用和影響。第三節探析社會對忠孝觀念的推崇。第四節從政治局面著手，在主幼時艱、主幼庸弱的情況下，女主有不得不臨朝的必要。

第三章爲「女主臨朝之特徵」。此章將分五節討論之，從兩位女主廢立皇帝的舉動、面對反對力量時所使用的激烈手段，使用酷吏，重用外戚和用人之道五個方面作探析。

第四章爲「女主臨朝之政績與影響」，以探討她們執政時在社會經濟、政治法制、軍事外交和思想文化的發展概況，以及她們對穩定時局、開啓盛世的作用與影響，藉以探究她們在政治上的功過。這一章節所探述的內容將作爲第五章的參考據點，以辨正後世對兩位女主評論是否公允客觀，給予二后新的定位與面貌。

第五章爲「女主臨朝之局限」，分兩節討論之。首節擬從朝臣對女主之決定或政策的反應態度、諫言內容等著手，以探究朝臣對女主權力的制約。次節在以父系爲本的社會，皇位的繼承問題也是兩后政權延續的局限。

第六章爲「女主臨朝之歷史評價」。對於中國歷史上女主涉政的看法，歷來褒貶不一。以武則天爲例，雷達曾概括了後人對武則天的評價說：「在唐代，史書對她的評價尚較公允，宋人的《新唐書》就開始不客氣了，明清之際，理學盛行，正統觀念甚熾，提起她就讓人心肺炸了，王夫之罵她是淫姬，胡應麟（1551～1602）斥她是逆后，雖有李贄、趙翼等人出來辯解幾句，但貶斥的意見佔壓倒之勢。她招惹了士子們憎惡的是這麼幾點：一是、牝雞司晨，身爲女人居然當起了皇帝。二是、奪了李唐正統的權。三是、大搞特務政治，殺人如草不聞聲。四是、搞男寵，帷薄不修等等。既然如此，怎麼能不神人之所共嫉，天地之所不容呢？」〔註110〕是故，本章將探究不同時期史家等對

〔註110〕雷達：〈《則天大帝》中的武則天〉，《小說評論》第 1 期（1994 年），頁 10～13。

兩位女主的評價，時代的劃分則爲漢至唐、宋至明以及清代以還這三個時期。

　　第七章爲結論。

第二章　女主臨朝之成因

　　「中國封建社會是男子爲政的社會，女子無權過問政治。」〔註1〕翻查文獻，《大戴禮記・本命》記：「婦人，伏於人也。是故無專制之義。」〔註2〕李甲孚解釋曰：「女孩子長大了要出嫁，出了嫁的女兒，心就要向婆家和丈夫了。養兒子可以傳宗接代，還可以光耀門庭，所以兒子的『子』，是『滋生長壽』的意思，它是男人的專稱。女子出嫁後稱『婦人』或夫人，這兩種稱謂都取義於『扶人』，她們是第三者，她們長大成人以後，是要去『伏於他人』的。」〔註3〕朱子彥也指出：「婦女沒有自己獨立的人格，而男人則是社會和家庭的主宰。」〔註4〕孟悅、戴錦華《浮出歷史地表：中國現代女性文學研究》一書亦說，女性在社會和家庭倫理秩序中是被統馭的對象，在經濟秩序中是依附在男人身上的寄生者。〔註5〕由於婦女自古便是伏於他人的角色，故而無論是在社會、經濟乃至政治上的權利與權力都被限制，甚至剝奪。儘管如此，揆諸史實，女主涉政的情況卻不絕如縷。顯然這種現象有悖於「以儒家傳統爲主導的主流文化強烈堅持應該將女性排除在政治領域之外」〔註6〕的說法。女

〔註1〕 門巋：《中國后妃的生死歌哭》（台北：博遠出版有限公司，1993年），頁19。
〔註2〕 戴德輯：《大戴禮記》（山東：山東友誼書社，1991年）卷十三〈本命〉，頁260。
〔註3〕 李甲孚：《中國古代的女性》（台北：黎明文化事業有限公司，1978年），頁177。
〔註4〕 朱子彥：《帝國九重天——中國後宮制度變遷》，頁292。
〔註5〕 詳見孟悅、戴錦華：《浮出歷史地表：中國現代女性文學研究》（台北：時報文化，1993年），緒論，頁7。
〔註6〕 米莉：〈女主政治研究的範式與未來趨向〉《湖南師範大學社會科學學報》第5期（2012年），頁46。

主得以參政，能夠大權獨攬，皆爲當時特殊的歷史條件所致。本章擬從政治形態、社會風氣和文化環境數方面來探討女主臨朝之因。

第一節　倫理政治

　　女主臨朝和中國的政治形態有莫大的關係。楊友庭提出，后妃得以專政是封建主義中央集權制與宗法制相結合的必然產物。〔註7〕朱子彥認爲后妃臨朝是帝王統治天下的另一種形式，后權和皇權是統一的，因此女主攝政是中國帝王制度的必然產物。〔註8〕換言之，女主得以臨朝與宗法制、封建主義中央集權制/帝王制度有著密切的關聯性，原因在於以父系爲中心的宗法社會裡雖然對於女子(即未出嫁的女性)的身份權利有所箝制，然而對於母親的尊崇卻賦予了女性一種權力和義務，促使母后臨朝成爲維護皇權的可靠方法。帝王制度的家天下性質，則讓后妃涉政有了堂而皇之的理由。在這一節筆者將先就宗法制的母權、妻權和女權作論述，作爲探究宗法制與女主臨朝的關係的參考。

　　西漢（206BC～9）呂后乃漢高祖劉邦的嫡妻，輔佐高祖平定天下。據《史記》和《漢書》，呂后乃在漢惠帝（194BC～187BC）死後，因「帝毋壯子」〔註9〕，「太子立爲皇帝，年幼，太后臨朝稱制」。〔註10〕此即她以太后身份得以名正言順主持國政之原因。唐朝的武則天在永徽六年（655）冬十月己酉被立爲皇后，開始涉政是因爲唐高宗有疾，「顯慶以後，多苦風疾，百司表奏，皆爲天后詳決」〔註11〕，故她以皇后的身份輔佐高宗處理政務。雖然政權主要仍由高宗掌握，然而武則天和高宗一起上朝，也有臨朝之意味了。概言之，這兩位女主得以涉足政治與她們的身份有著莫大的關係——一位是皇太后，一位是皇后（武則天其後亦以皇太后身份臨朝執政）。她們透過兒子（呂太后也透過其孫子少帝涉政）、丈夫而擁有涉政的權利。換言之，她們都是在帝王制度無法正常運行，爲穩定國家統治秩序而採取變通的形式讓她們主持國政。漢唐相隔近千年，這樣的現象卻相沿既久，顯然女主臨朝雖非常態，亦

〔註7〕　詳見楊友庭：《后妃外戚專政史》（福建：廈門大學出版社，1994年），頁1。
〔註8〕　詳見朱子彥：《帝國九重天——中國後宮制度變遷》，頁341。
〔註9〕　〔漢〕司馬遷撰：《史記》卷九〈呂后本紀〉，頁399。
〔註10〕　〔漢〕班固著，〔唐〕顏師古注：《漢書》卷三〈高后紀〉，頁95。
〔註11〕　〔後晉〕劉昫等撰：《舊唐書》卷六〈則天皇后本紀〉，頁115。

非孤例。在二千餘年的中國社會裡多次出現女主涉政的現象，雖然女主臨朝不是一種合法制度，亦沒有成文法的依據，但是由女主臨朝作爲變通的方法在禮制上乃至家族制度上都有其根源，所以才會爲歷代所用。張星久曾提出，從政治學的角度而言，任何政治統治都不能缺少兩個要件，一是基於暴力的強制性，一是基於某種道義觀或意識形態信仰的合法性。通過前者，使被統治者由於懾於制裁而被迫服從；通過後者，使被統治者由於意識到這種統治的正當性、合理性而產生自願的服從或支持。〔註 12〕在呂后和武后這兩位女主的例子中，她們得以涉足政治領域的最初始原因顯然是基於第二種要件。宗法禮制裡對母權的尊崇和嫡妻的地位與權力，便是張星久所指的道義觀、意識形態的信仰。

一、宗法禮制與女權、母權和妻權

（一）宗法制下的女子、婦女

「宗法」即宗族內部遵從的法則。宗法不僅是中國社會結構的本質，也是政治結構的主體。淦家輝等人認爲，宗法有兩種層面的涵義：「第一，作爲統治階級維護政治和社會秩序的重要工具，宗法是在血緣外衣掩蓋下，以加強王權爲目的、以嫡長子繼承制爲核心，以確定大宗小宗權利義務爲內容，通過等級名分的區分而形成的貴賤有等、上下有別、尊卑有序的等級制度。第二，作爲一種規範體系，宗法是一種以血緣關係爲基礎，以維護族權、父權與夫權爲中心，標榜崇拜共同祖先，維繫血緣親情，在宗族內部區分尊卑長幼，並規定繼承秩序以及不同地位的宗族成員各自不同的權利和義務的族法、家規」〔註13〕；劉廣林等指出：「所謂宗法制，是指西周時期創立的依據親屬關係的長幼、嫡庶、遠近來決定政治上不同的地位和權利關係，實現國家政治機器與王族的家族組織結構合一的制度」〔註 14〕，這些釋義主要從宗法的政治層面作闡釋。周何從家族觀念釋之，曰：「宗法是建立家族的廣大輪

〔註12〕張星久：〈母權與帝制中國的后妃政治〉，《武漢大學學報（社會科學版）》第 56 卷第 1 期（2003 年 1 月），頁 48。

〔註13〕淦家輝、李雪強：〈宗法制度及其影響新議〉，《寧波廣播電視大學學報》第 6 卷第 1 期（2008 年 3 月），頁 109。

〔註14〕孫喆、劉廣林：〈論西漢法律中的宗法倫理原則〉，《焦作師範高等專科學校學報》第 22 卷第 3 期（2006 年 9 月），頁 32。

廓」。〔註15〕獨立的個體家庭由無血緣關係的夫婦組成，而獨立的各父系家庭之間以血緣維持聯繫，在周代演化爲以血緣手段來聯合和約束各親屬家庭，成爲宗法團體。這種宗法團體，朱鳳翰稱之爲「父系宗族」。〔註16〕「從先秦開始，中國的政治統治即帶有濃厚的宗族色彩，通過宗法制和分封制使部族中的血緣關係政治化。」〔註17〕父系傾向的宗法政治使女性止步於政治前，卻也同時成爲了后妃涉政的關鍵原因之一。

　　從宗法角度來看，禮具有分辨宗族各成員之間長幼親疏，尊卑等序的功能。大體而言，人倫長幼次序高於兩性之別，然而在以男性爲中心的社會環境裡，男子與女子〔註18〕的身份地位無可避免的存在差異。其中最大不同點，便是男性自始至終是屬於一個與他有血緣關係的宗族，並且他在這個宗族裡的輩份地位是與生俱來。相反地女性所屬的宗族、輩份地位會隨著她的婚姻狀態而有所改變。一旦結婚，女性不再被本生家族視爲「自家人」，而是屬於其夫家的宗族一員。〈喪服〉鄭玄注：「婦人棄姓無常秩，嫁於父行，則爲母行；嫁於子行，則爲婦行」〔註19〕，由此可知，結婚以前女性從父姓，屬父親宗族；結婚以後女性從夫姓，屬丈夫宗族系統，是丈夫家族中的成員，而其本生家庭改稱「外家」，原生宗族即爲「外族」，自此便有了內外親之分。古時成婦禮之儀式，即是「承認女婦爲宗族婦」。〔註20〕同時，她的輩份地位亦憑據其丈夫在家族中的輩份地位而定，《禮記‧郊特牲》曰：「婦人無爵，從夫之爵坐以夫之齒。」〔註21〕箇中原因，在於婦人「原來與『夫』爲不相關的路人，不過一旦嫁入男方之家，則與其夫成爲『胖合之親』。又因爲『婦』是外族人來歸，而且由於『夫妻一體』，所以『婦』在夫家的宗族內，均以

〔註15〕 周何：《禮學概論》（臺北：三民書局，1998 年），頁 23。

〔註16〕 朱鳳翰：《商周家族形態》（天津：古籍出版社，1990 年），頁 219。

〔註17〕 柳俊傑：〈「家國一體」與中國古代倫理政治分析〉，《內蒙古社會科學（漢文版）》第 27 卷第 6 期（2006 年 11 月），頁 12。

〔註18〕 李甲孚在《中國古代的女性》，頁 1 裡曾定義「女」與「婦」，說：「古代女子，在沒有出嫁以前稱女，出嫁以後稱婦。」本文以此定義爲基準，未婚女性稱「女子」，已婚女性稱「婦女」，未婚女性和已婚女性並列出現時，則一律統稱「女性」。男性則不論未婚已婚身份，概以男性或男子稱之，所指意義相同。

〔註19〕 〔漢〕鄭玄注，〔唐〕賈公彥疏：《儀禮》，收入《十三經註疏》（台北：藝文印書館，1955 年）卷三十二〈喪服〉，頁 383。

〔註20〕 林素英：《禮學思想與應用》（臺北：萬卷樓，2003 年），頁 100。

〔註21〕 〔漢〕鄭玄注，〔唐〕孔穎達疏：《禮記》，收入《十三經注疏》卷二十六〈郊特牲〉，頁 506。

其夫在宗族內的地位為比照基準，而無其獨立的身份與地位」。〔註22〕略言
之，女性的世系依隨男性。這是女性附屬男性的一個特點。概言之，在父系
社會中女性的角色能以一詞日之「服從」。《說文解字注》曰：「婦，服也，
從女持帚，灑埽也」〔註23〕；《儀禮》曰：「婦人有『三從』之義，無『專用』
之道，故未嫁從父，既嫁從夫，夫死從子，故父者，子之天也；夫者，妻之
天也」〔註24〕；《禮記‧郊特牲》：「婦人，從人者也；幼從父兄，嫁從夫，
夫死從子。夫也者，夫也；夫也者，以知帥人者也。」〔註25〕在這些前提之
下，婦女的定位，據《禮記‧內則》曰：「禮始於謹夫婦。為宮室，辨內外，
男子居外，女子居內。」〔註26〕在歷史的演進中，「婦人從人」、「男主外、
女主內」的意識形態逐漸被強化，主導和服從的男女關係成為了劃分兩性等
級的文化內涵。

　　儘管如此，這並不能作為判斷古時中國女性社會地位〔註27〕的單一標
準。舉例而言，漢代后妃涉政現象可說是歷朝最多，故有人認為「自呂后起
至於孝平王皇后止，共計二十五人，另外再加上為王莽之姑立〈元后傳〉，則
顯然可見漢代女權於帝王家之勢力非同小可。帝王之家如此，上行下效的結
果，由此亦可間接推知漢代之婦女並未太受欺壓。」〔註28〕武則天主政時任
用女官，顯見女子受教育的機會提高，可推知「唐代女性在社會上具有較高
的地位。」〔註29〕筆者認為，女權與母權不同。所謂女權即身為女子因其性
別所擁有的與生俱來的權利與權力，是屬於先天性的；而母權則是藉由身份

〔註22〕林素英：《從《郭店簡》探究其倫常觀念》（臺北：萬卷樓，2003年），頁57。
〔註23〕〔東漢〕許慎撰，〔清〕段玉裁注：《說文解字注》（上海：上海古籍出版社，
　　　　1997年），頁614。
〔註24〕〔漢〕鄭玄注，〔唐〕賈公彥疏：《儀禮》，收入《十三經註疏》卷三十〈喪服〉，
　　　　頁359。
〔註25〕〔漢〕鄭玄注，〔唐〕孔穎達疏：《禮記》，收入《十三經注疏》卷二十六〈郊
　　　　特牲〉，頁506。
〔註26〕〔漢〕鄭玄注，〔唐〕孔穎達疏：《禮記》，收入《十三經注疏》卷二十八〈內
　　　　則〉，頁533。
〔註27〕據陶春芳、蔣永萍主編：《中國婦女社會地位概觀》（北京：中國婦女出版社，
　　　　1993年），頁3～5提出，所謂女性的社會地位，即女性「在這一特殊社會群
　　　　體在社會生活和社會關係中的權力、機會及其從社會得到的認可程度……作
　　　　為一個集合概念，主要由法律地位、經濟地位、政治地位、教育地位和在婚
　　　　姻家庭中的地位等幾個要素組成。」
〔註28〕林素英：《禮學思想與應用》，頁207。
〔註29〕段塔麗：《唐代婦女地位研究》（北京：人民出版社，2001年），頁123。

的轉換,從婦女變爲母親而得來的權利與權力,是屬於後天性的。漢代出現最多后妃涉政的現象,實乃因爲母權之故,而非女權。《漢書·刑法志》記載,太倉令淳于公只有五個女兒而沒有兒子,後因犯罪而必須受刑,臨行前對其女兒緹縈說:「生子不生男,緩急非有益!」〔註30〕淳于公的意思是說:「生孩子而不生兒子,到了緊要情況時就沒有用處了!」身爲太倉令卻口出此言,可推知當時已有重男輕女的觀念。女兒地位既然比不上兒子,那麼其身份權力也就不言而喻了。換言之,社會或許尊重母親,但是這樣的尊重並沒有延伸到女子身上。女教自古有之,其教育內容雖然因時因地的不同而有所變化,但大抵不離勸諭女子如何持家主內、奉侍舅姑。舉例言,武則天曾在永徽六年(655)時命人撰寫《內訓》,闡揚男主外女主內的觀念,後來亦修《列女傳》、《古今內范》。撇開她撰修這些典籍的動機,其內容無不在宣揚婦女四德。是故,從受教育的普遍度來判斷女性地位得到提高是值得斟酌的。

欲對一件事情有更全面的了解,必須從不同的角度、層面去解讀。雖然禮制上女性被局限於家庭之內,在淵源上有其現實考量,「緣人情而制禮,依人性而作儀,其所由來尚矣」〔註31〕,故並不能片面的予以鄙視和批判。時代背景、地區環境、經濟發展等的分殊影響當時的婦女觀念,婦女角色該如何定位始能維持社會秩序,適應及配合社會的變遷亦在每個時代有所不同。因此,漢唐女性地位固然不能低估,但筆者認爲也絕不能忽略傳統禮教對女性社經地位的影響。

(二)母權

中國古代社會的人倫秩序以長者爲重,尤其是父母,故女子地位雖然不高,但一旦其身份轉換爲「母親」,那麼她所擁有的權力和地位卻將得到提升。這些自主性和權力並非女性自己爭取而得,而是禮教所蘊含的道德觀念所賦予的。故有人曾說中國古代沒有女權,卻有母權。〔註32〕

母權產生的前提來自於對母親的尊崇。尊母的傳統自古有之。許多學者承認,在父系社會成爲主導前,原始的社會以母系爲主。《商君書·開塞》載:

〔註30〕〔漢〕班固著,〔唐〕顏師古注:《漢書》卷二十三〈惠帝紀〉,頁1097。

〔註31〕〔漢〕司馬遷撰:《史記》卷二十三〈禮書〉,頁1157。

〔註32〕杜芳琴:〈中國宮廷婦女政治角色研究〉,收入《性別學與婦女研究》(台北:稻鄉出版社,1997年),頁180便提出,與其說女主政治在中國歷史的出現與延續與婦女地位有關,倒不如說與文化傳統有關。在中國,既有賤視婦女的偏見,又有尊母的傳統。中國沒有女權而有母權。儒家思想強化了這種傳統。

「天地設而民生之，當此之時也，民知其母，而不知其父。」〔註33〕《莊子‧盜跖》：「民知其母，不知其父。」〔註34〕即使父系社會取代母系社會後，傳統觀念、禮俗上仍殘留著原始社會的痕跡。以漢代為例，漢高祖在取得天下後先封皇后，再追封母親為昭靈夫人。奇怪的是，其仍健在的父親卻沒有得到加封。李甲孚認為，這證明了漢代仍有重母不重父的風俗。〔註35〕漢代社會非常尊崇母權，故有云：「春秋之義，母以子貴。隆漢盛典，尊崇母氏。」〔註36〕劉邦死後，其子劉盈即位。呂太后因他耽政而代為操持權柄。漢惠帝崩後漢少帝（？～184BC）即位，呂太后以其年幼為由繼續攝政，後來因禁漢少帝對外宣告皇帝重病無法處理朝政，並以此理由來繼續執政卻尚能得到朝臣的容許，可見當時政治環境對呂太后的「母權」是肯定的。據此可以說，臨朝太后是為保護子孫的政權，鞏固夫家帝業而出面治理國家，故是合理並且也是正當的。唐中宗（656～710）和唐睿宗（662～716）即位時，雖然武則天已大權在握，他們無法撼動她的權威地位，然而他們既非年幼也非身體不好，而朝中仍能接受武則天以皇太后身份稱制，除了武則天本身的能力受認可，亦是兩位皇帝尊母，對為母者「言聽計從」的表現。從文化角度來說，美國普汶《人格心理學》曾引用克羅貝的話曰：「文化對每一個人塑造的力量很大。平常我們不太能看出這塑造過程的全部力量，因為它發生在每個人身上，逐漸緩慢地發生，它帶給人滿足，同樣也帶給人痛苦，人除了順著它走以外，別無選擇。因此這個塑造過程便很自然，毫無理由地被人接受，就像文化本身一樣──也許不全然是不知不覺的，但確是無可指摘的。」〔註37〕放在東方社會裡，尊母的傳統亦是如此。這也是人們能夠沒有異議的接受一位母親的權威的原因，即使該權威已然觸及女性不應該涉足的政治。李又寧曾指出：「『母』在中國的政治、社會和家庭中，角色重要，地位崇高。貴為天子，位極人臣，在其母的面前，也還只是兒子，跪拜聽命，視為當然。太后可以臨朝，也能左右皇位的繼承，其位其權，在倫理上高於天子和人臣；在事實上也可臻於此。政治制度雖排斥女性，漢族及他

〔註33〕〔秦〕商鞅撰：《商君書》（台北：臺灣中華書局，1965 年）卷二〈開塞〉，頁10。

〔註34〕〔周〕莊周撰：《莊子》（台北：臺灣中華書局，1965 年）卷九〈盜跖〉，頁19 下。

〔註35〕詳見李甲孚：《中國古代的女性》，頁 176。

〔註36〕〔南朝宋〕范曄撰，〔唐〕李賢等注：《後漢書》卷十下〈皇后紀下〉，頁 441。

〔註37〕轉引自陳桐生：《中國史官文化與《史記》》（臺北：文津出版社，1993 年），頁 102。

族的女主頻頻出現，爲數之多，似爲世界歷史之冠。『母儀天下』，不僅是觀念，也見諸實踐。」〔註38〕

（三）妻權

何謂妻？《禮記‧坊記》曰：「聘則爲妻，奔則爲妾。」〔註39〕在中國的家文化內，爲夫者可以擁有好幾個妾，但是一個家庭裡只能有一位正妻，也稱爲嫡妻。禮曰妻與夫齊，正妻的社會政治地位、權益比妾大，並且「凡側出的子女須視正室爲生母。」〔註40〕同理，皇帝可以後宮三千，然而統馭後宮的首領只能有一位，那就是皇后，也即是皇帝的正妻。《周禮‧天宮內宰》曰：「王后帥六宮之人」〔註41〕；《禮記》載「天子之與后，猶父之與母也」〔註42〕，故皇后是一國之母，是後宮眾妃子之主。《說文解字注》釋「妻」曰：「妻，婦與己齊者也。從女從屮從又，又，持事，妻職也，屮聲。」〔註43〕《白虎通》釋曰：「妻者，何謂？妻者，齊也，與夫齊體，自天子下至庶人，其義一也，妾者，接也，以時接見也。」〔註44〕如前所言，夫妻關係有主從之別，禮制裡卻也有「夫妻一體，妻者，齊也」的觀念。《唐律疏議》載：「妻之言齊，與夫齊體，義同於幼。」〔註45〕易言之，夫妻之間的關係有長幼之義，從而便有主導和服從之分，自不能言齊於其夫，然而對外界而言卻是夫妻一體的概念。關於這一點曾有論者提出，夫爲妻天是從內部關係來看，夫是妻絕對歸依的對象，而夫妻齊體是從第三者的眼中來看，妻子應受到等同於夫的尊敬。〔註46〕故而，妻是夫的代表，故有皇后爲天下小君之說。妻子既然

〔註38〕 李又寧：〈中華文明與婦女角色〉，收入鮑家麟編：《中國婦女史論集 第三集》
　　　　（臺北：稻香出版社，2004 年），頁 6～7。
〔註39〕 〔漢〕鄭玄注，〔唐〕孔穎達疏：《禮記》，收入《十三經注疏》卷第二十八〈內
　　　　則〉，頁 539。
〔註40〕 黑格爾著，謝詒徵譯：《歷史哲學》（臺北：大林出版社，1972 年），頁 199。
〔註41〕 〔漢〕鄭玄注，〔唐〕賈公彥疏：《周禮》，收入《十三經注疏》卷七〈天官冢
　　　　宰〉，頁 113。
〔註42〕 〔漢〕鄭玄注，〔唐〕孔穎達疏：《禮記》，收入《十三經注疏》卷六十一〈昏
　　　　義〉，頁 1003。
〔註43〕 〔東漢〕許慎撰，〔清〕段玉裁注：《說文解字注》，頁 614。
〔註44〕 〔漢〕班固著：《白虎通》，收入《諸子薈要》（臺北：廣文書局，1965 年）卷
　　　　九，頁 155。
〔註45〕 〔唐〕長孫無忌等撰：《唐律疏議》卷二十二，頁 409 疏議曰：「妻之言齊，
　　　　與夫齊體，義同於幼。」
〔註46〕 詳見滋賀修三：《中國家族法の原理》第一章〈基本的諸概念〉（東京：創文
　　　　社，昭和 56 年），第三版，頁 135。

是丈夫的胖合，那麼在緊急情況時便可代爲出面協助丈夫處理事務。汪兵曾提出，當父權缺失時，主內的女性必須代夫行使祖權，內外兼顧地承擔起傳承宗祧，管理家業之事。〔註 47〕進一步言之，當皇帝缺位時，皇后身負代替皇帝行使皇權的重任便也是無可厚非之事，這也是千年來不乏女主執政的原因之一。汪兵也提出，這種權力是建立在中國倫理本位基礎上女代男職，共行祖權。〔註 48〕筆者認爲，妻代夫職是更爲恰當的說法，因爲皇帝的親姊妹或女兒是無法、不能代父或代兄弟行使這皇權的。《白虎通》曰：「嫁娶者，何謂也？嫁者，家也，婦人外成，以出適人爲家。娶者，取也。」〔註 49〕稱女子所嫁之處爲家，可見透過禮教規範，把原無血緣關係的女性納入父系家族裡，讓女性對夫家產生認同感和歸屬感，強化父系家族制的力量。因此，爲人女兒者出嫁後以夫家爲家，以丈夫宗族爲內族，祭祀的是夫家的祖先，本生家族轉換爲外族。皇帝的姊妹或女兒終究要出適他人，故不是守護皇權的最佳人選。皇帝的后妃卻不一樣，她們出適的人就是皇帝，在禮法上原來就屬於皇帝宗族之人，因此由她們代爲治理國家，便能保證家業得到傳承。

　　中國文化素來重視家庭。夫婦乃人倫之始。從家庭倫理的角度來看，后妃是皇帝最親密的家人，《儀禮‧喪服》載：「妻至親者，妻既移天，齊體與己，同奉宗廟，爲萬世之主，故云至親。」〔註 50〕呂后在漢高祖時期雖然沒有直接參政，然而她也曾幫助高祖翦除異姓諸侯，《漢書》裡記述呂后輔佐高祖定天下的方式，便是協助高祖誅殺、廢黜威脅及皇室政權穩定的功臣，當中包括了和高祖一起征戰打天下的異姓王如楚王韓信、梁王彭越等人。倘若沒有高祖的支持與默認，呂后又何以能夠剷除掉高祖的老臣？同時，異姓王乃是隱患，他們權勢強大導致劉邦無法完全實現專制政治的統治，劉邦身爲皇帝的權威在異姓王那裡很難通行無阻，因此也無法權歸中央。是故劉邦爲強化專制皇權而欲除掉他們實屬常理。然而異姓王作爲開國功臣本身擁有一定程度的權力，在天下初定之際，倘若劉邦處理得不好或會引發另一場危及

〔註 47〕　詳見汪兵：〈生存‧協理‧代管：中國古代女性的權力〉，《思想戰線》第三期第 33 卷（2007 年），頁 76。

〔註 48〕　詳見汪兵：〈生存‧協理‧代管：中國古代女性的權力〉，《思想戰線》第三期第 33 卷（2007 年），頁 78。

〔註 49〕　〔漢〕班固著：《白虎通》，收入《諸子薈要》卷九，頁 155。

〔註 50〕　〔漢〕鄭玄注，〔唐〕賈公彥疏：《儀禮》，收入《十三經註疏》卷三十〈喪服〉，頁 354。

劉漢皇朝的政變,因此高祖雖然已經不再寵幸呂后,然而他與呂后畢竟是多年夫妻,讓呂后參與翦除他們的行動,顯示他對其至親(呂后)的信任。此外,在該行動中他也看出呂后在維護他一手建立的皇權的可靠性,故在他病重時交代呂后任相之事而非直接託付於繼位的惠帝,可見他對於呂后能力的信任更勝於惠帝。

同樣的,唐高宗因疾無法聽朝時,不選擇禪位予太子李弘(652~675)讓他接掌李唐政權,或者讓其他宗親暫時代理國政,反而與皇后武則天共同治理國家。李弘於顯慶元年(656)被立爲太子後曾數次監國,治國經驗可說是具備了。加上他有李敬玄、戴至德(?~679)等侍臣輔佐〔註51〕,接掌政權應沒有太大問題。然而高宗卻讓武后垂簾於御座後,使其預聞大小政事。李弘薨後,李賢被立爲太子,亦曾代替高宗監國行使部分皇權。〔註52〕那麼,武則天何以能夠繼續握持權柄?筆者認爲,若以武后擅使權術迷惑高宗,因而得以把持政權來作結論未免過於輕率,也忽視了朝臣的力量。劉伯驥指出,唐代整體雖然是君主專制,然而君權並不過大,門下可以批敕,詔書容許封還。依據唐制,君主仍受到三省及御史臺之牽掣,政務上權力集中於中書門下。〔註53〕高宗曾欲下詔令武則天攝國政,卻被中書侍郎郝處俊(607~681)諫止而作罷。〔註54〕據此可推斷,高宗並未因疾而變得昏庸,反而仍能納諫如流,同時亦顯示出武則天當時的權勢仍在高宗之下,爲群臣所制約,否則早已光明正大攝政。故史曰高宗昏庸,「政歸中宮」,事實上並不盡然如此,因爲高宗仍掌握著實際權力。此外,高宗選擇讓武后治理國政而非其他皇子和自己的手足,不僅因爲他相信武后的能力,更重要的是因爲武后是他的至親。《儀禮‧喪服》載:「父子一體也,夫妻一體也,昆弟一體也。故父子,首足也;夫妻,牉合也,昆弟,四體也。」〔註55〕夫妻關係如身體兩半的結

〔註51〕〔後晉〕劉昫等撰:《舊唐書》卷八十六〈高宗中宗諸子〉,頁2828~2829載:「命中書令、太子賓客許敬宗,侍中兼太子右庶子許國師,中書侍郎上官儀……。」

〔註52〕〔後晉〕劉昫等撰:《舊唐書》卷八十六〈高宗中宗諸子〉,頁2831~2832載:「孝敬皇帝薨。其年六月,立爲皇太子,大赦天下,尋令監國。賢處事明審,爲時論所稱。」

〔註53〕劉伯驥:《唐代政教史》(臺灣:中華書局,1974年),頁396。

〔註54〕〔後晉〕劉昫等撰:《舊唐書》卷四〈高宗本紀上〉,頁100。

〔註55〕〔漢〕鄭玄注,〔唐〕賈公彥疏:《儀禮》,收入《十三經註疏》卷三十〈喪服〉,頁355~356。

合，彼此為對方不可缺的部分，突顯出夫妻關係之間的親密性和重要性。他們的結合不僅可以使皇帝家族的後代得以延續，也能維護和鞏固封建王朝的統治。縱然后妃擅政的威脅存在，但與那些冀圖奪取帝位的宗室諸王相比較下要小得多了。從情感上而言，后妃與君主的這層關係可讓君王產生安全感，因為母子之情出於天然，夫婦之親也必比兄弟更深，從而君主對后妃的信任也就往往超過自己的手足宗親了。

概言之，歷代君主不僅要防範后妃攝政，更要防範自己的兄弟手足奪走他們的皇帝寶座。歷史上后妃涉政之例雖然不少，然而為爭奪帝位而弒父殺子、殘害親兄弟，宗親相殘的例子卻更多。初唐時期宗禍不少，唐太宗發動玄武門之變殺死自己的兄弟成為皇太子並掌握政權；太宗立後，其子承乾與魏王泰相爭奪太子之位。身為其子的高宗不得不以此為鑑，以防類似的事情發生於自己的身上。

總括而言，皇后既為六宮之首，不僅需要掌管後宮事務，倘若皇位繼承遇到問題，諸如皇帝年幼，或皇統中斷時，皇太后也擁有選擇皇位繼承人，執掌廢立的權力。比較呂后和武后兩位女主得以臨朝的原因，不難發現當她們的皇帝丈夫仍在位時，既已因他們的信任而涉足政治；在皇帝丈夫去世以後，也同樣在維護政權的名義之下，代替幼主/皇帝兒子臨朝聽政。在皇位找到繼承人前，或皇帝有能力親政前，讓后妃成為皇權代理者/守護者乃是理所當然之事。不過，雖然女主得以在特定條件下參與主持朝政，卻也僅僅是作為一個皇權保管者的立場執政，而不是繼承者的身份，她們最終的目標，無非是為了維護夫家的政權。

二、帝王制度與女主臨朝

中國古代的帝王制度是一種君主專制的政治形態。在這種統治形式下，國家被視為私產，被稱為「君王」、「皇帝」、「天子」的人握有最高的統治權力，「天下之事無小大皆決於上」。〔註 56〕皇帝擁有最尊貴的地位，手中握著的皇權使其權限無所不及，「亦所以尊王者也。以天下之大，四海之內，所共尊者一人耳。」〔註 57〕每位當朝皇帝無不想盡辦法將權力集於己之手裡，並且採取各種方法、措施來進一步維護和強化自己的政權，同時亦無不希望這

〔註 56〕〔漢〕司馬遷撰：《史記》卷六〈秦始皇本紀〉，頁 258。
〔註 57〕〔漢〕班固著：《白虎通》，收入《諸子薈要》卷一，頁 18。

帝位將來由自己的血脈繼承，以「一帝系萬世」。帝王寶座以父傳子的方式使皇權僅限在這一宗一族內傳承。帝制政治的此一特色，即謂「家天下」。「家天下」是中國持續千年的政治局面，故有學者概括帝制政治言：「中國幾千年的政治制度，說到底就是帝王制度，是家天下的制度……帝王制度是封建主義條件下，國家機構運行的一種模式。」〔註58〕

「家天下」，簡言之便是家國同構，「家是小的國，國是大的家」。國與家的關係，「在中國歷史上，國家制度和家族制度是聯繫在一起的，國家制度是家族制度的擴大，所以研究帝王制度，同時也離不開家族宗法制度。帝王制度的基本組成成員是君、民、臣三者，從家族制度講，其基本的組成成員是父母、夫婦、兄弟。一個家族是以若干個有血緣關係的家庭爲其細胞，以宗法關係構成其組織系統；而一個帝國所統治的社會，是由許多家族組成，其管理系統是一個龐大的官僚機構，與分散在各個地區的許多聚族而居的家族的組織系統是並存的，共同維繫著整個社會秩序……從觀念上講，儒家的三綱五常，把這兩個組織系統內部成員之間的相互關係紐結在一起，通過倫理觀念統一了任何一個成員在國家生活和家族生活中所處的地位、角色、權利義務及其與其他成員的相互關係。國家生活只是家族生活的擴大，帝王稱君父，文武官僚稱臣子，百姓稱子民，與家庭內部父子、夫婦、兄弟之間的尊卑程序，紐結在一起了……以倫理關係爲中心的儒家思想則構成這一制度的思想基礎」。〔註59〕國爲一宗族、或幾個家族私產，這是家天下政體最核心的部分，也是構成其輪廓的基礎，故有論者認爲「君主意識是由家族觀念衍生而來」。〔註60〕

如上所述，以宗族主義爲本的帝制，原則上皇權屬一宗族私有。不過，在一般情況下，得來不易的皇位比較傾向於在一個家庭裡世世代代的傳承下去，如何避免皇權從自己的家庭轉移至其他手足或宗親手裡是歷代皇帝最重視的事情。遇上皇帝猝崩而太子尚年幼，爲了不使皇位懸空，皇權出現真空狀態的情況發生，進一步威脅到國家的穩定，便只能權請后妃出面治理政局。是故張星久曾指出，「帝制中國的『家天下』政治屬性，也是后妃干政的一個誘因。在君主專制這種統治形式下，國家被視爲私產，國事被當成皇帝及其家族的『家事』、

〔註58〕徐連達、朱子彥：《中國皇帝制度》（廣州：廣東教育出版社，1996年），序，頁1～12。

〔註59〕徐連達、朱子彥：《中國皇帝制度》，序，頁4。

〔註60〕周何：《禮學概論》，頁39。

『私事』……雖然儒家思想總是試圖『化家爲國』，力圖提高專制政治的層次，擴展專制政治的開放性和透明度，但是，它既然接受和承認君主專制的事實，就不能從根本上否定『家天下』的精神。到底什麼屬於『國事』，什麼屬於『家事』，在理論上說不清，在實踐上也往往是根據君權和臣權的彼此消長而定，或因君主的需要好惡而轉移，而在禮法上或制度上都缺乏明確的規定。當前一代君主去世、繼位君主年幼時作爲『天下之母』的母后就成了實際上的家長。如果基於家天下的精神，她對自己的『家事』擁有最高發言權，也就成爲理所當然的。」〔註 61〕這乃是針對母后涉政的情況而言。在兩千多年的帝制時期裡，曾經執政的二百八十多個皇帝中，能夠勵精圖治，或有健康體魄的皇帝有之；耽於玩樂的昏庸皇帝、體弱多病的皇帝亦有之。由於皇帝之位並非是有賢能者居之，故並非個個當上皇帝的都具有良好的政治素質，能夠把政權穩當的把持在自己手裡。略言之，皇帝本身的素質，乃至整個政治環境都直接影響了皇權當下的穩定性，以及將之傳承下去的可能性。在這種情況下，一直覬覦著皇帝之位的野心者也會趁機發動政變奪權篡位。這樣一來，不僅國家穩定受到威脅，皇權也會出現旁落的憂患。爲了避免皇權落入其他宗親（即其他家庭）手裡，在現實利益的考量下，最好的權宜之計便是讓皇帝身邊的家人來暫時充當皇權代理者/守護者。而這裡所指之「家人」便是與皇帝血緣最親的母親，或是關係最親的后妃爲主。漢之呂后如此，唐之武后亦如此。可見爲了整個大局的考量，讓后妃涉政是一種「變則通，通則久」的方法。

　　曾有論者分析曰：「在中國的君主專制制度中實際上存在著兩個互相抵牾的方面：一方面，基於男權統治的角度強調『女人』干政的危害，反對后妃干政；另一方面，則基於倫理政治的考慮，在禮法上又暗含著對母權的承認與肯定，有時在客觀情勢上也不得不需要母后——后妃出面主持干預政事。這就是歷史上一方面譴責后妃干政、一方面后妃干政的事實又史不絕書的原因。」〔註 62〕除了母權，身爲皇帝至親的嫡妻的皇后，不僅有著小君的地位，很多時候也擁有皇帝對她的依賴和信任。綜觀兩位女主的事蹟，都可以發現她們的皇帝丈夫都曾利用她們的能力來幫助自己治理朝政。

〔註 61〕張星久：〈母權與帝制中國的后妃政治〉，《武漢大學學報（社會科學版）》第56 卷第 1 期（2003 年 1 月），頁 46。

〔註 62〕張星久：〈母權與帝制中國的后妃政治〉，《武漢大學學報（社會科學版）》第56 卷第 1 期 （2003 年 1 月），頁 47。

第二節　社會風氣

　　儒家禮教對於兩性地位和分工的觀念淵源有自，由來已久。「從總體上來說，整個中國封建時代無疑是封建禮教居於統治地位的時代。不過，禮教束縛畢竟有個由鬆而緊的發展過程」〔註63〕，有時候禮教綱紀也會因應當時的社會風氣而有所鬆弛或強化。除了前文所論述的因素之外，依禮而行的社會風氣對呂后和武后臨朝也起了作用。

一、漢初時期的社會風氣

　　楊聯陞曾提出「漢代及以後中國北方社會婦女地位，大致較其他中國婦女爲高。」〔註64〕支持此觀點的論者認爲漢初正處在封建社會建立之始，因此禮教規範不如宋明時期嚴格，對於女性的束縛也相對寬鬆：「由於去古不遠，『法律』和『倫理』的性別關係規定還沒有完成其社會化，尚未被『教化』和『規訓』的社會大眾對女性的自由度仍持寬容態度。」〔註65〕劉增貴亦以周昌力爭不可廢太子，呂后跪謝之一事爲例，提出漢代以事相見，男女無嫌。〔註66〕儘管如此，《禮書》所強調的夫主妻從的模式卻流行已久，「妻之地位大抵低於夫，自周至兩漢都無甚差別」。〔註67〕夏增民從呂太后時期頒佈的《二年律令》中考察漢初女性在經濟、法律和婚姻中的地位，總結認爲「漢代女性在家庭生活中地位低於男性，而且兩性的不平等已經在理論上、法律上得到了確認」。〔註68〕雖然律令所針對的是平民婦女，但此律令乃呂太后時期所頒布，顯示了其時她雖大權在握卻並沒有降低社會中女性對於男性的依附程度和屈從性，說明當時社會文化中已出現夫主妻從的**趨勢**。

〔註63〕張邦煒：〈宋代婦女的再嫁問題和社會地位〉，收入鮑家麟編著：《中國婦女史論集　第三集》，頁61。

〔註64〕楊聯陞著，林維紅譯：〈中國歷史上的女主〉，收入鄧小南、王政、游鑒明編：《中國婦女史讀本》（北京：北京大學出版社，2011年），頁9。

〔註65〕夏增民：〈從張家山漢簡《二年律令》推論漢初女性社會地位〉，《浙江學刊》，第1期（2010年），頁90。

〔註66〕劉增貴：〈試論漢代婚姻關係中的禮法觀念〉，收入《中國婦女史論集續集》（台北：稻鄉出版社，1991年），頁8。

〔註67〕劉增貴：〈試論漢代婚姻關係中的禮法觀念〉，收入《中國婦女史論集續集》，頁11。

〔註68〕夏增民：〈從張家山漢簡《二年律令》推論漢初女性社會地位〉，《浙江學刊》，第1期（2010年），頁90。

　　儘管「沛公不好儒，諸客冠儒冠來者，沛公輒解其冠，溲溺其中。與人言，常大罵。未可以儒生說也」〔註69〕，然而其臣僚班底裡卻不乏儒生，如叔孫通、陸賈等。在剛經歷戰爭蹂躪，政權初立的漢朝，統治者除了奉行黃老之術實行無爲而治，儒學禮教的影響亦同樣有跡可尋。高祖拜叔孫通爲奉常，孝惠帝即位後讓他制定漢陵園禮儀制度〔註70〕，可見統治者爲樹立尊卑等級的禮儀亦採用儒學作爲鞏固政權之道。《漢書・儒林外傳》載：「高皇帝誅項籍，引兵圍魯，魯中諸儒尚講誦習禮，弦歌之音不絕，豈非聖人遺化好學之國哉？於是諸儒始得修其經學，講習大射鄉飲之禮。叔孫通作漢禮儀，因爲奉常，諸弟子共定者，咸爲選首，然後喟然興於學。」〔註71〕此外，高祖本身也從謾罵儒生，轉變成爲「行自淮南還。過魯，以大牢祠孔子」〔註72〕的態度。概言之，雖然儒學仍未被推高至獨尊地位，然而當時存在著尚儒學遵禮制的風氣卻是毋庸置疑的。

　　由於漢初時對於儒學的重視，將孝德轉移到政治上，便形成了不違抗長輩（母親）的尊母特點，從而也讓剛毅的呂后有了臨朝的機會。

二、唐初時期的社會風氣

　　中原受到胡風的影響早於西漢時已有跡可尋〔註73〕，加上南北朝（420～589）時期民族的遷徙與融合，外來文化滲入漢人習俗中，接替南北朝的唐朝社會因此受到了影響。承襲南北朝胡漢融合風氣的初唐從朝廷至民間皆尚胡曲、穿胡服、吃胡食等〔註74〕：「開元以來，太常樂尚胡曲，貴人御饌盡供胡

〔註69〕　〔漢〕司馬遷撰：《史記》卷九十七〈酈生陸賈列傳〉，頁2692。

〔註70〕　〔漢〕司馬遷撰：《史記》卷九十九〈劉敬叔孫通列傳〉，頁2725載：「高帝崩，孝惠即位，迺謂叔孫生曰：『先帝園陵寢廟，群臣莫（能）習。』徙爲太常，定宗廟儀法。及稍定漢諸儀法，皆叔孫生爲太常所論著也。」

〔註71〕　〔漢〕班固著，〔唐〕顏師古注：《漢書》卷八十八〈儒林傳〉，頁3592。

〔註72〕　〔漢〕班固著，〔唐〕顏師古注：《漢書》卷一下〈高帝紀下〉，頁76。

〔註73〕　傅樂成：〈唐型文化與宋型文化〉，收入中國唐代學會編：《唐代研究論集・第一輯》（臺北：新文豐出版社，1992年），頁248～249指出，自漢武帝通西域後，西方的文化大量傳入中國，東晉南北朝270餘年間中國北方始終淪於外族。胡族的習俗在二百餘年裡無形的感染著漢人，其時的社會風氣是以往儒家社會中所罕見的。

〔註74〕　傅樂成：〈唐型文化與宋型文化〉，收入中國唐代學會編：《唐代研究論集・第一輯》（臺北：新文豐出版社，1992年），頁239認爲，唐代文化上承魏晉南北朝，那個時代的文化對唐代文化直接發生影響的重要因素，不外三端：　即

食（可考者如三勒漿、葡萄酒，龍膏酒、沙糖、燒餅等），士女皆競衣胡服（包括自頭至足之各種裝束）」。〔註75〕部分論者認爲這樣的風氣使男女間禮防較前朝鬆弛，「中國古代婦女之地位甚低，北朝習於胡風，婦女頗形解放。至唐則益形解放，或騎或射，或著男裝，或男女同博戲，皆無禁防，幾與今日不異。兩性地位幾無軒輊。於此可見。武后擅朝，廣置男妾，當時賢者不以爲怪，良有以也」〔註76〕，從而也讓中原婦女地位提高。然而，著裝與兩性交往的自由（可同博戲）並不表示女子得以由原本從屬的地位一躍成爲和男子地位等同，也沒有外務（尤指政治層面，所以武則天才得以臨朝）上的權利與權力，甚至得到和男性一樣納妾的權力。

　　唐王朝對於多元文化的交流採取了自由開放的態度，但是傳統社會風氣的變遷並非朝夕間的事，女性地位的從屬性質並非一日造成，而是經過了長久歲月的因襲與演變，故不可能瞬間被抬高或貶低，「以儒家爲主導的社會倫理綱常等等，雖因朝而異，但並未發生結構性的改變。因而在兩千年的歷史中，婦女始終是一個受強制的、被統治的性別。」〔註77〕蔡明娟曾從女官歸宿的角度看唐代婦女，認爲唐代女性仍然是處於一種「男尊女卑」的社會體制中，女性的從屬地位不曾改變。她進一步提出，「正乎於內」仍然是當時社會對婦女地位的認定，因此她們或許得到了一些比較寬容的對待，卻也不可能脫離傳統社會的約束。〔註78〕換言之，即使唐時兼併了他域文化，然而傳統的性別觀念是封建社會長期的主流價值觀，不可能被全盤取代或消滅，整體社會仍然依禮而行，「先秦儒學流傳千載，滲透社會，淪肌浹髓，統治者需要，民間也積澱已深，乃及於北方民族。這是在當時封建制度的歷史背景下，勢所必然。」〔註79〕換言之，即便是胡人也沒有男性從屬女性或父業傳女的

老莊思想、佛教和胡人習俗。其中後兩種因素自外族傳入，而且是經歷數百年的流播而形成的。唐代對這三種文化因素的承襲也以後兩種爲主。在有唐三百年的大半時間中，它們是文化的主流，造成唐代文化的異彩特色。至於中國傳統的儒學，從魏晉 開始即受這三種文化的壓制而日漸衰微，在唐代大部分時間仍是這樣的情形。

〔註75〕轉引自嚴耕望：〈唐代文化約論〉，收入中國唐代學會編：《唐代研究論集‧第一輯》，頁20。

〔註76〕嚴耕望：〈唐代文化約論〉，收入中國唐代學會編：《唐代研究論集‧第一輯》，頁22。

〔註77〕詳見孟悅、戴錦華：《浮出歷史地表：中國現代女性文學研究》緒論，頁2～3。

〔註78〕蔡明娟：〈從唐代女官制度看唐代婦女〉，《北方文學》（2010年10月），頁80。

〔註79〕王貴民：《中國禮俗史》（臺北：文津出版社，1993年），頁122。

現象。胡族女子並沒有擁有和男子一樣的權力，社會再開放也不意味著能夠接受女性主政。〔註80〕故而僅以胡風影響概括婦女地位提高，使武則天得到和男性一樣的參政和納妾權利是較籠統和片面的。

　　部分論者認爲，李唐皇室非純粹之漢族，高祖（566～635）皇后竇氏（569～613）、太宗（598～649）皇后長孫氏（601～636）「更係胡族女子」〔註81〕，因此地位較漢族女子高，亦較不受儒家禮教約束。然而胡人的血統實質上並不影響兩位皇后的文化選擇傾向。長孫皇后「少好讀書，造次必循禮則」〔註82〕，被稱譽爲賢后。〔註83〕在夫妻關係上，長孫皇后自覺的讓自己處於從屬地位，更親自編撰《女則》，言：「后嘗撰古婦人善事，勒成十卷，名曰《女則》，自爲之序。又著論駁漢明德馬皇后，以爲不能抑退外戚，令其當朝貴盛，乃戒其龍馬水車，此乃開其禍源而防其末事耳。且戒主守者曰：『此吾以自防閑耳。婦人著述無條貫，不欲至尊見之，愼勿言』」〔註84〕，清楚表達了她對於后妃涉政的看法和立場。是故曾有論者形容長孫皇后「主持後宮賞罰分明，使嬪妃們個個端立孝忠。待嬪妃如姐妹，待太宗的孩子，不論是嫡生庶出，一視同仁。經過長孫皇后的努力，貞觀年間的後宮宮紀肅整，秩序井然」〔註85〕，可見胡人的血統並不影響她的文化選擇傾向。易言之，胡族血統、胡化的生活習慣並沒有對當時的統治階層婦女思想產生很大的改

〔註80〕〔宋〕歐陽修、宋祁撰：《新唐書》卷三十五〈五行志二〉，頁910：「垂拱二年九月己巳，雍州新豐縣露臺鄉大風雨，震電，有山湧出，高二十丈，有池周三百畝，池中有龍鳳之形、麥之異，武后以爲休應，名曰「慶山」。荊州人俞文俊上言：「天氣不和而寒暑隔，人氣不和而贅疣生，地氣不和而堆阜出。今陛下以女主居陽位，反易剛柔，故地氣隔塞，山變爲災。陛下以爲『慶山』，臣以爲非慶也。宜側身脩德以答天譴，不然，恐災禍至。」由此可推知，當時民間仍存在著男爲陽，應剛；女爲陰，應柔，婦不與政，否則便會引來災禍的女禍思想觀念，因此社會對於女子主政並非普遍能夠接受的。
〔註81〕轉引自林恩顯：〈突厥文化及其對唐朝之影響〉，收入中國唐代學會編：《唐代研究論集・第一輯》，頁583。
〔註82〕〔後晉〕劉昫等撰：《舊唐書》卷五十一〈后妃傳上〉，頁2164。
〔註83〕杜芳琴：〈中國宮廷婦女政治角色研究〉，收入《性別學與婦女研究——華人社會的探索》（台北：稻鄉出版社，1997年），頁172中提出，賢后的標準是以儒家倫理道德綱常、哲學思想爲依據的。具體說來，是以《周禮》的格局、《周易》的根據、《詩經》的範式、三代的楷模來選擇、規範、教育后妃。
〔註84〕〔後晉〕劉昫等撰：《舊唐書》卷五十一〈后妃傳上〉，頁2166～2167。
〔註85〕朱亞非主編：《歷代名君治國方略》（濟南：山東人民出版社，2002年），頁18。

變。整體上禮教對於統治階層婦女的束縛並沒有完全消失。長孫皇后和武則天都是同一個時期的人，年輕的武則天乃在長孫皇后去世次年被選入宮中，其時宮中俗尚應不至有太大的改變，仍保留著長孫皇后時的遵禮風氣，武則天有機會受此風氣熏陶影響才是。此外，右補闕朱敬則（635～709）曾進諫：「陛下內寵有易之、昌宗，足矣。近聞右監門衛長史侯祥等，明自媒衒，醜慢不恥，求爲奉宸內供奉，無禮無儀，溢於朝聽。臣職在諫諍，不敢不奏。」〔註86〕朱氏所言反映出了當時終究是男權爲上的社會，表明即使婦女當了皇帝也仍受禮教的束縛，不能如男性皇帝一般光明正大的置後宮三千。

　　唐室乃至民間受到了胡風的影響，卻不意味著他們就要完全摒棄流傳千年的傳統。儒家推崇的治國之道仍然爲唐初統治者所用，在政治、法律、倫理以儒家爲根本。法律上，唐以儒禮入律；教育上習儒家典籍爲主，「在進士科和明經科的科舉考試中，也都要考經書」〔註87〕；道德思想上，「儒家思想在唐代是公認的正統思想」。〔註88〕唐高祖曾「初定京邑，雖得之馬上，而頗好儒臣」〔註89〕；太宗好堯舜周孔之道，杜黃裳且曰「國家法周制」，《資治通鑑》載：「上（太宗）問王珪曰：近世爲國者益不及前古：何也？對曰：漢世尚儒術，宰相多用經術士，故風俗淳厚；近世重文輕儒，參以法律，此治化所以益衰也。上然之。」〔註90〕婦德爲儒家所重，唐初統治集團對此亦頗爲重視，長孫無忌曾以王皇后「伏事先帝，無愆婦德」〔註91〕爲由反對廢黜王后，高宗雖不悅卻無反駁；上元（674～676）年間他欲讓武則天攝國事被中書侍郎郝處俊諫止，他所提出的理由便是以《禮經》爲據：「嘗聞《禮經》云：『天子理陽道，后理陰德。』則帝之與后，猶日之與月，陽之與陰，各有所主守也。陛下今欲違反此道，臣恐上則譴見於天，下則取怪於人。昔魏文帝著令，身崩后尚不許皇后臨朝，今陛下奈何遂欲躬自傳位於天后。況天下者，高祖、太宗二聖之天下，非陛下之天下也。陛下正合謹守宗廟，傳之子

〔註86〕〔宋〕司馬光編著，〔元〕胡三省音注：《資治通鑑》卷二百六〈唐紀二十二〉，頁6546。

〔註87〕章培恆、駱玉明主編：《中國文學史》（上海：復旦大學出版社，1997年）〈中卷〉，頁8。

〔註88〕章培恆、駱玉明主編：《中國文學史》〈中卷〉，頁8。

〔註89〕〔後晉〕劉昫等撰：《舊唐書》卷一八九〈儒學列傳上〉，頁4940。

〔註90〕〔宋〕司馬光編著，〔元〕胡三省音注：《資治通鑑》卷一九三〈唐紀九〉，頁6058。

〔註91〕〔後晉〕劉昫等撰：《舊唐書》卷八十〈褚遂良韓瑗來濟上官儀列傳〉，頁2739。

孫，誠不可持國於人，有私於后族。」〔註92〕李唐皇室對於儒家的重視可見一
斑。略言之，他們在生活、飲食上「胡化」，在政治上卻是「儒化」的。自漢末
獨尊儒術，儒家思想在中原便逐漸發展並成爲了中華文化的主體。儒家禮教是
不可動搖的文化基體，社會對胡人文化持包容與接受的態度，但這畢竟不可能
從根本上撼倒作爲整體社會價值觀的儒家思想。趙文潤也曾提出，在胡、漢文
化交融的過程中，以儒家經書爲代表的傳統意識形態始終在起主導作用。〔註93〕
故而，女子主政並未成爲當時普世的價值觀。不過，中宗、睿宗唯母是從，是
孝的表現，而孝是儒學所重，也是武則天得以臨朝的契機之一。

　　尊母的傳統仍然盛行，而此時的妻權也比前朝有所提高。這點在李唐皇
室中尤爲突出。皇帝向身爲天下小君的皇后諮詢意見，或借助她們的智慧處
理政務在當時可說是常態。即使爲史家所稱頌的長孫皇后以「牝雞之晨，惟
家之索。妾以婦人，豈敢豫聞政事」〔註94〕爲由不參政事，然而太宗卻數次
徵詢長孫皇后在政事上的意見，「太宗彌加禮待，常與后論及賞罰之事」。〔註
95〕同時，長孫皇后也並非全然置身於政務之外。太宗屢次因魏徵（580～643）
的諫言發怒時，長孫皇后也曾勸諫太宗，並且私下獎賞魏徵。〔註96〕據此可
見，即便長孫皇后並沒有像武則天般垂簾聽政，然而在特定時候仍然運用自
己的影響力左右太宗爲政的態度。由於長孫皇后多以諫言的方式輔助太宗治
政、納忠用賢，因此杜芳琴把長孫皇后的參政方式歸類爲「內助諫正」〔註97〕；
高宗也曾借助武則天的力量處理政事。由此可見，后妃在唐初時期的作用並
不僅限於成爲皇權缺失時的代理人，而是作爲皇帝可以商討政事的對象，顯

〔註92〕〔後晉〕劉昫等撰：《舊唐書》卷八十四〈劉仁軌郝處俊裴行儉傳〉，頁2799
　　　　～2800。

〔註93〕趙文潤：〈略論隋唐文化的主要特點〉，《陝西師範大學成人教育學院學報》，
　　　　第16卷第1期（1999年3月），頁18。

〔註94〕〔後晉〕劉昫等撰：《舊唐書》卷五十一〈后妃傳上〉，頁2165。

〔註95〕〔後晉〕劉昫等撰：《舊唐書》卷五十一〈后妃傳上〉，頁2165。

〔註96〕〔後晉〕劉昫等撰：《舊唐書》卷五十一〈后妃傳上〉，頁2165～2166，記載
　　　　長孫皇后勸諭太宗　曰「（魏徵）實乃能以義制主之情，可謂正直社稷之臣矣。
　　　　妾與陛下結髮爲夫婦，曲蒙禮待，情義深重，每言必候顏色，尚不敢輕犯威
　　　　嚴，況在臣下，情疏禮隔，故韓非爲之說難，東方稱其不易，良有以也。忠
　　　　言逆於耳而利於行，有國有家者急務，納之則俗寧，杜之則政亂，誠願陛下
　　　　詳之，則天下幸甚。」后因請遣中使齎帛五百匹，詣徵宅以賜之。

〔註97〕杜芳琴：〈中國宮廷婦女政治角色研究〉，收入《性別學與研究——華人社會
　　　　的探索》，頁193。

見皇后（妻子）地位的提高，以及角色的變化（由從屬的角色轉變爲類似夥伴的角色）。

第三節　孝德推崇

　　在中國的德目裡，「孝」是影響中華民族至深的倫理觀。《爾雅‧釋訓》釋「孝」曰：「善父母爲孝」〔註98〕；《說文解字注》釋曰：「善事父母者。從老省，從子。子承老也。」〔註99〕善事父母是孝的本義，但實際上它所蘊含的內容卻是更深遠寬廣的，「它不僅是一種親子間的倫理價值觀念與規範，而且包含著宗教的、哲學的、政治的、法律的、教育的、民俗的、藝術的等諸多文化意蘊」〔註100〕由於孝的諸多意蘊，因此其重要性可想而知。舉例而言，在宗族裡，孝道是中國社會中維繫家族成員之間的基本條件，馮友蘭曾說過：「傳統中國社會是建立在家族制度上的，而孝則是家族扣緊一起的德性」。〔註101〕在道德層面上，孔子說：「君子務本，本立而道生。孝弟也者，其爲仁之本與！」〔註102〕孟子（372BC～289BC）亦有云：「仁之實，事親是也」。〔註103〕「仁」是儒家統攝一切德行的根源，而「孝」又是「仁」之本，據此類推，「孝」便是統攝一切道德的根本法規。行孝於父母是效忠於君主的前提。換言之，孝不僅是行事的道德標準，更擴大爲治國的基礎。康學偉指出，儒家學派一貫講究忠孝一本〔註104〕，孔子說：「弟子入則孝，出則悌」〔註105〕，在家能孝敬順從父母兄長，出外時則將對父母兄長的尊敬和服從，引伸至對

〔註98〕　〔清〕郝懿行撰：《爾雅義疏》（台北：臺灣中華書局，1965年）卷上之三〈釋訓〉，頁16。

〔註99〕　〔東漢〕許慎撰，〔清〕段玉裁注：《說文解字注》，頁398載，孝的本義是「善事父母者，從老省，從子，子承老也」。

〔註100〕蕭群忠：《孝與中國文化》（北京：人民出版社，2001年），引論，頁3。

〔註101〕轉引自林季博：〈基督教之孝道觀與儒教的孝道觀比較〉，《中華文化新探選集之一》（台北：國立台灣師範大學出版組，1978年），頁166。

〔註102〕〔魏〕何晏注，〔宋〕邢昺疏：《論語》，收入《十三經註疏》（臺北：藝文印書館，1955年）卷一〈學而〉，頁5。

〔註103〕〔清〕焦循撰，沈文倬點校：《孟子正義》（北京：中華書局，1998年）卷十五〈離婁上〉，頁532。

〔註104〕詳見康學偉：《先秦孝道研究》（臺北：文津出版社，1992年），頁14。

〔註105〕〔魏〕何晏注，〔宋〕邢昺疏：《論語》，收入《十三經註疏》卷一〈學而〉，頁7。

君主的尊敬和服從，這樣便能盡忠於君主。所以孔子說：「其爲人也孝弟，而好犯上者，鮮矣；不好犯上，而好作亂者，未之有也」。〔註106〕

正因爲孝的精神涵括了一切，故常言道「人之行莫大於孝」〔註107〕，而班固曾引述孔子曰：「夫孝，天之經，地之義，民之行也。」〔註108〕在中國這塊重視禮的土地上，孝被認爲是人性之基本，天經地義之行爲。許多學者認爲，正是由於「孝」這一倫常道德深入人心，加上統治者對孝道的推崇，從而爲母后涉政提供了強而有力的依據和後盾。

一、漢唐時期統治階層對孝德的重視

部分論者認爲，漢代后妃積極的參政現象與當時統治者所提倡的孝治有關。蕭群忠提出，「孝」在漢代時被統治者政治化，並被納入封建道德體系中，成爲封建家長制專制統治的思想基礎。〔註109〕漢代以「孝」作爲治國安民的策略，標榜以「孝治天下」，這點從漢代統治階層對孝的重視以及推行以孝爲原則的政策措施便可以了解一二。

「孝道」是漢初統治者重視並提倡的德目。儒家強調「古之欲明明德於天下者，先治其國；欲治其國者，先齊其家；欲齊其家者，先修其身」〔註110〕，漢高祖六年（202BC）時曾詔曰：「人之至親，莫親於父子，故父有天下傳歸於子，子有天下尊歸於父，此人道之極也。」〔註111〕位居天子之位的高祖發布此詔，可看作是他重視孝道的表現。

當呂后知道漢高祖有意廢太子另立戚夫人（？～194BC）之子趙王如意（204BC～194BC）爲太子時，便用張良（？～185BC）之計請了四位漢高祖一直無法請動的隱逸高人來輔佐太子，當漢高祖詢問他們輔佐太子的原因時，四人皆曰：「陛下輕士善罵，臣等義不辱，故恐而亡匿。今聞太子仁孝，

〔註106〕〔魏〕何晏注，〔宋〕邢昺疏：《論語》，收入《十三經註疏》卷一〈學而〉，頁5。

〔註107〕〔唐〕唐玄宗注，〔宋〕邢昺疏：《孝經》，收入《十三經注疏》（臺北：藝文印書館，1955年）卷五，頁36。

〔註108〕〔漢〕班固著，〔唐〕顏師古注：《漢書》卷三十〈藝文志〉，頁1719。

〔註109〕蕭群忠：《孝與中國文化》，頁9。

〔註110〕〔漢〕鄭玄注，〔唐〕孔穎達等正義：《禮記》，收入《十三經註疏》卷六十〈大學〉，頁983。

〔註111〕〔漢〕班固著，〔唐〕顏師古注：《漢書》卷一下〈高帝紀下〉，頁62。

恭敬愛士，天下莫不延頸願爲太子死者，故臣等來。」〔註112〕叔孫通也曾以「今太子仁孝，天下皆聞之」〔註113〕的理由來勸諫高祖萬勿廢掉太子。據此可推斷，高祖時期孝德已是統治者乃至社會皆非常重視的美德，故高祖才一直沒有正當的理由把太子劉盈換掉。掌政時，叔孫通曾諫惠帝曰：「人主無過舉。今已作，百姓皆知之矣。願陛下爲原廟渭北，衣冠月出游之，益廣宗廟，大孝之本。」〔註114〕孝惠帝掌政期間也推行了以孝爲原則的經濟政策，足可見其力行孝德的一面。

呂太后死後，諸大臣擁立代王劉恆（203BC～157BC）爲帝，不僅因爲他年紀最長，其母薄氏（？～155BC）謹良，也因爲代王「仁孝寬厚……且立長故順，以仁孝聞於天下」〔註115〕；「且代王親高帝子。於今爲長。仁孝聞於天下。以子則順。以賢則大臣安。乃迎代王。」〔註116〕深思諸大臣選立皇帝人選的原因，除了有其現實利益的考量，不難發現他們也以劉恆的「仁孝」品德爲擁立君主的基準。換言之，正因爲「仁孝」爲當時天下人所重，故他們才會如此強調劉恆的孝德，認爲他是繼承漢王朝的最佳人選。推論至此即可確知，從漢高祖至漢文帝，無不重視孝道。總括而言，漢初時的統治階層重視孝道，而「善必自內始」〔註117〕，他們率先垂範，身體力行孝德，進而將「孝」從內修延伸至治國之上，由近及遠的將之推廣開去，以期「導民以孝，則天下順。」〔註118〕

在唐代，統治者對於孝道亦極爲重視。唐高宗李治幼時便學習《孝經》，並且曾因對孝的體悟而得到了太宗的讚賞：「幼而岐嶷端審，寬仁孝友。初授《孝經》於著作郎蕭德言，太宗問曰：『此書中何言爲要？』對曰：『夫孝，始於事親，中於事君，終於立身。君子之事上，進思盡忠，退思補過，將順

〔註112〕〔漢〕班固著，〔唐〕顏師古注：《漢書》卷四十〈張陳王周傳第十〉，頁2036。

〔註113〕〔漢〕班固著：〔唐〕顏師古注：《漢書》卷四十三〈酈陸朱劉叔孫傳〉，頁2129。

〔註114〕〔漢〕班固著：〔唐〕顏師古注：《漢書》卷四十三〈酈陸朱劉叔孫傳〉，頁2130。

〔註115〕〔漢〕司馬遷撰：《史記》卷九〈呂后本紀〉，頁411。

〔註116〕〔東漢〕荀悅著：《前漢紀》（臺北：鼎文書局，1977年）卷六〈高后紀〉，頁42。

〔註117〕戴德輯：《大戴禮記》卷四〈曾子立事〉，頁93。

〔註118〕〔漢〕班固著：〔唐〕顏師古注：《漢書》卷八〈宣帝紀〉，頁250。

其美，匡救其惡。』太宗大悅曰：『行此，足以事父兄，爲臣子矣。』」〔註119〕
唐太宗在欲立晉王而限以非次，廻惑不決時，長孫無忌（594～659）亦謂太
宗曰：「晉王仁孝，天下屬心久矣。」〔註120〕可見孝德也爲初唐時期統治階層
所重視，是選立太子的標準之一。高宗孝順、關心太宗的表現在史書裡也得
到昭昭的刻畫〔註121〕，故可以推言，其時對孝德的推崇和以孝治天下的漢是
不相上下的。

　　唐時的教育重視儒家文獻如儀禮、孝經等。據劉伯驥，唐時授課的其中
一個規制爲經學，而經學內容以《禮記》、《左傳》爲大經；《詩》、《周禮》、《儀
禮》爲中經；《易》、《尚書》、《公羊傳》、《穀梁傳》爲小經。〔註122〕《文獻通
考》也記，「《孝經》、《論語》皆兼通之」。〔註123〕武則天亦曾說道：「君親既
立，忠孝形焉。奉國奉家，率由之道寧二；事君事父，資敬之途斯一。」〔註
124〕此外，唐律以孝爲重，言子不能告父，因此劉伯驥認爲其法律條文具有濃
厚之家族主義色彩。〔註125〕由此可見，唐朝的風氣並非完全的胡化，相反地
統治者都很積極的學習儒家哲理，而作爲儒家學說核心的孝德，自然爲統治
階層所看重，故劉燕儷曾就感情層面上提出，「唐朝提倡孝道，德行規範上，
盡孝道遠比夫妻情義爲重。」〔註126〕

二、孝德與母后臨朝

　　孝以親親、尊尊、長長爲宗旨〔註127〕，三者又以親親爲首，儒家強調親親
以愛，《禮記・祭義》亦曰：「立愛自親始」〔註128〕，可見愛人首先必由至親者

〔註119〕〔後晉〕劉昫等撰：《舊唐書》卷四〈高宗上〉，頁65。

〔註120〕〔宋〕司馬光編著，〔元〕胡三省音注：《資治通鑑》卷一九七〈唐紀十三〉，
　　　　頁6196。

〔註121〕〔後晉〕劉昫等撰：《舊唐書》卷四〈高宗上〉，頁65～66載：「太宗將伐高
　　　　麗，命太子留鎮定州。及駕發有期，悲啼累日」；「時太宗患癰，太子吮之，
　　　　扶輦步從數日。」

〔註122〕劉伯驥：《唐代政教史》（臺灣：中華書局，1974年），頁126。

〔註123〕〔宋〕馬端臨：《文獻通考》（北京：中華書局，2011年）卷四十一〈學校考
　　　　二〉，頁1208。

〔註124〕〔唐〕武則天：《臣軌序》（臺北：臺灣商務印書館，1981年），頁4。

〔註125〕詳見劉伯驥：《唐代政教史》（臺灣：中華書局，1974年），頁278。

〔註126〕劉燕儷：《唐律中的夫妻關係》（臺北：五南圖書出版，2007年），頁279。

〔註127〕蕭群忠：《孝與中國文化》，頁148。

〔註128〕〔漢〕鄭玄注，〔唐〕孔穎達等正義：《禮記》，收入《十三經註疏》卷四十七
　　　　〈祭義〉，頁811。

開始，由近及遠，由親及疏。孩子善事父母、敬愛父母正是子女對父母愛的表現。換言之，愛是「孝」的精神與感情基礎。其中，母子關係又有別於父子關係。朱迪絲‧維爾斯特曾以「一體狀態」和「理想狀態」來形容母子關係〔註129〕，原因是母親給予子女生命，是骨肉之親，母子關係是最根本的。同時，「父義、母慈、兄友、弟恭」，父以義對待孩子，母以慈愛對待孩子，母子間的親密感亦非父子可媲比。因此愛母進而尊母可說是以孝道爲基礎而展開的。再進一步言之，母權產生的前提條件便是源自尊母的傳統。

尊母可以從情感及歷史淵源這兩個層面作論述。如前所言，母親間的情感始於天生的血緣親情。母子即爲血親之至者，而孝始於事親，那麼孩子行孝於母親並非完全基於外在孝德的規範，而是發自內心的愛的表現，存在於天性裡。此外，母親自孩子幼年始便擔起撫育的責任，劉向說：「三姑之德，亦甚大矣。」〔註130〕在孩子接受正式教育以前，主內的母親擔當了啟蒙老師的責任，對於塑造孩子的品性有著深遠的影響。林紅在探討漢代母權時曾提出，中國家庭中男孩的早期教育多由母親來承擔，母親通過教育培養起兒子對自己的情感維繫〔註131〕，可見母親對孩子的影響具有深遠的意義。高祖當亭長的時候雖然「常告歸之田」〔註132〕，但是畢竟不是常在家裡，因此撫養孩子、養育孩子的責任便就落在呂后身上了。他在外征戰時，呂后和孩子們也曾被項羽（232BC～202BC）軍俘虜當人質，「乃取漢王父母妻子於沛，置之軍中以爲質。」〔註133〕母子感情自小建立，又曾共度患難時刻，即使後來惠帝不能接受呂后對戚夫人的殘忍所爲，也無法否定、割斷這份母子之情，僅能遣人向呂后曰：「臣爲太后子，終不能治天下」〔註134〕，而無法批判，甚至斷絕其與呂后的關係。這除了是因爲惠帝秉性孝順，也包含了母親與子女間所存有的非一般的感情聯繫。史載李賢擔心自己會遭到母親的殺害，顯見在他心裡武則天是個殘忍的角色，然而他卻也只能寫詩《黃臺瓜辭》勸諭。

〔註129〕朱迪絲‧維爾斯特：《必要的喪失》（北京：北京大學出版社，1988年），頁19。

〔註130〕劉向撰，黃清泉註釋，陳滿銘校閱：《新譯列女傳》卷一（臺北：三民書局，1996年）〈周室三母〉，頁25。

〔註131〕林紅：〈漢代母權研究〉，《中華女子學院學報》第19卷第2期（2007年4月），頁78。

〔註132〕〔漢〕司馬遷撰：《史記》卷八〈高祖本紀〉，頁346。

〔註133〕〔漢〕司馬遷撰：《史記》卷八〈高祖本紀〉，頁371。

〔註134〕〔漢〕司馬遷撰：《史記》卷九〈呂后本紀〉，頁397。

這不僅是他在爲自己的生命感到憂惕，也是出於孩子對於母親的一種愛護之心，希望她聞後能夠省悟。這樣的行爲同時也體現了儒家「事父母幾諫」的親親之義。概言之，雖然兩位皇子對自己母親的殘忍無法苟同，但心裡仍敬愛著他們的母親，親親相互隱過，這是以愛爲基礎的親情之孝所致，而非外在的道德約束或人爲的社會規範。

孝的原始含義訓爲「侍親」和「愛親」兩層含義，也就是侍奉、尊敬和贍養父母。侍奉、尊敬父母當然就要做到尊重父母的意志，故孔子說「今之孝者，是爲能養」〔註135〕，亦說「三年無改於父道，可謂孝也」〔註136〕，就是把繼承父命也視爲孝。《說文解字注》對孝的解釋也包括「善事父母者」和「子承老也」〔註137〕兩層含義。可見除了敬養父母之外，「孝」還有尊重、順從父母意志的意義。正是在這個意義上，後世把「順」和「孝」作爲近義詞，二者連讀爲「孝順」一詞。〔註138〕略言之，孝義也同樣強調「順」，「孝者，畜也；順於道，不逆於倫，是之爲畜」。〔註139〕《禮記‧中庸》亦載：「夫孝者，善繼人之志，善述人之事者也。」〔註140〕繼承、完成父祖志業也被儒家視爲孝的體現。唐高宗曾宣遺詔曰：「軍國大事有不決者，取天后處分。」〔註141〕，遵從父親遺言的中宗在政事上聽命於其母，父教子受加上以孝尊母，李顯只能讓其母名正言順的把持權柄，這也可說是他行孝的體現之一。

朱子彥指出，傳統的孝道要求對母親和對父親一樣講孝順，就是也要承認母親的權威，對子女來說，父母給之以生命，撫之以親情，教之以知識和技能……無論皇帝怎樣的被神化，到底也是有性繁殖，是父母所生，父母所養也，也不可能超越人類這種最原初的秩序和權威。更何況我們的文化最講孝道，我們的

〔註135〕〔魏〕何晏注，〔宋〕邢昺疏：《論語》，收入《十三經註疏》卷二〈爲政〉，頁17。

〔註136〕〔魏〕何晏注，〔宋〕邢昺疏：《論語》，收入《十三經註疏》卷一〈學而〉，頁8。

〔註137〕〔東漢〕許慎撰，〔清〕段玉裁注：《說文解字注》，頁398。

〔註138〕朱子彥：《帝國九重天——中國後宮制度變遷》，頁344。

〔註139〕〔漢〕鄭玄注，〔唐〕孔穎達疏：《禮記》，收入《十三經注疏》卷四十九〈祭統〉，頁830。

〔註140〕〔漢〕鄭玄注，〔唐〕孔穎達疏：《禮記》，收入《十三經注疏》卷五十二〈中庸〉，頁886。

〔註141〕〔後晉〕劉昫等撰：《舊唐書》卷五〈高宗下〉，頁112。

帝國又素重倫理綱常。因此，在傳統的孝道支配下，身爲人子的君主在父親死後尊重和秉承母后的意志，身爲臣子的官員尊重太后對國事的發言權，於情於理都可說得過去，從而爲母權提供了道義上的合法性。〔註142〕在這個觀念底下，天子不論身份地位多尊貴，畢竟身爲人子，在其母后前仍必須遵從她的教誨，所以太后以「母親」身份參政乃是這種風氣下必然的結果。〔註143〕

事實上歷代帝王都大力提倡以孝治天下，甚至帝王的謚號也冠之以「孝」字，如漢代皇帝便以「孝」爲謚號，「孝子善述父之志，故漢家之謚，自惠帝以下皆稱孝也」〔註144〕，由於封建帝王大力提倡，子女對父母必須言聽計從，恪守孝道，即使是天子也要躬行而絕無例外，並以春秋經義，定立「母以子貴」的規制。這就爲太后干預朝政、控制幼主提供了有利條件。〔註145〕

在以儒學爲主導的中華文化裡，家國一體的政治結構使孝成爲了家庭倫理和政治倫理的核心。蕭群忠提到，孝雖然本是基於人類至誠內發之愛，而對祖宗、父母的敬養、順從、報恩之倫理情感和義務，但由於中國傳統社會特有的歷史發展道路所帶來的血緣與政治關係合一，家國一體，倫理政治，家天下，家長制等，從而使孝這一家族倫理道德觀念成了傳統政治統治的倫理精神基礎。孝的意識出現很早，至漢代時以孝爲封建政治的精神基礎的理論已很完備，在黜百家獨尊儒術的基礎上，漢代標榜「以孝治天下」，利用物質與精神各種獎勵表彰和推行孝道教化。從此在中國封建社會的政治實踐中，便長期以孝作爲倫理精神基礎。〔註146〕唐時更是引《孝經》入律，用外在的強制手段來確保孝道的實現。是故，以仁孝聞於四海的劉盈，飽讀儒家《尚書》、《禮記》、《論語》等的李賢，乃至遵從父命的中宗，無不是在力行孝道強調的親親、尊尊、長長。統治者們在個人修養方面存孝於心，那麼對於母后自然也會「著心於母志而行事」了。概言之，在「孝」意識的前提下，「身爲人子的君主在父親死後尊重和秉承母后的意志，身爲臣子的官員尊重母后對國事（同時也是『家事』）的發言權，於情於理也可以說得過去，從而

〔註142〕朱子彥：《帝國九重天——中國後宮制度變遷》，頁344。
〔註143〕詳見文愚：〈西漢后妃干政問題淺析〉，《史學月刊》，2002年12月25日，頁115。
〔註144〕〔漢〕班固著，〔唐〕顏師古注：《漢書》卷二〈惠帝紀〉，頁86。
〔註145〕詳見朱子彥：《帝國九重天——中國後宮制度變遷》，頁344。
〔註146〕詳見蕭群忠：《孝與中國文化》，頁168～169。

為母權提供了道義上的合法性，為母后干政打開了一個缺口。」〔註147〕孝乃是尊母的基點，引申出來的便是為母者的權威了。

第四節　主幼庸弱

　　自秦以來發展的帝制以「皇帝一人專制的基本特質，經由制度性的更革，以君主獨斷獨裁的政體形式展現」〔註148〕，皇位繼承制度多以嫡長子繼承的方式進行。雖然這樣的傳位方式保證了皇權在一族一家裡傳承，然而，倘若繼承之君主沒有什麼能力，便會為皇帝個人、家族以迄整個政局、國家帶來莫大的困擾。這是一元統治體制本身存在的缺陷所導致，一個擁有良好政治素質的君王，不僅必須擁有管理才能和智慧，賢明的德行，同時也必須擁有健康的體魄。綜觀歷代登基為帝的君王，素質可謂良莠不齊，有些能夠勵精圖治，有些卻耽於玩樂；有些賢明卻體弱而無法有效管理國家，有些雖有雄心壯志卻時不與他，更有些年紀尚幼不諳政事便須繼承皇位。略言之，除了勵精圖治的皇帝能夠確保江山的穩定，後四種情況的發生都會直接影響到皇權的穩定性。在呂后和武后的情況裡，主幼、君主體弱、庸弱的政局讓她們有了涉政的機會，而這種情況亦可說是后妃得以臨朝的最原始因素。

一、君主年幼

　　皇帝早逝或猝崩，若繼位的子嗣年紀尚幼，通常情況下，其權變的方式便是依靠和他血緣最親的人，或擁立他的人來輔政。趙鳳喈於《中國婦女在法律上的地位》裡提出了太后攝政所需具備的三種條件，其中之一便是皇帝年幼〔註149〕，是故「幼主即位，也使得太后臨朝稱制得以披上合法化的外衣。而太后以母儀天下之尊，結合擁有帝王家族血統的幼主，的確具備足以支配天下的條件」。〔註150〕惠帝當政時，呂太后已因惠帝不聽政而參與政事，此乃

〔註147〕張星久：〈母權與帝制中國的后妃政治〉，《武漢大學學報（社會科學版）》第56卷第1期（2003年1月），頁46。

〔註148〕劉靜貞：〈從皇后干政到太后攝政——北宋真仁之際女主政治權力試探〉，收入鮑家麟編：《中國婦女史論集續集》，頁123。

〔註149〕轉引自楊聯陞著，林維紅譯：〈中國歷史上的女主〉，收入鄧小南、王政、游鑑明主編：《中國婦女史讀本》，頁4。

〔註150〕陳美伶：《兩漢太后臨朝稱制研究》（臺南：國立臺南大學，2007年，國語文學系碩士論文），頁34。

因爲惠帝是她擁立之故。不過，據《史記》和《漢書》，呂太后眞正臨朝稱制的契機是即位的少帝年幼，《史記》：「孝惠帝崩。發喪……帝毋壯子，太后畏君等……呂氏權由此起。」〔註151〕《漢書》：「惠帝崩，太子立爲皇帝，年幼，太后臨朝稱制，大赦天下。」〔註152〕換言之呂太后權勢從少帝即位後開始擴張。不過，如前所述，年幼的嗣君一般由其母或擁立他的人代他行使皇權，然而呂太后既非和少帝血緣最親的人，亦非她所擁立。筆者認爲，她得以臨朝稱制，與她的輩份有莫大的關係。呂太后生惠帝和魯元公主（？～187BC）二人，惠帝即位後她被尊爲太后，惠帝的皇后乃魯元公主之女，也即是呂太后的孫女。〔註153〕孝惠帝崩後，呂太后的身份轉變爲太皇太后〔註154〕，雖然亦稱太后，然而實際上其輩份已比少帝母，即其孫女更高。換言之，就身份來說，她是先帝之妻，佐高祖定天下有功；就輩份來說，她是皇帝的祖母，也是太后的祖母，在講究尊卑等級的家庭倫理裡，不論是身份還是輩份都要數呂太后最高。故當時由她代替年幼的少帝行使政權，亦是可以理解的。

二、君主庸弱

由缺乏政治素質的皇帝來管理國家，不僅會拖累國家的發展，民不聊生激發各種社會矛盾，也會讓旁人如宗親、宦官、佞臣等有機可乘，威脅政權的穩定。歷史上耽於玩樂的昏君不計其數，而他們的政治才幹也多屬平庸。政治才能平庸的君王易於爲后妃、宦官等身邊親近的人，或朝中大臣所影響和箝制。這類型的君王雖非昏君，卻因儒弱而爲人制約。也有才能平庸的君主性格專橫強硬，統治手段凌厲以致人心悖離；另一種情況是君主既有才能也有賢德，卻沒有健康的體魄讓他發揮才能，性格不儒弱卻體魄虛弱，影響了他執政的表現。

〔註151〕 〔漢〕司馬遷撰：《史記》卷九〈呂后本紀〉，頁399。

〔註152〕 〔漢〕班固著，〔唐〕顏師古注：《漢書》卷三〈高后紀〉，頁95。

〔註153〕 〔漢〕司馬遷撰：《史記》卷九〈呂后本紀〉，頁400：「魯元公主薨，賜諡爲魯元太后。子偃爲魯王。魯王父，宣平侯張敖也。」據此可知，張敖娶魯元公主爲王后，張敖是呂后的女婿，張偃是呂后的孫子。同卷頁402記：「宣平侯女爲孝惠皇后時，無子」。據此推論，宣平侯女即張偃的姊妹，也是呂后的孫女，嫁孝惠帝爲后。

〔註154〕 〔宋〕徐天麟撰：《西漢會要》（台北：九思出版社，1978年）卷二〈帝系二〉，頁11載：「漢興，因秦之稱號。帝母稱皇太后，祖母稱太皇太后，適稱皇后，妾皆稱夫人。」

　　孝惠帝寬仁孝順，是個有賢德的皇帝。不過，「孝惠爲人仁弱」〔註155〕，故須由「爲人剛毅」〔註156〕的呂太后處處保護之，從力爭不讓他被廢黜太子之位，至他置國家大事於不顧，「日飲爲淫樂，不聽政」的時候，都有呂太后在其背後爲他掃除政治路上的障礙，爲他處理政務。由於孝惠帝的文弱，因此在政治上被朝臣所制約。史載孝惠帝曾對曹參（？～190BC）治事的方法不滿，並令其子曹窋（？～161BC）回家規勸曹參。曹參知道後不僅懲治其子，還以「無爲」來搪塞惠帝，要他垂拱就好。不僅如此，他對先帝朝臣的諫言「聞叔孫通之諫則懼然」〔註157〕，處處爲人制約而無法更好的展現他執政的才能，最終憂疾而死。孝惠帝執政時海內得離戰爭之苦，衣食滋殖，但其時已因耽政而主要由呂太后制政，故天下晏然應多爲呂太后之力。是故，孝惠帝應可被歸類爲庸弱的類型。

　　唐高宗並非昏庸無能的皇帝。早在還是太子時便已表現出政治才能，「太宗每視朝，常令在側，觀決庶政，或令參議，太宗數稱其善。」〔註158〕太宗被史家稱頌爲賢能的名君，那麼能得其讚賞的高宗在理政上也必有一定程度的能力。他即位後要求群臣「事有不便於百姓者悉宜陳，不盡者更奏封」。〔註159〕執政期間勤政愛民，「問以百姓疾苦，及其政治」〔註160〕；國家發生地震、蝗蟲等天災後遣使慰問，開賑倉、義倉賑災，降罪犯順次遞減一等，降低人民生活的困苦。他也具內省精神，反省自己的治政是否有偏頗之處，能夠謙卑納諫：「永徽元年（650）……夏四月己巳朔，晉州地又震。五月丁未，上謂群臣曰：『朕謬膺大位，政教不明，遂使晉州之地屢有震動。良有賞罰失中，政道乖方。卿等宜各進封事，極言得失，以匡不逮。』」〔註161〕唐朝歷經二十一位皇帝（包括武則天），唐高宗執政三十四年，僅次於執政四十六年的唐玄宗。儘管他執政時得到了武則天的幫助，但是倘若他自己沒有半點才幹，又豈能統治當時的世界強國如此之久？故有論者提出，高宗在位期間沒有發生

〔註155〕　〔漢〕司馬遷撰：《史記》卷九〈呂后本紀〉，頁395。
〔註156〕　〔漢〕司馬遷撰：《史記》卷九〈呂后本紀〉，頁396。
〔註157〕　〔漢〕班固著，〔唐〕顏師古注：《漢書》卷三〈高后紀〉，頁92。
〔註158〕　〔後晉〕劉昫等撰：《舊唐書》卷四〈高宗本紀上〉，頁65。
〔註159〕　〔宋〕司馬光編著，〔元〕胡三省音注：《資治通鑑》卷一九九〈唐紀十五〉，頁6270。
〔註160〕　〔宋〕司馬光編著，〔元〕胡三省音注：《資治通鑑》卷一九九〈唐紀十五〉，頁6270。
〔註161〕　〔後晉〕劉昫等撰：《舊唐書》卷四〈高宗本紀上〉，頁67～68。

重大失當事件，長孫無忌所說的「守成之德」高宗是當之無愧的。〔註162〕

　　然而，勤政的高宗卻沒有健康的體魄讓他治理國家。顯慶（656～661）後便已因苦於風疹而必須仰賴武后的才能治理國事。〔註163〕高宗的體弱是武后涉政的關鍵。不過，武則天得以在高宗後繼續臨朝，除了高宗遺詔之故，也因爲繼位的中宗是個昏庸的皇帝。中宗曾兩度即位，然而他的政治才能不如其母出色。武則天亦深明這點，因此在他第一次即位不久便把他廢黜。即使在武則天崩逝後，他也沒有得到執政的主導權，而是被韋皇后（？～710）等人所擺弄，最終被妻女毒死。睿宗也因軟弱的性格，懾於武則天的威勢而居於別宮，聽任其母親的擺佈，讓武則天執政長達半個世紀。

　　朱子彥曾提到，帝王最信賴的人絕非自己的兄弟叔伯，因爲在最高權力的誘惑下，宗法血緣反而成爲了皇帝最大的威脅，因此枕邊人才是皇帝最願交付權力的對象。〔註164〕換言之，有血緣關係的宗親是皇帝的心頭之患，故他們雖防后妃，但卻更防兄弟宗親。爲了避免皇權旁落，最佳的權宜之計便是由幼帝母親，或皇后來暫時充當皇權代理者/守護者。蔡幸娟曾以北魏女主爲例提到，倘若皇帝統治是可以再繼續的，那麼女主臨朝政治的出現就不是必要的；反過來說，若是主幼時艱，女主臨朝政治之形成與發展方可被接受。〔註165〕趙鳳喈也曾總結道，在中國封建社會，由於皇帝年幼或因病不能視朝理政等原因，極易造成皇權的脫節，從而引發國家機器不能正常運作等一系列政治危機，而后妃主要是皇太后，往往以其「母儀天下」的特殊身份執掌國柄。因此雖然有關后妃不得涉政的主張無代無之，然而只要帝制不改，那麼只要幼主即位便有機會讓母后臨朝，這是客觀存在的事實，所以歷代凡太后攝政即可援引前例，以爲成規。〔註166〕概言之，皇后既爲六宮之首，不僅

〔註162〕白盾：《歷史的磨道：論中華帝制》（合肥：安徽人民出版社，1999年），頁171。

〔註163〕〔後晉〕劉昫等撰：《舊唐書》卷五〈高宗本紀下〉，頁100另有記載，武則天涉政契機並非因高宗體弱，而是「自誅上官儀後，上每視朝，天后垂簾於御座後，政事大小皆預聞之。」這筆資料說明兩個重點，第一，武則天涉政的原因是上官儀一事而非高宗風疹；第二，殺上官儀乃麟德元年之事，那麼武則天涉政的時間便必須推遲至少五年。不過，大部分史書皆把武則天開始涉政的時間記於顯慶年高宗苦於風疾時，故筆者取此爲準。

〔註164〕詳見朱子彥：《帝國九重天──中國後宮制度變遷》，頁341～345。

〔註165〕詳見蔡幸娟：〈北朝正史女主政治評價之考察研究──兼論中國史上「女禍史觀」之形成與發展〉，收入《認識中國史論文集》，頁160。

〔註166〕詳見趙鳳喈：《中國婦女在法律上之地位》（臺北：食貨出版社，1977年），頁112。

須掌管後宮事務，在特定的情況下，如皇帝年幼或皇統中斷，她們都有義務及權力去主持國家朝政，維持國家的正常運作，故主庸、年幼和主弱的政局才會爲呂后和武后打開了涉政之門，造就了她們主政的契機。

第三章　女主臨朝之特徵

　　儘管女主臨朝稱制是根源於君主專制政體的產物，然而女主臨朝在性別分工的社會觀念上終究名分不正。在名不正則言不順的觀念影響下，女主臨朝不僅比較困難，且有著其自身的特點。〔註1〕本章歸納出廢立皇帝、重用外戚等特點，探析呂后和武后兩位女主在掌政期間在相關方面的表現，以及當中的相異之處。

第一節　擅行廢立

　　朱子彥指出，皇后或太后不僅掌管後宮事務，在特定的歷史條件下，還可以參與甚至主持朝政。例如在皇位繼承問題上，當皇帝無子、皇統中斷時，皇太后可以選擇皇位繼承人，執掌廢立之權。〔註2〕由此可見，后妃臨朝掌政時不僅擁有統領國家的權力，也擁有如男性皇帝般選擇繼承人的權力。呂后和武后在臨朝期間都不約而同的廢立了皇帝。雖然同樣行使了廢立皇帝的權力，然而她們屢次廢黜皇帝的理由為何？以下筆者將從兩位女主廢立皇帝的情形，探討她們背後廢立皇帝的原因。

　　幼帝在歷史上並不罕見，而許多史家學者認為，女主在掌朝後，待幼帝稍長有能力親自理政時就以各種理由將他們廢黜，最主要的原因是想要繼續把持朝政。同樣是幼帝即位，然而少帝被廢的主要原因是他口出惡言，曰：「后

〔註1〕詳見朱子彥：《帝國九重天——中國後宮制度變遷》，頁356。
〔註2〕詳見朱子彥：《帝國九重天——中國後宮制度變遷》，頁4。

安能殺吾母而名我？我未壯，壯即爲變。」〔註3〕呂太后知悉後，幽之於永巷，
詔曰：「凡有天下治萬民者，蓋之如天，容之如地；上有驩心以使百姓，百姓
欣然以事其上，驩欣交通而天下治。今皇帝疾久不已，乃失惑昏亂，不能繼
嗣奉宗廟，守祭祀，不可屬天下。其議代之。」〔註4〕據此，呂太后廢少帝不
全然爲了繼續掌權，而是爲了自己的安全利益著想。一如男性皇帝不能隨意
更易太子一樣，皇太后亦不可隨自己的喜惡廢立皇位繼承人。她們需有正當
的理由來廢帝才能得到群臣的認可。傀儡皇帝受制於擁立他的皇太后，然而
少帝非呂太后所擁立，故稍長時便揚言將來要爲生母報復造反。由此亦可見
他當時年紀雖幼，卻並不懾於呂太后的威勢。呂太后得知後憂其亂先下手爲
強，將他囚禁以免將來成爲禍患，危及自己的地位、政權乃至性命。呂太后
幽少帝於永巷，立恆山王劉弘爲帝得到了群臣的認可：「皇太后爲天下計，所
以安宗廟社稷甚深。頓首奉詔。」〔註5〕少帝被廢後，恆山王劉弘繼帝位，史
稱後少帝。史書沒有記載恆山王登基時的年齡，然而他是呂太后所擁立，故
仍受制於呂太后。換言之，他只是個傀儡皇帝，實際政權仍由呂太后所掌握，
直到她崩逝。

在皇太子李弘死後，武則天次子雍王李賢被立爲太子。此後高宗曾屢次命
他監國，並對他的能力稱讚有加〔註6〕，可知高宗對李賢是相當滿意的。然而
李賢最終卻面臨了被剔除皇太子之位的命運，不少學者史家皆認爲這是武后所
致。明崇儼（？～679）乃正議大夫，深得高宗與武后信任，卻於儀鳳四年（679）
遇刺身亡。武則天懷疑是李賢所爲：「崇儼爲盜所殺，則天疑賢所爲。俄使人發
其陰謀事，詔令中書侍郎薛元超、黃門侍郎裴炎、御史大夫高智周與法官推鞫
之，於東宮馬坊搜得皁甲數百領，乃廢賢爲庶人，幽於別所。」〔註7〕後世許
多史家據此認爲，武則天原就有獨霸政權的意思，而李賢治政能力高，不順從
她，在政治上擁有自己的官僚班底，她唯恐唐高宗去世後大權將完全落入李賢
手裡，便指使人告發李賢。高宗下詔令宰相薛元超（622～683）、裴炎（？～684）

〔註3〕〔漢〕司馬遷撰：《史記》卷九〈呂后本紀〉，頁402～403。
〔註4〕〔漢〕班固著，〔唐〕顏師古注：《漢書》卷三〈高后紀〉，頁98。
〔註5〕〔漢〕班固著，〔唐〕顏師古注：《漢書》卷三〈高后紀〉，頁98。
〔註6〕〔後晉〕劉昫等撰：《舊唐書》卷八十六〈高宗中宗諸子傳〉，頁2832載：「皇
　　　太子賢自頃監國，留心政要。撫字之道，既盡於哀矜；刑網所施，務存於審
　　　察。加以聽覽余暇，專精墳典。往聖遺編，咸窺壼奧；先王策府，備討菁華。
　　　好善載彰，作貞斯在，家國之寄，深副所懷。可賜物五百段。」
〔註7〕〔後晉〕劉昫等撰：《舊唐書》卷八十六〈高宗中宗諸子傳〉，頁2832。

和御史大夫高智周（602～683）審理此案，搜尋東宮時查獲皁甲數百領，認爲這是他謀反的證據，於是李賢還未來得及坐上皇帝之位便已被剝奪皇太子稱號，被貶爲庶人。在這件事上，史書皆把矛頭指向武則天，認爲李賢被廢是武則天的陰謀所致。李賢或許並無謀反之意，反具或許是他人栽贓嫁禍於他，不過明崇儼也是高宗信任的人，當武后提出她的懷疑時，高宗不能不被武后的話所影響。然而，負責徹查此事的裴炎〔註8〕是心懷唐室之人，高宗崩逝時令他爲顧命大臣〔註9〕，也曾被睿宗下制稱其曰：「文明之際，王室多虞，保乂朕躬，實著誠節」。〔註10〕一個如此忠心於唐室的朝臣負責徹查，其公正性應可被信任。同時，高宗仍是名正言順的皇帝，故李賢被廢亦須得到他的許可始能達成。此事可疑之處頗多，但是總括而言，廢立太子賢所必需依靠的外在因素太多了，僅靠武則天一人之力是絕不能完成的。

　　武則天第三子英王李顯繼李賢後被立爲皇太子，三年後即位，是爲唐中宗。雖然繼位的兒子已經選定，高宗臨終前卻把管理國事的大權交託予武后，宣遺詔曰：「軍國大事有不決者，取天后處分。」〔註11〕這當中的原因是相當耐人尋味的。即位不久後唐中宗便被廢爲廬陵王，這是武則天首次以皇太后的名義廢黜皇帝，《舊唐書》載：「嗣聖元年（684）二月，皇太后廢帝爲廬陵王。」〔註12〕他被廢的原因是：「中宗欲以韋玄貞爲侍中，又欲授乳母之子五品官；裴炎固爭，中宗怒曰：『我以天下與韋玄貞何不可！而惜侍中邪！』」〔註13〕此事讓裴炎感到不安，遂密告武太后，共同密謀廢立：「炎懼，白太后，密

〔註 8〕　裴炎，絳州聞喜人，於調露二年始入相，永隆二年遷爲侍中，高宗幸東都是曾命之輔佐當時仍爲太子的中宗。弘道元年時受高宗遺詔輔政。他曾屢次頂撞武后，後因徐敬業以匡復唐室爲名於揚州起兵造反，他趁機要挾武后還政於睿宗而被武則天所殺。從史書記載來看，可見裴炎是個忠於李唐的人，並非武則天親信。同時，當時與之一起勒兵入宮的除了劉褘之外，程務挺、張虔勗都是裴行儉提拔的人，而裴行儉曾反對立武則天爲皇后，故可推知程和張亦非武后親信。

〔註 9〕　〔宋〕司馬光編著，〔元〕胡三省音注：《資治通鑑》卷二百三〈唐紀十九〉，頁 6416 記載：「上自奉天宮疾甚，宰相皆不得見。……十二月，丁巳，改元，赦天下……是夜，召裴炎入，受遺詔輔政，上崩於貞觀殿。」

〔註 10〕　〔後晉〕劉昫等撰：《舊唐書》卷八十七〈裴炎列傳〉，頁 2845。

〔註 11〕　〔後晉〕劉昫等撰：《舊唐書》卷五〈高宗下〉，頁 112。

〔註 12〕　〔後晉〕劉昫等撰：《舊唐書》卷七〈中宗〉，頁 135。

〔註 13〕　〔宋〕司馬光編著，〔元〕胡三省音注：《資治通鑑》卷二百三〈唐紀十九〉，頁 6417。

謀廢立。」〔註14〕中宗欲授官於皇后家族本非大問題，然而他所欲授受的官位是位高權重的宰相之位，終究非妥當之舉。如何抑制外戚勢力是歷朝皇帝治政的其中一項難題，他不僅反其道而行，更想授其岳父如此高的位階，可見他行事欠缺周全的考慮。此外，裴炎諫諍時，中宗甚至說出以天下與韋玄貞（？～684）這種大逆不道的話，雖爲一時氣話，也可見中宗並不具備一個皇帝該有的得體行爲。再回頭看高宗的遺詔，或許他早知道中宗不是一個賢明的皇帝，擔心李唐家業會被他敗壞，故才會讓他信任且能力較強的武則天繼續理政。那麼忠於李唐皇室的裴炎不安也不是沒有道理的。是故，武則天於乾元殿中當著百官面前廢掉昏庸的中宗時，還得到了裴炎、中書侍郎劉褘之（630～686）、羽林將軍程務挺（？～684）、張虔勖的幫助，「勒兵入宮，宣太后令，廢中宗爲盧陵王，扶下殿。」〔註15〕裴炎是朝中地位舉足輕重的臣子，當中宗發表了這番不得體的言論後，他沒有繼續諫諍中宗，反而到武太后處告密，可見她輔政多年，即使是裴炎也認可了她的能力，加上高宗臨終前曾宣遺詔下放權力於她，因此遇到這樣的情況，他願意站在武則天這邊，以保全李唐政權爲前提協助她廢掉中宗。由此亦可見當時的外廷認同了此廢立之舉。

中宗是個昏庸無能的皇帝，被廢後武太后立幼子豫王李旦爲帝，是爲睿宗。不過，她立李旦爲帝後，令其居於別殿，「政事決於太后……不得有所預。」〔註16〕這次武則天顯露出了她欲直接掌朝的野心。雖說或許睿宗沒有理政經驗所以不放心讓他治政，然而她大可以效法太宗，視朝時「常令在側，觀決庶政，或令參議」〔註17〕，以此培養睿宗的能力，以便將來能把皇位順利傳於他。可是武則天並沒有要培植李旦的意思。進一步言之，她讓李旦居於別殿，顯示了她已經不欲再有皇帝擋在她面前，干擾她執政的野心。倘若說中宗時期她因高宗的遺詔，臨朝尚合乎情理，那麼這次她的臨朝便顯露出了她想獨霸政權的企圖。

〔註14〕〔宋〕司馬光編著，〔元〕胡三省音注：《資治通鑑》卷二百三〈唐紀十九〉，頁6417。

〔註15〕〔宋〕司馬光編著，〔元〕胡三省音注：《資治通鑑》卷二百三〈唐紀十九〉，頁6418。

〔註16〕〔宋〕司馬光編著，〔元〕胡三省音注：《資治通鑑》卷二百三〈唐紀十九〉，頁6418。

〔註17〕〔後晉〕劉昫等撰：《舊唐書》卷四〈高宗本紀上〉，頁65。

中宗和睿宗被立時已非年幼，而武太后卻仍能臨朝稱制，這除了尊母、和皇帝本身的素質有關，也與她本身的才能和她使用的政治策略有莫大的關聯。廢太子賢、廢中宗的事件不能說是她策劃的結果，因為僅靠她一人之力是不可能成功的，不過在這當中她卻起了重要的作用。她懂得利用時勢以及對手的弱點，加上自己的影響力，借他人之力來達到目的。至睿宗時期，她的掌權已相當穩固，因此才能夠在毫無理由之下令睿宗居於別殿，阻止他預政事。

第二節　屠戮異己

兩位女主的歷史形象具有一個共同點，即她們在史家眼裡都是殘忍無道的。這種印象主要源於她們在執政期間都曾以殺戮的手段對付政敵或是危害她們地位的人。這也是歷來史家學者撻伐她們的重點之一。以下筆者將從殺宗親、殺朝臣、殺皇子這三個方面，探討她們行殺戮手段的理由，作為探析歷代史家對她們評價公允與否的依據。

一、殺皇室宗親

呂太后相當保護仁弱的惠帝。惠帝繼位前險些被廢太子位，是她出面幫他解決了；登基後仍憂心他不具備皇帝的威勢，無時無刻不在想辦法確立和提高惠帝的至尊地位。〔註18〕惠帝不聽政，呂太后無法、亦不會坐視不管，從而開啓了她輔政之路。惠帝駕崩後，為了顧全漢室的政權遂以太后身份臨朝稱制。為了漢室，為了孩子，為了穩固作為後宮之主的地位和權威，她費盡了心思和謀略。呂太后掌政時立後少帝，高祖的兄弟，如楚元王、代頃王等人為王時並沒有表現出謀反或反呂太后或惠帝的態度，故也寬容待之。不過，這樣的包容態度並沒有用於高祖妃嬪身上。對於她的事蹟，最為世人所熟知的莫過於人彘事件。戚夫人的存在對呂后來說不僅是個感情上的威脅，也是對其權力地位和尊嚴的威脅。秦末漢初，高祖在外征戰，呂后被敵軍俘虜，兩夫妻已是長年分離。漢五年（202BC）定都長安後，呂后居於長安，高

〔註18〕 惠帝二年時，孝惠帝與兄長齊王飲於呂太后前，惠帝以齊王為兄而讓他坐上座，此舉讓呂太后感到生氣。在呂太后看來，生為皇帝的惠帝自抑身份禮齊王於上座是不妥當的。

祖卻爲了戚姬「常從上之關東」〔註 19〕，居於洛陽。郭茵曾指出，從漢五年至漢十二年（195BC）這七年裡，高祖留在長安的時間不超過三年半。〔註 20〕加上呂后因年長色衰而被高祖所嫌棄，以致「常留守，希見上，益疏。」〔註 21〕皇帝寵幸對象不同，皇后、嬪妃在後宮的權勢和作用便會出現有一反常制的現象。〔註 22〕得到高祖寵幸的戚夫人權勢必然要比稀見高祖的呂后來得大，進而壓制著呂后。她的得寵也直接動搖了惠帝的太子位。雖惠帝已被立爲太子，然而以色事人的戚夫人卻「日夜啼哭，欲立其子代太子」〔註 23〕，劉邦亦藉口如意類我，孝惠不類我屢次想要易太子。呂后在這場保住孝惠太子位，穩定正室地位的鬥爭中獲勝，但她和戚夫人的矛盾卻加深了。身爲劉邦微時妃的呂后，事舅姑、撫兒女、務稼穡，在楚漢戰爭中被俘爲人質，歷經磨難。劉邦稱帝後，她被立爲皇后，身爲嫡子的孝惠被立爲太子，此時可以安享人生的呂后卻因出現了以色爭寵的戚夫人，企圖影響高祖更立太子而感受到了巨大的威脅。是故，在高祖死後，呂太后對於戚夫人母子倆的怨憤並沒有隨著消失。戚夫人失去高祖的保護，便是身爲天子之母的呂太后除掉他們的機會。據《史記》，呂太后殘害戚夫人的手段極爲殘忍，可謂前無古人，後無來者：「太后遂斷戚夫人手足，去眼，煇耳，飲瘖藥，使居廁中，命曰『人彘』。」〔註 24〕由於她那殘忍的手段，後世都指責她「心胸狹窄」、「好妒兇殘」等等。站在儒家禮制的角度來說，這當然不是一個賢婦該有的品德與作爲。

　　武則天首次大規模或殺或流放李氏宗族乃起源於一場宗室的叛變——琅邪王李沖（？～688）於博州造反。琅邪王李沖的起兵雖然僅得到其父越王李

〔註19〕　〔漢〕司馬遷撰：《史記》卷九〈呂后本紀〉，頁395。

〔註20〕　郭茵：《呂太后期の權力構造》（福岡：九州大學出版社，2014年），頁24：「劉邦は漢五年（紀元前二〇二年）五月に都を長安に定めてから、亡くなる漢十二年（紀元前一九五年）四月までの七年間に、長安に滯在した期間は合わせて三年半に過ぎなかった。長楽宮ができ、丞相以下の官僚機構をすべて長安に遷した漢七年（紀元前二〇〇年）から数えても、死ぬまでの五年余りの間に長安にはやはり半分ぐらいしかおらず、特に漢九年二月から十年八月までの一年半と亡くなる前の五ヵ月を除くと、ほとんど長安にいなかった。その間、表から読み取れるように劉邦は戰爭時以外はほとんど洛陽にいた。その際よく連れて行ったのは言うまでもなく戚姬であった。」

〔註21〕　〔漢〕司馬遷撰：《史記》卷九〈呂后本紀〉，頁395。

〔註22〕　朱子彥：《帝國九重天——中國後宮制度變遷》，頁19。

〔註23〕　〔漢〕司馬遷撰：《史記》卷九〈呂后本紀〉，頁395。

〔註24〕　〔漢〕司馬遷撰：《史記》卷九〈呂后本紀〉，頁397。

貞（627～688）舉兵相應，不過這次叛變的通謀者涉及很多李氏宗親，當中包括於弘道元年（683）被加授太尉的澤州刺史韓王李元嘉（619～688）及其子黃國公譔（？～688）、太子太師魯王靈夔（？～688）及其子李藹、霍王李元軌（？～688）及其子李緒、虢王子東莞公李融。這些被指與越王李貞通謀的宗親或自殺、或被流放或被伏誅，「自是宗室諸王相繼誅死者，殆將盡矣。其子孫年幼者咸配流嶺外，誅其親黨數百餘家。」〔註25〕那麼，李沖起兵的原因是什麼？宗室諸王的被誅是否無可避免呢？就第一個問題來說，《舊唐書》載，這次造反始於韓王元嘉：「其後漸將誅戮宗室諸王不附己者，元嘉大懼，與其子通州刺史、黃公譔及越王貞父子謀起兵，於是皇宗國戚內外相連者甚廣。」〔註26〕他更私下傳話道：「大享之際，神皇必遣人告諸王密，因大行誅戮，皇家子弟無遺種矣。」〔註27〕於是乎，諸王之間盛傳武則天將展開血洗宗室的殺戮舉動，子貢更曾勸阻李融入朝。〔註28〕為什麼韓王要傳出這樣的話？韓王乃高祖之子，地尊望重，在宗族裡很有勢力，武則天臨朝時怕他叛變還特意加授他爵位以安其心。不過，這爵位只是虛位，在朝中並沒有實權。加上武承嗣（649～698）曾建議武則天殺掉韓王和其弟魯王靈夔，故韓王始終感到非常不安。武則天是否真的有意在他們叛變之前誅滅夫家宗族，或這些只是他們自己的臆測，這很難說。不過，宗室諸王本來是可以避過這場災難的，因為倘若武則天真的有心要除掉他們，那麼叛變便成為了武則天最好的藉口。琅邪王等人的叛變不能說是武則天設計陷害他們的結果，只不過她恰好利用了這次的宗室叛變，除去潛在的威脅，一如她利用時勢廢黜李賢和中宗一樣，是又一次偶然性的成功。那麼，武則天這麼做，至少是殘忍的吧！綜觀歷史，男性統治者對付叛軍皆以誅滅為手段，武則天也只是循舊法對付叛軍。〔註29〕永昌元年（689）高祖孫李譪謀迎中宗，被揭發後與

〔註25〕〔後晉〕劉昫等撰：《舊唐書》卷六〈則天皇后〉，頁119。
〔註26〕〔後晉〕劉昫等撰：《舊唐書》卷六十四〈高祖二十二子傳〉，頁2428。
〔註27〕〔後晉〕劉昫等撰：《舊唐書》卷七十六〈太宗諸子傳〉，頁2661。
〔註28〕〔後晉〕劉昫等撰：《舊唐書》卷六十四〈高祖二十二子傳〉，頁2431載：「垂拱中，為甲州刺史。初，黃公譔將與越王貞通謀，深倚仗融以為外助。時詔追諸親赴都，融私使問其所親成均助教高子貢曰『可入朝以否？』子貢報曰：『來必取死。』融乃稱疾不朝。」
〔註29〕〔宋〕司馬光編著，〔元〕胡三省音注：《資治通鑑》卷二百四〈唐紀二十〉，頁6450載：李沖屬下堂邑縣丞董玄寂曾對人說：「琅邪王與國家交戰，此乃反也。沖聞之，斬玄寂以徇」。由此可見，欲要除去異己聲音，斬首示徵是手段之一。

煒等李氏宗親共十二人被殺,同年太宗子李愼(?~689)因與李貞過往甚密,受後者起兵造反的影響而被連累殺害。高祖孫李璥(?~736)和李脩琦等十二人陷詔獄,免死流嶺南。唐高祖子舒王李元名(?~689)與其子也先後受酷吏所害而被殺。武則天本就不喜蕭淑妃(?~655),其子許王李素節(648~690)先被禁止覲見,後爲武承嗣誣告謀反被殺,其子等九人亦被殺。這些案例所牽連的親黨被殺者亦有數百家。胡戟提到,她臨朝稱制時的濫刑皆指向怨望不服的李唐宗室,打擊面大而且刑罰酷重,「特別是對宗室王公,尤其是唐高祖、唐太宗、唐高宗三代皇帝的皇子們,是武則天爭奪皇權和皇位的最有威脅的對手」。〔註30〕筆者認爲,武則天有心把持朝政,那麼李氏宗室便是她政權最大的威脅。她可以控制自己的兒子,卻無法控制李氏宗室的行動。爲了杜絕類似琅邪王叛變的事情再次發生,擾亂社會,影響她政權的穩定性,她採取了或流放或誅殺的手段。就史論史來說,這無關殘忍與否的問題,而是關乎了統治者的利益問題。

除了李唐宗室,武則天也被認爲必須對王皇后和蕭淑妃的死負責。關於兩人的死,《舊唐書》有相當詳盡的描寫:

> 初囚,高宗念之,行至其所,見其室封閉極密,惟開一竅通食器出入。高宗惻然,呼曰:「皇后、淑妃安在?」庶人泣而對曰:「妾等得罪,廢棄爲官婢,何得更有尊稱,名爲皇后?」言訖悲咽,又曰:「今至尊思及疇昔,使妾等再見日月,出入院中,望改此院名爲回心院,妾等再生之幸。」高宗曰:「朕即有處置。」武后知之,令人杖庶人及蕭氏各一百,截去手足,投於酒甕中,曰:「令此二嫗骨醉!」數日而卒。〔註31〕

這段記載把武則天的殘忍描述得淋漓盡致,不過後世多有論者懷疑這段史料的可信性。胡戟認爲這描述渲染不實。他提出數個疑點,第一,截去手足,投於酒甕中,如何能得數日方卒?第二,王、蕭二人年紀不過三十,如何以「二嫗」──老婦相稱?第三,按情節是武則天私自處置,但新傳和通鑑又記爲宣敕處分,王氏還有「昭儀承恩,死自吾分」等語,前後矛盾;第四,所有史料都不記何日執行。綜合數個疑點來看,胡戟認爲難稱信史,反而頗似是對漢史上呂后殺戚夫人故事的拙劣抄襲。不過,他認爲,王、蕭二人受

〔註30〕 胡戟:《武則天本傳》(北京:北京大學出版社,2011年),頁109。
〔註31〕 〔後晉〕劉昫等撰:《舊唐書》卷五十一〈后妃傳上〉,頁2170。

盡屈辱而死，卻是毋庸置疑的。〔註32〕進一步言之，倘若武則天並不曾這樣殘害她們，那麼胡戟所指的屈辱是否武則天所致，就很難說了。

二、殺元老叛臣

《史記》形容呂后性格剛毅，不僅輔佐高祖定天下，也協助他剷除彭越、韓信這兩位異姓功臣。「高帝性多猜忌，鳥盡弓藏之理，留侯久已了然」〔註33〕，高祖對於權重的開國勳臣早有顧忌，因此協助丈夫皇帝殺掉他們的目的是為了維護政權。呂太后臨朝時仍在世的功臣如長沙王、王陵、周昌等並沒有遭遇毒手。王陵曾犯顏諫諍，呂太后也只是奪其相權。呂太后屢次召趙王如意入都卻被周昌以病為由拒絕，以致呂太后曾生氣的罵他說：「爾不知我之怨戚氏乎。而不遣趙王，何？」〔註34〕即便如此，呂太后也沒有因此殺掉周昌。由此看來，呂太后所殺害的功臣，主要是她認為會威脅到漢室政權的人。

武則天當上皇后後，開始陸續貶謫當初反對她的大臣。首先下手的對象便是受太宗遺詔輔政，以長孫無忌為首的集團。長孫無忌早年曾隨唐太宗征戰，玄武門事件也有功，同時也是長孫皇后的長兄。依仗著開國功臣、皇帝母舅、宰相、顧命大臣的身份，在朝中的權力和影響力都很大，「無忌與先朝謀取天下，眾人服其智，作宰相三十年，百姓畏其威，可謂威能服物，智能動眾。」〔註35〕他被指與褚遂良（596～658）、柳奭（？～659）、韓瑗（606～659）等人謀反，被削官爵，流放黔州後自殺而亡。同樣是顧命大臣的褚遂良堅決反對立武則天為后，抨擊她極為介意的出身，大膽諫言曰：「陛下必欲易皇后，伏請妙擇天下令族，何必武氏」〔註36〕，後來被貶至愛州。長孫無忌姪女婿韓瑗曾以「妲己傾覆殷王……赫赫宗周，褒姒滅之」〔註37〕上書高宗；來濟亦以「王者立后，以承宗廟、母天下，宜擇禮義名家、幽閒令淑者」〔註38〕力諫高宗。兩人極力反對立武則天為皇后，所舉言論都針對武則天的

〔註32〕 詳見胡戟：《武則天本傳》，頁40。
〔註33〕 〔清〕湯諧：《史記半解・留侯世家》，轉引自《歷代名家評史記》，頁520。
〔註34〕 〔漢〕司馬遷撰：《史記》卷九十六〈張丞相列傳〉，頁2679。
〔註35〕 〔後晉〕劉昫等撰：《舊唐書》卷六十五〈長孫無忌傳〉，頁2455。
〔註36〕 〔宋〕司馬光編著，〔元〕胡三省音注：《資治通鑑》卷一九九〈唐紀十五〉，頁6290。
〔註37〕 〔宋〕司馬光編著，〔元〕胡三省音注：《資治通鑑》卷一九九〈唐紀十五〉，頁6291。
〔註38〕 〔宋〕歐陽修，宋祁撰：《新唐書》卷一百五〈來濟列傳，頁4031。

出身作攻擊，後來被貶至振州和台州當刺史，並被令「終身不許朝覲」。同時長孫無忌、褚遂良等的親人亦被誅連，或流放或被殺害。許多論者認爲這是武則天殘忍屠戮反對她的人的行爲。武則天在被立爲皇后後陸續剷除這些異己的手段或許極殘忍，但卻不是不能理解的，並且也不能忽略身爲皇帝的高宗在這場鬥爭中所起的作用。長孫無忌等人皆爲朝中重臣，他們得到武后這樣的對待高宗又豈是一無所知？這必然是經過了高宗的同意。這是一場以武則天聯合高宗所代表的新勢力和以長孫無忌爲代表的舊勢力的一場抗戰。唐高宗在即位初時，政權尚不穩定，需要顧命大臣協助執政。然而，當他的政權逐漸穩定，這批元老功臣卻權力重大牽制著高宗。此時高宗唯有聯合武則天共同剷除長孫無忌等人，以便不再受制於他們。換言之，高宗和武則天「有了一個對付他們的共同點。」〔註39〕因此武則天得以順利的在這場拉鋸戰中獲勝，身爲皇帝的高宗不可能可以完全置身事外，進一步言之，在這場權力之爭裡高宗扮演著重要的角色。

胡戟認爲，這場以武后之立和王皇后（？～655）—長孫無忌集團被摧垮的權力之爭標誌著一個多世紀裡關隴集團把持中央政權局面的終結，也可以認爲是經歷了數百年後殘存的門閥色彩政治最終結束的標誌。〔註40〕換言之，從歷史意義上而言，這場以武則天爲中心的權力鬥爭對於唐代的政治可說是一個改革的契機。故陳寅恪曾指出，立武后詔的發布「在吾國中古史上爲一轉捩點。」〔註41〕

武則天主政時期發生了徐敬業（？～684）的叛亂，更曾寫文《討武曌檄》。徐敬業打著反對則天朝，以匡復李唐舊王室爲旗號而戰。徐敬業家族世代當官，其爺爺李勣在立武后這件事上並沒有表示反對。在長孫無忌、褚遂良等人力諫反對立武則天爲后時，李勣卻稱病避朝。在立后一事上，他諫言高宗說：「此陛下家事，何必更問外人！」〔註42〕冊封皇后之禮更由李勣主持。那麼，爲什麼其孫徐敬業卻要把武則天罵得如此不堪？徐敬業以匡復廬陵王復辟爲名，共事者駱賓王（640～？）起草了流傳至今的檄文《討武曌檄》以號

〔註39〕 胡戟：《武則天本傳》，頁32。

〔註40〕 詳見胡戟：《武則天本傳》，頁35。

〔註41〕 陳寅恪：〈記唐代之李武韋楊婚姻集團〉，收入《陳寅恪史學論文選集》（上海：上海古籍出版社，1992年），頁336。

〔註42〕 〔宋〕司馬光編著，〔元〕胡三省音注：《資治通鑑》卷一九九〈唐紀十五〉，頁6291。

召天下。表面看來，徐敬業的造反是不滿武氏政權，爲扶盧陵王而出師的。
然而，仔細探究便能發現不論是徐敬業本身，還是和他一起舉兵的同夥都曾
被貶官。〔註43〕故《資治通鑑》載曰：「各自以失職怨望，乃謀作亂，以匡復
盧陵王爲辭。」〔註44〕王夫之（1619～1692）也曾評道：「李敬業起兵討武氏，
所與共事者，駱賓王、杜求仁、魏思溫，皆失職怨望，而非果以中宗之廢爲
動眾之忱也……觀其取潤州，向金陵，以定霸基而應王氣，不軌之情，天地
鬼神昭鑒而不可欺。」〔註45〕此外，在武則天的統治之下，社稷穩定，人民
安居樂業，因此地主百姓階層對於徐敬業的造反普遍上並沒有給予支持。同
時，在朝中也有不少官員表示了對中央政權、武則天的忠心不移。這次造反
顯示了當時人民普遍都接受以及認可武氏治政。總括上述所言，對於政敵或
異己，她們只是依循前例（男性皇帝的使用手段之一），而非如史家學者所指
責的，是她們秉性殘忍，好殺成性所致。

三、殺皇帝血脈

中國封建社會在很早以前就建立了以「嫡長繼承制」爲皇位承傳的法則。
雖然如此，有時候因皇帝的喜惡，皇子的素質等原因，庶子也有機會被立爲
太子。庶出的太子即位後，自然會抬高生母的地位。「太子之母儘管原來僅是
先皇的嬪妃或宮女，但一旦其子坐上龍椅，則母以子貴，天子之母必然順理
成章地成爲至高無上的皇太后。」〔註46〕《春秋公羊傳》云：「立適以長不以
賢，立子以貴不以長。桓何以貴？母貴也，母貴則子何以貴，子以母貴，母
以子貴。」〔註47〕爲了讓自己的孩子成爲皇儲，歷朝嬪妃無不想盡辦法，用
盡謀略手段。對於身在封建時代的兩位女主而言，後宮的嬪妃們是她們感情
上的敵人，而嬪妃的孩子即是她們孩子皇位競爭的對手。爲了確保孩子能夠

〔註43〕徐敬業由眉州刺史貶爲柳州司馬，其弟免官，駱賓王貶爲臨海丞，唐之奇貶
爲括蒼令等。

〔註44〕〔宋〕司馬光編著，〔元〕胡三省音注：《資治通鑑》卷二百三〈唐紀十九〉，
頁6422。

〔註45〕〔清〕王夫之：《讀通鑑論》（台北：里仁書局，1985年）卷二十一〈中宗〉，
頁730。

〔註46〕朱子彥：《帝國九重天——中國後宮制度變遷》，頁9。

〔註47〕李宗侗譯註：《春秋公羊傳今註今譯》（臺北：臺灣商務印書館，1973年）卷
一〈隱公上〉，頁1。

順利當上皇帝，除掉孩子的對手，即其他皇子便是最有效的方法。這也是呂后和武后所使用的方法之一。

　　高祖年輕時已「好酒及色」〔註48〕，稱帝後其微時妻呂后此時業已年長色馳，不得寵幸。加上寵妾之子趙王如意深獲高祖的疼愛，讓呂后極怕趙王會搶走其子的太子位，趙翼曾提到：「后所生，惟孝惠及魯元公主，其他皆諸姬子，使孝惠而在，則方與孝惠圖治計長久。觀於高祖欲廢太子，時后迫留侯畫策，至跪謝周昌之廷諍，則其母子間可知也。」〔註49〕由於戚姬母子的原因而曾險些發生奪嫡之禍，故即使惠帝順利即位，呂太后亦不欲放過他們，「蓋嫉妒者，婦人之常情也，然其所最妒，亦祇戚夫人母子，以其先寵幸時，幾至於奪嫡，故高帝崩後即殺之。」〔註50〕

　　趙王劉友（？～181BC）乃高祖第六子，娶呂太后侄女為妻，卻因另有寵妾引起呂女妒忌，遂在呂太后面前誣告劉友，指他曾經說過在呂太后死後將對付呂氏家族。在未查明真相下便聽取其侄女的一面之詞而幽禁劉友，導致他最終餓死獄中。《史記》亦載趙王劉恢（？～181BC）之死與呂太后有關：「梁王恢之徙王趙，心懷不樂。呂太后以呂產（？～180BC）女為趙王后。王后從官皆諸呂，擅權，微伺趙王，趙王不得自恣。王有所愛姬，王后使人酖殺之。王乃為歌詩四章，令樂人歌之。王悲，六月即自殺。」〔註51〕事實上，劉恢之死與呂太后並無直接關係。他自殺的原因乃源於呂產女殺害他的愛姬，心情極為悲痛之故。然而趙王劉恢自被改封趙王，加上被迫娶呂產女為妻，已令他鬱鬱不樂。愛姬被呂產女殺死，他礙於太后的權勢亦不敢妄為。這些令他崩潰的因素皆為呂太后所促成，故司馬遷才會將他的死怪罪於她，說她「殺三趙王」。〔註52〕歷史上，不僅是在即位前殺掉競爭對手，即位後秋後算賬的事例亦多不勝數。唐太宗之子吳王李恪（619～653）「有文武才，太宗常以為類己，欲立為太子」〔註53〕，是與高宗競奪太子位的對手。不過，這件事卻遭到了長孫無忌的反對。高宗李治乃其妹之子，而李恪的母親卻是隋煬帝（569

〔註48〕　〔漢〕司馬遷撰：《史記》卷八〈高祖本紀〉，頁343。
〔註49〕　〔清〕趙翼：《廿二史劄記》卷三〈呂武不當並稱〉，頁57。
〔註50〕　〔清〕趙翼：《廿二史劄記》卷三〈呂武不當並稱〉，頁58。
〔註51〕　〔漢〕司馬遷撰：《史記》卷九〈呂后本紀〉，頁404。
〔註52〕　〔漢〕司馬遷撰：《史記》卷九〈呂后本紀〉，頁407。
〔註53〕　〔宋〕司馬光編著，〔元〕胡三省音注：《資治通鑑》卷一九九〈唐紀十五〉，頁6280。

～618）之女。長孫無忌支持立李治爲太子，將來亦能以天子母舅身份掌政，不論是在情分上或是利益上都是可以理解的。此事令長孫無忌與李恪交惡，高宗即位後以房遺愛一事誣陷李恪誅之〔註54〕，故李恪死前罵長孫無忌「竊弄威權，構害良善」。〔註55〕據此可以推斷，不論是呂后還是長孫無忌，他們都明白即使這些皇帝子嗣只是以往的對手，然而終究會影響皇權的穩定性，進而影響自己的地位和權勢，因此都採取了殺戮的手段把這些對手除掉。

　　歷代論者認爲武后不僅殺害其他嬪妃的孩子〔註56〕，甚至自己的孩子也不放過，故許多人皆認爲她比呂后更爲殘忍。武則天和高宗共有六名孩子，當中存活下來的只有三名。首位便是甫出世即遭到其毒手的安定公主（654），痛下毒手的原因是爲了陷害王皇后，離間她和高宗的感情。〔註57〕

　　武則天長子李弘於二十四歲時暴斃。蕭宗（711～762）臣子李泌（722～789）認爲這是武則天爲了臨朝而對李弘下的毒手：「高宗有八子，睿宗最幼。

〔註54〕《大唐新語》卷十二，轉引自周勛初主編、嚴傑、武秀成、姚松編《唐人軼事彙編》（上海：上海古籍出版社，1995年），頁260：「吳王恪母曰楊妃，煬帝女也。恪善騎射，太宗尤愛之。承乾既廢，立高宗爲太子，又欲立恪。長孫無忌諫曰：『晉王仁厚，守文之良主也。且舉棋不定，前哲所戒，儲位至重，豈宜數易！』太宗曰：『朕意亦如此，不能相違，阿舅後無悔也。』由是恪與無忌不協。高宗即位，房遺愛等謀反，敕無忌推之。遺愛希旨引恪，冀以獲免。無忌既與恪有隙，因而斃恪。」

〔註55〕〔宋〕司馬光編著，〔元〕胡三省音注：《資治通鑑》卷一九九〈唐紀十五〉，頁6281。

〔註56〕〔宋〕歐陽修、宋祁撰：《新唐書》卷四〈則天皇后本紀〉，頁91記載，武則天於天授元年十月己巳時殺蕭淑妃孫：「己巳，殺許王素節之子瑛、琪、琬、瓚、瑒、瑗、琛、唐臣。」筆者認爲，武則天殺蕭淑妃子孫不僅是基於過往她和蕭淑妃的仇怨，站在政治角度來說，他們有謀反叛亂的可能性，是她執政的潛在威脅。

〔註57〕安定公主之死使高宗有了廢立王皇后的想法。〔宋〕司馬光編著，〔元〕胡三省音注：《資治通鑑》卷一九九〈唐紀十五〉，頁6287：「昭儀因泣數其罪，后無以自明，上由是有廢立之志」。 由此看來，高宗是相信武則天的說辭的，故才會有廢立之志。然而，當他與長孫無忌等人相議廢立王皇后時，卻以王皇后無子，而武則天有子爲由。倘若高宗確實相信了武則天的說辭，爲什麼高宗不以皇后殺子有罪爲由，而是以皇后無子爲由？母儀天下的皇后因妒殺皇帝子已是重罪，而「莫大之罪，無過絕嗣」，據〔宋〕司馬光編著，〔元〕胡三省音注：《資治通鑑》卷一九九〈唐紀十五〉，頁6290記，褚遂良提出「皇后未聞有過，豈可輕廢」時，何以高宗不予以反駁？皇后無子又殺皇帝子嗣，如何可以說是無過呢？綜上所述，即便武則天爲了除掉王皇后而確實下得這般毒手，然而可疑之處頗多，故其眞實性是值得商榷的。

天后所生四子，自為行第，故睿宗第四。長曰孝敬皇帝，為太子監國，仁明孝悌。天后方圖臨朝，乃鴆殺孝敬，立雍王賢為太子。」〔註58〕不過此說同樣遭到了質疑。〔註59〕次子章懷太子李賢被認為因與其母爭權而被廢黜為庶人，最終在巴州被殺。〔註60〕

　　由於史書、文獻的記述並不明確，武后殺子的說法終究難以查證。不過，要說殘忍對待自己的親骨肉，歷史上男性皇帝不乏其人，部分更是有過之而無不及。司馬遷曾形容高祖「仁而愛人」，然而事實並非全然如此。漢軍和楚軍大戰，敗後西逃時，高祖曾不顧父子情分，為了自己的利益而屢次把兩位年幼的孩子推下車，欲棄之逃去：「楚騎追漢王，漢王急，推墮孝惠、魯元車下，滕公常下收載之。如是者三。」〔註61〕高祖知道把孩子推下車的後果卻還這麼做，顯見他的殘忍秉性。進一步言之，既然高祖可以如此殘忍對待自己的孩子，那麼在稱帝後千方百計欲剷除諸位異姓王，亦是可以理解的。唐初時的政權鬥爭相當激烈，宮廷政變導致父子、兄弟相殘的事例頗多。備受史家稱讚的唐太宗同樣是殺害兄弟登上太子之位，進而登基為皇帝，可是因此而否定他貢獻以及歷史地位的史家學者卻少之又少。此外，中宗之子節愍太子（？～707）發動政變失敗後，中宗下令「梟首於朝，又獻之太廟，並以祭三思、崇訓屍柩。」〔註62〕唐中宗對其兒子行此等殘忍之舉，論者認為與「隋代到唐代前期頻繁的宮廷政變中，父子爭奪最高權力時表現的殘酷性是分不開的。」〔註63〕因此，筆者認為這些事件的發生並不能都歸咎於女主性格的殘忍。在中國的歷史上，君主為了爭奪皇位而不顧手足親情，殘殺對手的事件是很普遍的。

〔註58〕〔後晉〕劉昫等撰：《舊唐書》卷一一六〈肅宗代宗諸子〉，頁3385。

〔註59〕部分史家對此說法有所保留。〔後晉〕劉昫等撰：《舊唐書》卷八十六〈高宗中宗諸子傳〉，頁2829：「太子多疾病，庶政皆決於至德等。」司馬光也對此存疑，〔宋〕司馬光編著，〔元〕胡三省音注：《資治通鑑》卷二百二〈唐紀十八〉，頁6377：：「按弘之死，其事難明，今但云時人以為天后鴆之，疑以傳疑。」

〔註60〕〔後晉〕劉昫等撰：《舊唐書》卷八十六〈高宗中宗諸子傳〉，頁2832載：「永淳二年，遷於巴州。文明元年，則天臨朝，令左金吾將軍邱神勣往巴州檢校賢宅，以備外虞。神勣遂閉於別室，逼令自殺。」

〔註61〕〔漢〕司馬遷撰：《史記》卷七〈項羽本紀〉，頁322。

〔註62〕〔後晉〕劉昫等撰：《舊唐書》，卷八十六〈高宗中宗諸子傳〉，頁2838。

〔註63〕謝元魯：〈隋唐的太子親王與皇位繼承制度〉，收入朱雷主編：《唐代的歷史與社會：中國唐史學會第六屆年會暨國際唐史學術研討會論文選集》（武漢：武漢大學出版社，1997年），頁4。

　　就史論史來說，以殺戮的方式剷除政敵、異己的男性皇帝不在少數。在
凶險的權勢鬥爭中，鎮壓反對派向來是政治上最常見的行爲。爲世人所稱道
的劉邦，稱帝以後把昔日一起征戰沙場的開國功臣韓信、英布等人視爲威脅
皇權的政敵，疑懼他們的勢力難以控制，因此煞費苦心地把他們一一除掉。
殺害異己不過是歷朝歷代男性皇帝鞏固皇權的手段之一。劉邦死後，臨朝的
呂太后依然使用了同樣的手段；精通歷史的武則天當然了解到這方法對於穩
固政權所能起到的作用，因此在執政期間也以殺人的方式把阻擋自己的政敵
剷除。李志賢曾提出，以當時武則天所面臨的政治鬥爭中，內外憂患，加上
宗室諸王和許多元老重臣反對她預政，爲了鞏固權勢，武后「不設鉤距，無
以應天順人；不竣刑名，不可摧奸息暴」是可以理解的。因此，他認爲決不
能因爲武則天無情的殺害了許多反對她的統治、企圖推翻她的政敵，放縱酷
吏，獎勵告密，便完全否定她的統治。〔註64〕只能容納同黨，包容與自己站
在同一陣線上的人，而極力除去反對自己的人向來都是帝王們鞏固自己政權
的方式之一。說白了，皇帝包容同類，事實上也是爲了自己的利益。儘管如
此，兩位女主雖然同樣以殺戮手段對付異己，然而前者主要是爲了孩子、呂
氏族人和自己的利益；而後者卻是爲了自己的利益，她們的出發點有別，站
在人性角度來說，武后要比呂后自私殘忍許多。

第三節　任用酷吏

　　呂后臨朝時酷吏獨有侯封一人，與孝景帝時的晁錯、寧成、郅都並列爲
西漢四大酷吏。司馬遷於〈酷吏傳〉敘首已明言侯封爲酷吏，且「罪侯封之
作俑也」。〔註65〕然而關於侯封的事蹟，司馬遷並沒有多作敘述〔註66〕，僅知
其爲吏時，「刻轢宗室，侵辱功臣。」〔註67〕不過，在呂氏敗後侯封一家便被
劉漢朝廷所誅滅。

　　武則天從臨朝至稱帝不乏酷吏的蹤跡，特定時候更大肆利用酷吏的力

〔註64〕　詳見李志賢：〈歷代學者對武則天評價的爭議〉，收入朱雷主編：《唐代的歷史
　　　　　與社會：中國唐史學會第六屆年會暨國際唐史學術研討會論文選集》，頁188。
〔註65〕　李景星：《史記評議》卷四〈酷吏列傳〉，轉引自《歷代名家評史記》，頁709。
〔註66〕　〔清〕王鳴盛：《十七史商榷》卷六〈酷吏傳〉，轉引自《歷代名家評史記》，
　　　　　頁706：「侯封高后時人，故略而不數。」
〔註67〕　〔漢〕司馬遷撰：《史記》卷一百二十二〈酷吏列傳〉，頁3131。

量理政，以致出現「橫噬於朝，制公卿之死命，擅王者之威力。貴從其欲，毒侈其心，天誅發於脣吻，國柄秉於掌握」〔註68〕的局面。儘管如此，武則天利用酷吏是有時間性的。武則天輔政時並不以酷吏來穩固其地位，臨朝稱制時亦不任用酷吏。這是因爲武則天反對濫刑苛政，強調「以道德化天下」〔註69〕之故。然而，當她的統治受到威脅時，她不得不借用酷吏的力量來穩固政權。武則天開始任用酷吏乃在徐敬業叛亂之後，「然則天嚴於用刑，屬徐敬業作亂，及豫、博兵起之後，恐人心動搖，欲以威制天下，漸引酷吏，務令深文，以案刑獄。」〔註70〕揚州起兵令武則天「疑天下人多圖己」〔註71〕，恐人心動搖影響政局的穩定，自此才借助酷吏打壓異己。王雙懷據此認爲，武則天這麼做是出於不得已的原因，由於「將相陰謀」、「人多逆節」，故武則天必須重用酷吏。他並分析道，武則天較多使用酷吏的時候乃在她的統治形式轉換時期。她使用酷吏主要是爲了打擊政敵，鞏固政權。〔註72〕

　　中宗被廢後，有十餘位飛騎齊聚，當中有人語：「曏知別無勳賞，不若奉廬陵。」〔註73〕有人到玄武門告密，武則天於是捕殺了這些飛騎並且授給告密人五品官，告密之風由此而起。垂拱二年（686）武則天在朝堂設置銅匭，胡戟認爲「主要是爲『受天下密奏』，以『周知人間事』，顯然有加強政治控制的目的。」〔註74〕武則天甚至規定「有告密者，臣下不得問，皆給驛馬，供五品食，使詣行在。雖農夫樵人，皆得召見，廩於客館，所言或稱旨，則不次除官，無實者不問。」〔註75〕通過這樣的告密制度召集了一批臭名昭彰的酷吏，「來俊臣（651～697）、索元禮（？～691）、萬國俊、周興（？～691）、

〔註68〕　〔後晉〕劉昫等撰：《舊唐書》卷一八六〈酷吏列傳〉，頁4837。
〔註69〕　〔宋〕歐陽修、宋祁撰：《新唐書》卷七十六〈后妃傳〉，頁3477載：武則天曾建言十二事，其中一事便是「息兵，以道德化天下」。
〔註70〕　〔後晉〕劉昫等撰：《舊唐書》卷五十〈刑法志〉，頁2143。
〔註71〕　〔宋〕司馬光編著，〔元〕胡三省音注：《資治通鑑》，卷二百三〈唐紀十九〉，頁6438。
〔註72〕　詳見王雙懷：〈武則天與酷吏的關係〉，收入《唐代歷史文化論稿》（香港：香港教育圖書公司，2003年），頁18～20。
〔註73〕　〔宋〕司馬光編著，〔元〕胡三省音注：《資治通鑑》卷二百三〈唐紀十九〉，頁6418。
〔註74〕　胡戟：《武則天本傳》，頁100。
〔註75〕　〔宋〕司馬光編著，〔元〕胡三省音注：《資治通鑑》卷二百三〈唐紀十九〉，頁6438。

丘神勣（？～691）、侯思止（？～693）、郭霸、王弘義之屬，紛紛而出。」〔註76〕唐中宗在神龍元年（705）三月詔中列舉了二十七位酷吏名字，開元二年（714）詔又補了十三位。〔註77〕不過，這並不表示武則天所實行的便是酷吏政治。誠如王雙懷所言，武則天執政五十逾年內，唯有在特定時期才會利用酷吏。他指出，若把統治劃分為輔政、臨朝和稱帝三個階段並且具體考察一下各個階段的歷史，就可以清楚地看出，武則天只是在改朝換代前後的特殊情況下才重用酷吏的，酷吏存在的時間是相對較短的。〔註78〕儘管武則天對於反武的人施以殺戮或流放的手段，然而她是反對酷刑的，所以輔政時她雖廣開仕途，扶植新貴，但並沒有使用過一個酷吏，社會上並沒有出現著名的酷吏，顯然當時並沒有器重酷吏之事。〔註79〕

　　武則天在朝中大臣裴炎等人的幫助下廢掉昏庸的中宗，不許即位的睿宗預政，自己獨攬政權臨朝稱制。武則天此舉令失意於官場的徐敬業、駱賓王等人有了匡扶中宗復辟為造反的理由。〔註80〕這次叛亂成為了武則天利用酷吏來打擊政敵，穩固政權的重要契機，導致後來「起告密之刑，制羅織之獄，生人屏息，莫能自固。至於懷忠蹈義，連頸就戮者，不可勝言。」〔註81〕武則天手下的其中一名酷吏丘神勣在是次叛亂中起著重要的作用。事實上，武

〔註76〕〔後晉〕劉昫等撰：《舊唐書》卷一八六〈酷吏列傳〉，頁4837。
〔註77〕〔後晉〕劉昫等撰：《舊唐書》卷一八六〈酷吏列傳〉，頁4840～4841載神龍元年詔中列舉的酷吏名字有劉光業、王德壽、王處貞、屈貞筠、鮑思恭、劉景陽、邱神勣、來子珣、萬國俊、周興、來俊臣、魚承曄、王景昭、索元禮、傅遊藝、王弘義、張知默、裴籍、焦仁亶、侯思止、郭霸、李敬仁、皇甫文備、陳嘉言、唐奉一、李秦授、曹仁哲。開元二年詔的酷吏包括周利貞、裴談、張福貞、張思敬、王承、劉暉、楊允、姜暐、封行琄、張知、衛遂忠、公孫琰、鍾思廉。《唐會要・酷吏》中還有崔獻可的名字，可知當時武則天時期約有41位酷吏為她所用。
〔註78〕王雙懷：〈武則天與酷吏的關係〉，收入《唐代歷史文化論稿》，頁16～17。
〔註79〕詳見王雙懷：〈武則天與酷吏的關係〉，收入《唐代歷史文化論稿》，頁17。
〔註80〕〔宋〕司馬光編著，〔元〕胡三省音注：《資治通鑑》卷二百三〈唐紀十九〉，頁6422述曰：「會眉州刺史英公李敬業及弟盩厔令敬猷、給事中唐之奇、長安主簿駱賓王、詹事司直杜求仁皆坐事，敬業貶柳州司馬，敬猷免官，之奇貶栝蒼令，賓王貶臨海丞，求仁貶黟令。……各自以失職怨望，乃謀作亂，以匡復盧陵王為辭。」〔清〕王夫之：《讀通鑑論》卷二十一〈中宗〉，頁730載：「李敬業起兵討武氏，所與共事者，駱賓王、杜求仁、魏思溫，皆失職怨望，而非果以中宗之廢為動眾之忱也……觀其取潤州，向金陵，以定霸基而應王氣，不軌之情，天地鬼神昭鑒而不可欺。」
〔註81〕〔後晉〕劉昫等撰：《舊唐書》卷一八六〈酷吏列傳〉，頁4836。

則天掌政期間曾有兩次重大的叛變。除了揚州叛亂，還有一次發生於垂拱四年（688）的宗室叛亂。武則天兩次皆命他往平定叛亂。丘神勣是唐太宗著名騎將左衛大將軍丘行恭（586～665）之子。永淳元年（682），丘神勣官拜左金吾衛將軍，「受詔與周興、來俊臣鞫制獄，俱號爲酷吏。」〔註82〕章懷太子李賢爲他所殺。《舊唐書》記「弘道元年（683），高宗崩，則天使於巴州害章懷太子，既而歸罪於神勣，左遷疊州刺史」〔註83〕；《資治通鑑》載：「二月……辛酉，太后命左金吾將軍丘神勣詣巴州，檢校故太子賢宅以備外虞，其實風使殺之。」不過丘神勣沒有馬上動手，直到「三月，丁亥……丘神勣至巴州，幽故太子賢於別室，逼令自殺。」〔註84〕不論丘神勣是擅殺抑或奉武則天命令，有論者認爲李賢的死「防止了一場奉眞李賢來同她（武則天）對抗的事變……殺李賢是有遠見的政治行動」〔註85〕，可見丘神勣殺李賢的事間接導致了揚州叛亂的失敗。〔註86〕在豫州、博州的叛亂裡，武則天以他爲清平道大總管，「遣左金吾衛大將軍丘神勣拒之」〔註87〕，可見他相當受到武則天的重用。不過，他卻在「天授二年（691）十月，下詔獄伏誅。」〔註88〕其時與他同下獄的還有周興。周興官拜至司刑少卿、秋官侍郎，自垂拱（685～688）以來受到武則天重用。他「屢受制獄，被其陷害者數千人。」〔註89〕天授二年被告與丘神勣通謀下獄，後獲武則天赦免，卻在徙於嶺表途中爲仇人所殺。此外，其時甚得武后重用的還有索元禮。索元禮同樣是在徐敬業的起兵後才出現。索元禮酷毒之極。被武后擢爲游擊將軍後，總以殘酷的手段對付囚犯，常「推一人，廣令引數十百人，衣冠震懼，甚於狼虎。」〔註90〕武則天不僅

〔註82〕〔後晉〕劉昫等撰：《舊唐書》卷一八六〈酷吏列傳〉，頁4843。

〔註83〕〔後晉〕劉昫等撰：《舊唐書》卷一八六〈酷吏列傳〉，頁4843。

〔註84〕〔宋〕司馬光編著，〔元〕胡三省音注：《資治通鑑》卷二百三〈唐紀十九〉，頁6419記，李賢之死有記於二月和三月兩種説法，司馬光考異曰：「《則天實錄》，賢死在二月丘神勣往巴州下。舊本紀在三月。《唐曆》，遣神勣、舉哀、追封皆有日。今從之。」

〔註85〕胡戟：《武則天本傳》，頁83。

〔註86〕〔宋〕司馬光編著，〔元〕胡三省音注：《資治通鑑》卷二百三〈唐紀十九〉，頁6424載：「敬業求得人貌類故太子賢者，給眾云：『賢不死，亡在此城中，令吾屬舉兵。』」

〔註87〕〔宋〕歐陽修、宋祁撰：《新唐書》卷四〈則天皇后本紀〉，頁87。

〔註88〕〔後晉〕劉昫等撰：《舊唐書》卷一八六〈酷吏列傳〉，頁4843。

〔註89〕〔後晉〕劉昫等撰：《舊唐書》卷一八六〈酷吏列傳〉，頁4843。

〔註90〕〔後晉〕劉昫等撰：《舊唐書》卷一八六〈酷吏列傳〉，頁4843。

沒有貶謫他，反而重賞他，張其權勢，被他殺戮者達數千人。雖然他爲武則天剷除了不少政敵，但由於他的殘酷引起民怨，爲了平息民憤收取人心，最後武則天把他誅殺。與周興、索元禮齊名的酷吏還有來俊臣。來俊臣原是市井流氓，投奔武則天後官至左台御史中丞。他的殘酷與索元禮等人不相上下，羅織捏造罪名專以陷害忠良，國內上下含冤遭殺者多不可數，最終因「將羅告武氏諸王及太平公主（約665～713）、張易之等，遂相掎摭，則天屢保持之。而諸武及太平公主恐懼，共發其罪。乃棄市。國人無少長皆怨之，競剮其肉，斯須盡矣。」〔註91〕其他酷吏如傅游藝（？～691）、來子珣等皆「相與私畜無賴數百人，專以告密爲事。」〔註92〕經由他們處理審訊的冤案很多，武則天時期曾官拜宰相位的有二十四人，當中許多都被酷吏所誣陷，如裴炎、岑長倩（？～691）、歐陽通（？～691）等。李唐宗親如舒王李元名、鄭王李元懿（？～673），甚至是受到武則天重用的北門學士劉褘之都未能逃過酷吏羅告之難。朱敬則曾經說武則天開告端，用酷吏「故能計不下席，聽不出闈，蒼生晏然，紫宸易主」〔註93〕；劉昫（888～947）等也說武則天因酷吏坐移唐鼎，「天網一舉，而卒籠八荒」〔註94〕，說明酷吏在武則天掌政時期扮演著重要的角色，並且發揮過重要的影響。

　　以往人們在評價武則天的政治時，往往把她和酷吏聯繫起來相提並論。武則天執政時出現了很多惡名昭著的酷吏，且都以極爲殘忍的手段爲後世所不齒。上述所舉已可大略看出則天朝時酷吏的面貌。然而，即使武則天曾在掌政時利用過酷吏，並不表示她所行的便是酷吏政治。王雙懷曾指出，有人說武則天實行的是「酷吏政治」；有人則把酷吏作爲武則天殘暴的根據。他認爲，武則天和酷吏的關係是複雜的，雖然那時期的酷吏較多，但並不能說明武則天實行了「酷吏政治」，以此作爲她殘暴的根據也缺乏應有的說服力。〔註95〕他甚至以漢武帝（157BC～87BC）爲例，提出漢武帝也曾重用過十二位著名的酷吏，但沒有人把漢武帝說成暴君，那爲什麼非要把使用酷吏作爲武則天殘暴的主要根據呢？〔註96〕

〔註91〕　〔後晉〕劉昫等撰：《舊唐書》卷一八六〈酷吏列傳〉，頁4840。
〔註92〕　〔宋〕司馬光編著，〔元〕胡三省音注：《資治通鑑》卷二百三〈唐紀十九〉，頁6439。
〔註93〕　〔後晉〕劉昫等撰：《舊唐書》卷九十〈朱敬則列傳〉，頁2914。
〔註94〕　〔後晉〕劉昫等撰：《舊唐書》卷一八六〈酷吏列傳〉，頁4836。
〔註95〕　王雙懷：〈武則天與酷吏的關係〉，收入《唐代歷史文化論稿》，頁16。
〔註96〕　詳見王雙懷：〈武則天與酷吏的關係〉，收入《唐代歷史文化論稿》，頁29。

筆者認爲，武則天雖然利用過酷吏，然而與此同時她也限制他們的權力，並且不忘提拔和重用良吏來治理國家。胡戟便認爲武則天畢竟是一個成熟的政治家，不是一個只憑肆虐或暴虎憑河式的匹夫之勇蠻幹的瘋子，她任使酷吏是有限度的。他進一步指出，除了傅游藝外，周興、來俊臣、丘神勣、索元禮等無一授與相職，只是讓他們執法而不與執政大權。在司法機構中她又保留了狄仁傑（630～700）、徐有功（635～702）、杜景儉（？～700）、李日知（？715）等一批執法平恕的良吏。儘管魏元忠、狄仁傑等一批能幹優秀的大臣被酷吏們視爲眼中釘而屢次誣陷他們，但是武則天總是能親自干預不許殺害，旋貶旋復，倚爲股肱，對整個政局的穩定起了重要作用。〔註 97〕是故，說她所行的是酷吏政治不僅過於片面，也欠缺公允。

以任用酷吏作爲武則天殘暴的根據固然薄弱了些，但是揆諸史書不難發現，這些酷吏雖曾在武則天大興酷吏制度時顯赫一時，位高權重，然而他們大多數最後的下場都極爲悲慘，部分更是死在武則天手裡。武則天爲了鞏固自己的政權，借用酷吏以剷除反對勢力、打擊異己，「大開詔獄，重設嚴刑，有跡涉嫌疑，辭相逮引，莫不窮捕考按。」〔註 98〕武則天興酷吏也除酷吏，因爲酷吏畢竟只是她「恐人心動搖，欲以威制天下」〔註 99〕的工具。隨著政治形勢的轉變，她的統治逐漸穩定後，酷吏便已不再爲其所需，「周興、丘勣之類，弘義、俊臣之徒，皆相次伏誅」〔註 100〕，朝廷呈現「朝野慶泰，若再覩陽和」〔註 101〕的景象。馬小紅亦提到，武則天統治的後期，酷吏實力已經衰敗，而循吏在國家的日常治理中發揮著越來越重要的作用。〔註 102〕

當酷吏已不再爲她所需，武則天將他們或誅殺或流放，並以此撈取政治資本，藉此收攏民心，如周興最後便是武則天爲了收買民心而殺的；曾極受重用的來俊臣最後也被武則天處決，更下制：「宜加赤族之誅，以雪蒼生之

〔註 97〕 胡戟：《武則天本傳》，頁 110。

〔註 98〕 〔宋〕司馬光編著，〔元〕胡三省音注：《資治通鑑》卷二百三〈唐紀十九〉，頁 6440。

〔註 99〕 〔後晉〕劉昫等撰：《舊唐書》卷一八六上〈酷吏上列傳〉，頁 4843。

〔註 100〕〔後晉〕劉昫等撰：《舊唐書》卷八十八〈韋嗣立列傳〉，頁 2868。

〔註 101〕〔後晉〕劉昫等撰：《舊唐書》卷八十八〈韋嗣立列傳〉，頁 2868。

〔註 102〕馬小紅：〈唐王朝的法與刑〉《政法論壇（中國政法大學學報）》第 24 卷第 2 期（2006 年 3 月）頁 82。

憤」。〔註103〕可見她爲了自己的利益，不僅殘忍對待異己，即使是聽命於她的下屬，她同樣不留情分。《新唐書》說武則天「乃陰忍鷙害，肆斬殺怖天下，內縱酷吏周興、來俊臣等數十人爲爪吻，有不慊若素疑憚者，必危法中之。宗姓侯王及它骨鯁臣將相駢頸就鈇，血丹狴戶，家不能自保。」〔註104〕武則天縱容、默許酷吏誅害忠良，制造了很多冤假錯案，卻重賞、擢升他們助長他們的威勢而不及時撥亂反正，武則天作爲背後的主事者難咎其責。從她默許酷吏使用殘酷手段對待囚犯，以及她在剷除異己後殘忍對待酷吏的方式來看，站在人性人情的角度而言，她不能說是不殘酷的。

在強調德治勝於法治的封建社會裡，酷吏執法的苛刻手段總是爲人所詬病。然而「威刑既衰，而酷吏爲用，於是商鞅、李斯譎詐設矣。持法任術，尊君卑臣，奮其策而鞭撻宇宙，持危救弊，先王不得已而用之，天下之人謂之苛法。」〔註105〕任用酷吏雖爲下策，卻是治亂的方法之一。清人周中孚（1768～1831）提出：「循吏則寬猛相齊，酷吏則專於猛而無寬。而豪俠大猾，有爲循吏所難整頓者，則有酷吏專用刑以治之，亦所國家不能廢也」〔註106〕，故不僅歷朝皇帝在用，也得到朝廷官僚的支持，如朱敬則曾說：「自文明草昧，天地屯蒙，二叔流言，四兇構難。不設鉤距，無以應天順人；不竣刑名，不可摧奸息暴。故置神匭，以開告端，曲直之影必呈，包藏之心盡露。神道助直，無罪不除；人心保能，無妖不斁。以茲妙算，窮造化之幽深；用此神謀，入天人之秘術。故能計不下席，聽不出閫，蒼生晏然，紫宸易主。大哉偉哉。」〔註107〕

第四節　廣樹外戚

《史記》載：「自古受命帝王及繼體守文之君，非獨內德茂也，蓋亦有外戚之助焉。夏之興也以塗山，而桀之放也以末喜。殷之興也以有娀，紂之殺也嬖妲己。周之興也以姜原及大任，而幽王之禽也淫於褒姒。故《易》基《乾》

〔註103〕〔宋〕司馬光編著，〔元〕胡三省音注：《資治通鑑》卷二百六〈唐紀二十二〉，頁6519。

〔註104〕〔宋〕歐陽修、宋祁撰：《新唐書》卷七十六〈后妃列傳〉，頁3481。

〔註105〕〔後晉〕劉昫等撰：《舊唐書》卷一八六〈酷吏列傳〉，頁4835。

〔註106〕〔清〕周中孚《詁經精舍文集》，卷四，轉引自《歷代名家評史記》，頁164。

〔註107〕〔宋〕王溥撰：《唐會要》（台北：臺灣商務印書館，1968年）卷五十六〈左右補闕拾〉，頁968。

《坤》，《詩》始《關雎》，《書》美釐降，《春秋》譏不親迎。夫婦之際，人道之大倫也。禮之用，唯婚姻為競競。夫樂調而四時和，陰陽之變；萬物之統也。可不慎乎？」〔註108〕從這段記述來看，司馬遷所指的外戚是君主的妻子。《舊唐書》時，外戚則專指后妃族人，「自古后族，能以德禮進退，全宗保名者，鮮矣。」〔註109〕

不論是以什麼名義臨朝的女主，皆與男性皇帝一樣需要培植自己的官僚隊伍以順利的行使政權。除了任用支持自己的朝臣，便是選擇與自己血緣最親密的家族，如父伯叔、兄弟等人協助施政。朱子彥認為，箇中原因在於古代婦女大多被禁錮於家庭之內。尤其是后妃，她們幼時養於父母之家，足不出戶，未及成年，又被選入宮中。閨房深宮，使她們很少接觸社會，一旦榮寵富貴或大權在握，便很容易想到自己生活圈內接觸最多或最熟悉的人。〔註110〕扶植外戚的原因並不全然如此。事實上，利用同姓宗族來鞏固權力，認為親人比異姓大臣可靠的道理男性皇帝也懂〔註111〕，高帝的「非劉氏不王，若有亡功非上所置而侯者，天下共誅之」〔註112〕白馬盟約便是此一道理的反映。

然而，在以父系宗法為本位的社會結構裡，妻黨、母黨、女黨之親屬都被視為異姓外親，而外親干涉皇帝宗族的「家事」是不合於理的，故同后妃涉政受到傳統史家抨擊一樣，外戚歷來也被認為對當代朝政、歷史上皆起著負面的影響，是政治的亂源。然而這只是歷史事實的一個側面。劉泰祥曾以兩漢外戚為例提出平反，認為外戚中雖有貪婪殘暴、專權跋扈之徒，致使長

〔註108〕〔漢〕司馬遷撰：《史記》卷四十九〈外戚世家〉，頁1967。

〔註109〕〔後晉〕劉昫等撰：《舊唐書》卷一八三〈外戚列傳〉，頁4721。

〔註110〕詳見朱子彥：《帝國九重天——中國後宮制度變遷》，頁356。

〔註111〕〔南宋〕呂祖謙：《大事記解題》，取自《中國哲學電子化計劃》，《欽定四庫全書·史部二·編年類》本，卷十，http://ctext.org/library.pl?if=gb&file=3892&page=20，2014年10月5日，呂祖謙曾分析漢時情勢曰：「以天下大勢言之，如高帝五年，韓信王楚，英布王淮南，盧綰王燕，張耳王趙，彭越王梁，韓王信王太原，吳芮王長沙，則天下之勢，異姓強而同姓未有封者也。如高帝六年，高祖弟交王楚，高祖子肥王齊，英布王淮南，盧綰王燕，張敖王趙，彭越王梁，高祖兄喜王代，吳芮王長沙，則天下之勢，異姓與同姓強弱亦略相當也。如高祖十二年，高祖弟交王楚，高祖子肥王齊，高祖兄子濞王吳，高祖子建王燕，高祖子如意王趙，高祖子恢王梁，高祖子友王淮陽，高祖子恆王代，吳芮王長沙，則天下之勢，同姓甚強而異姓絕無而僅有也。」

〔註112〕〔漢〕班固著，〔唐〕顏師古注：《漢書》卷十八〈外戚恩澤侯表〉，頁678。

期以來史學界都把外戚一概貶斥爲「皇權的異己力量」、「腐朽勢力的代表」，這其實是不公正的。〔註113〕歷朝固然不乏權欲熏心，驕奢淫逸，禍國殃民的外戚。然而在歷史上由外戚當政並非都是壞事，有些外戚對鞏固君權，穩定時局有著巨大的貢獻。

在女主所樹立的外戚當中，有專權殘暴，敗壞政治的「亂政者」，也有忠節賢明，對當時社會國家作出貢獻的「穩政者」。呂后和武后執政時期，封了不少呂氏和武氏後嗣爲侯爲王，以下筆者將就呂后和武后當政時所重用的外戚，探討他們是屬於「亂政者」還是「穩政者」，從中比較兩位女主政治立場的傾向（偏袒外戚還是公正不阿）。同時臨朝女主重用自家親人並不表示她們放任外戚胡作非爲，只要行爲不端也會遭到貶謫罷官，甚至被殺。因此筆者也將探討女主臨朝時抑制外戚的方法，以作爲辨析她們功過的依據。

一、亂政外戚

朱子彥曾提出，后妃通過外戚用事，外戚亦須攀龍附鳳，仰仗后妃權勢而參與政治。大多數外戚憑藉「宮掖之寵」的裙帶關係而爬上高位，其政治勢力的盛衰消長與后妃得寵與否密切相關。只有在后妃得寵的情況下，外戚才得以執掌大權。后妃要垂簾聽政亦必須重用外戚，以倚腹心。只有這樣，才能宮內宮外，相互呼應，形成左右朝政的巨大政治勢力。〔註114〕略言之，后妃得寵與否很大程度上決定了外戚勢力的盛衰。很多時候后妃係以色邀寵，呂后因年老色衰早已不得劉邦寵幸。「孝惠帝崩，天下初定未久，繼嗣不明，於是貴外家，王諸呂以爲輔，而以呂祿（？～180BC）女爲少帝皇后，欲連固根本勞甚，然無益也。」〔註115〕據此可見，呂太后重用外戚目的在於連固根本，鞏固其地位。朱子彥認爲，王諸呂的舉措就如同男性皇帝分封同姓宗室爲王的政策一樣，都是利用手中的權力，配置與自己關係最密切的黨羽親信。在封建社會家天下制度裡，統治集團的骨幹力量，通常只能以同姓血緣親屬來組成。后妃們雖然與自己子孫血緣關係十分密切，但封建最高統治集團內部權力鬥爭極其激烈，非同姓者很難同心協力，所謂「非我族類，其心必異」。〔註116〕劉邦亦了解這個道理，故漢朝初立，高祖已分封劉氏族人爲

〔註113〕詳見劉泰祥：〈東漢外戚的作用〉，《南都學壇》第 1 期（1995 年），頁 1。
〔註114〕詳見朱子彥：《帝國九重天——中國後宮制度變遷》，頁 377。
〔註115〕〔漢〕司馬遷撰：《史記》卷四十九〈外戚世家〉，頁 1969。
〔註116〕朱子彥：《帝國九重天——中國後宮制度變遷》，頁 357。

王：「高祖子弟同姓爲王者九國。」〔註117〕其後，他以謀反的罪名把異姓王誅滅，並把分封予他們的土地收回，改立劉氏親族爲王。

他稱帝後除了呂后的兩位兄長因建有軍功而被立爲諸侯外，其他親族的地位並沒有被提高。不過，這種被貶抑的處境在高祖死後便有了根本的改變。她必須服從的丈夫已去世，孝惠帝仁弱加上母權凌駕皇權故而元年（187BC）臨朝後便立意提升呂氏親族的地位，最直接的方法便是加封爵位。不過，呂太后畢竟還是顧慮到了外廷的輿論，因此她先立有功的周呂侯爲悼武王，「欲以王諸呂爲漸。」〔註118〕她封諸呂爲侯前便先封高祖功臣和劉氏宗親爲侯〔註119〕；王呂氏前先大肆立孝惠後宮子彊爲淮陽王，不疑爲常山王等，後才立其兄子呂台爲呂王。〔註120〕呂太后這麼做不僅爲了表示公平對待呂氏族人和劉氏宗親，更重要的是爲了保護呂氏一族，穩固自己的地位。倘若她只是封呂氏爲侯王必會引起朝廷不滿，顧忌外廷勢力的呂太后爲了提高自家人的地位可謂用心良苦。雖然如此，呂氏集團〔註121〕在朝中位高權重，在受封的呂氏親族裡，以呂祿和呂產最爲她器重。呂太后病重時把最重要的軍權交由二人，令他們分別統領北軍和南軍。不過，把軍事權力交由呂氏外戚其實是受到他人啓發，並且移權時間也可推前至高祖崩逝時，而非她病重時：

> 高祖崩，呂太后發喪，哭而泣不下。張辟彊謂丞相陳平曰：「太后畏君等。今請拜呂台、呂產爲將，將兵居南北軍，如此則太后心安。」丞相如辟彊計請之，太后說。〔註122〕

〔註117〕〔漢〕司馬遷撰：《史記》卷十七〈漢興以來諸侯王年表〉，頁801。

〔註118〕〔漢〕司馬遷撰：《史記》卷九〈呂后本紀〉，頁400。

〔註119〕〔漢〕司馬遷撰：《史記》卷九〈呂后本紀〉，頁400～401載：「四月，太后欲侯諸呂，乃先封高祖之功臣郎中令無擇爲博城侯。魯元公主薨，賜諡爲魯元太后。子偃爲魯王。魯王父，宣平侯張敖也。封齊悼惠王子章爲朱虛侯，以呂祿女妻之。齊丞相壽爲平定侯。少府延爲梧侯。乃封呂種爲沛侯，呂平爲扶柳侯，張買爲南宮侯。」

〔註120〕〔漢〕司馬遷撰：《史記》卷九〈呂后本紀〉，頁401載：「太后欲王呂氏，先立孝惠後宮子彊爲淮陽王，子不疑爲常山王，子山爲襄城侯，子朝爲軹侯，子武爲壺關侯。太后風大臣，大臣請立酈侯呂臺爲呂王，太后許之。」

〔註121〕謝紹鷗：〈呂后身後的西漢中樞政局〉，《西北大學學報（哲學社會科學版）》第39卷第5期（2009年9月），頁30指出，呂氏集團以呂后爲中心，主要由三部分組成，第一部分是以呂氏家族爲中心的外戚集團；第二部分是以審食其爲中心的親近呂氏的功臣集團；第三部分是以張卿爲中心的宦官集團。

〔註122〕〔宋〕徐天麟撰：《西漢會要》卷五十六〈兵一〉，頁635。

齊人田生說（呂后所幸大謁書）張卿曰：「臣觀諸侯王邸弟百餘，皆
高祖一切功臣。今呂氏雅故本推轂高帝就天下，功至大，又親戚太
后之重。太后春秋長，諸呂弱，太后欲立呂產為〔呂〕王，王代。
太后又重發之，恐大臣不聽。今卿最幸，大臣所敬，何不風大臣以
聞太后，太后必喜。諸呂已王，萬戶侯亦卿之有。太后心欲之，而
卿為內臣，不急發，恐禍及身矣。」張卿大然之，乃風大臣語太后。
太后朝，因問大臣。大臣請立呂產為呂王。太后賜張卿千斤金，張
卿以其半與田生。田生弗受，因說之曰：「呂產王也，諸大臣未大服。」
〔註123〕

據上可知，原本有意提高呂氏族人權勢地位的呂太后聽到張辟彊諫議拜呂氏
外戚為將軍，朝臣請立為王，她自然順水推舟，不會拒絕這樣的建議。她也
知道這麼做必然會引起外廷反抗，為了保護親人，她曾告誡呂產和呂祿「我
即崩，必據兵衛宮，慎毋送喪，為人所制。」〔註124〕由此也可以知道，呂太
后臨朝時期，外廷尊重她，即便立諸呂為諸侯王，外廷雖不滿卻沒有推翻她。
這點想必呂太后自己也很清楚，才會告誡呂產等人毋發喪，更在遺詔中拜呂
產為相國，以呂祿女為帝后〔註125〕，試圖通過這樣的方式保全呂氏宗族。然
而呂氏一族能力有限，因此在她崩逝後很快便遭到誅殺。史載諸呂獨攬大權，
「擅自尊官，聚兵嚴威，劫列侯忠臣，矯制以令天下，宗廟所以危」。〔註126〕
除了呂祿和呂產兩人陰謀作亂造反〔註127〕，導致社會動亂，其他被封侯王的
呂氏有誰亂政並沒有具體敘述。《西漢會要》載：「將軍（霍光）不見諸呂之
事乎？處伊尹、周公之位，攝政擅權，而背宗室，不與共職，是以天下不信，
卒至於滅亡。今將軍當盛位，帝春秋富，宜納宗室，又多與大臣共事，反諸

〔註123〕　〔漢〕司馬遷撰：《史記》卷五十一〈荊燕世家〉，頁1995。

〔註124〕　〔宋〕徐天麟撰：《西漢會要》卷五十六〈兵一〉，頁635。

〔註125〕　〔漢〕司馬遷撰：《史記》卷九〈呂后本紀〉，頁406載：「七月中，高后病甚，
　　　　　乃令趙王呂祿為上將軍，軍北軍；呂王產居南軍。呂太后誡產、祿曰：「高帝
　　　　　已定天下，與大臣約，曰『非劉氏王者，天下共擊之』。今呂氏王，大臣弗
　　　　　平。我即崩，帝年少，大臣恐為變。必據兵衛宮，慎毋送喪，毋為人所制。」
　　　　　辛巳，高后崩，遺詔賜諸侯王各千金，將相列侯郎吏皆以秩賜金。大赦天下。
　　　　　以呂王產為相國，以呂祿女為帝后。」

〔註126〕　〔漢〕司馬遷撰：《史記》卷九〈呂后本紀〉，頁407。

〔註127〕　〔漢〕班固著，〔唐〕顏師古注：《漢書》卷三〈高后紀〉，頁100載，呂產和
　　　　　呂祿兩人「自知背高皇帝約，恐為大臣諸侯王所誅，因謀作亂。」

呂道，如是則可以免患。」〔註 128〕據此可以推論，史家所謂諸呂亂政，是行事獨斷，不與劉氏宗室和功臣集團商量共事。

雖然如此，呂太后爲了提高呂氏宗族地位大封呂氏爲王，讓他們掌軍權，站在認爲劉漢宗親才是正統的角度來說，此舉無疑等同於抑制劉漢宗室，有欲以呂代劉的企圖了，故亦讓後世史家認爲呂氏有意趕盡劉氏宗親，呂氏外戚也背負上亂政的罪名而爲後世帝王引爲鑑戒。

武則天掌政多年亦同樣讓外戚進入朝廷，助她處理政務。武則天有異母兄二人，即武元慶和武元爽。據《舊唐書》記載，在武則天父武士彠（559～635）死後，他們不僅沒有好好侍奉繼母楊氏（579～670），反而失禮於她，「兄子惟良、懷運及元爽等遇楊氏失禮」。〔註 129〕楊氏對於他們的薄情一直記在心裡，在武則天被立爲皇后後，便讓武則天貶元慶等人爲外職，「於是元慶爲龍州刺史，元爽爲濠州刺史，惟良爲始州刺史」〔註 130〕，這可說是武氏家族插手朝廷政務的首例。由於其母對他們的不滿，武則天並沒有重用他們。武則天有一個姐姐乃賀蘭越石遺孀，有子女賀蘭敏之（643～671）和賀蘭氏兩人。爲讓其父封號有人繼嗣，武則天令賀蘭敏之改姓武氏繼承武士彠的封號，並讓他累遷至左侍極、蘭臺太史，襲爵周國公。不過，賀蘭敏之行爲不檢，從史書記述來看，賀蘭敏之可被歸類爲驕奢淫逸的外戚。

如前所論，由於楊氏的關係，武則天並沒有重用武元慶和武元爽。武元慶子武懷運和武惟良更被武則天利用除掉賀蘭氏後被誅。或許武則天本人同樣受過兩位兄長的欺凌，或許她爲了替其母報復，不管原因爲何，可以推論武則天對他們以及他們的後人並沒有太大的好感，故她寧願讓賀蘭敏之改姓武來繼嗣武士彠的封號，也不願意讓武士彠的直系孫子，武元爽之子武承嗣（649～698）來承繼。賀蘭敏之死後，武則天在沒有辦法之下讓武承嗣襲周國公號。這不僅開啓了武承嗣的仕途，也對武則天的執政產生了多方面的影響。值得注意的是，武則天在輔佐高宗時僅追封其先祖爲王卻沒有任用外戚於朝廷中，直到嗣聖元年（684）她臨朝稱制，需要在外廷中建立屬於自己的官僚隊伍時，始任用武承嗣爲禮部尚書，同中書門下三品。

武承嗣可說是亂政外戚的典型代表。他擅長諂媚奉承之術，尤能揣摩武

〔註 128〕〔宋〕徐天麟撰：《西漢會要》卷五〈帝系五〉，頁 49。
〔註 129〕〔後晉〕劉昫等撰：《舊唐書》卷一八三〈外戚列傳〉，頁 4727。
〔註 130〕〔後晉〕劉昫等撰：《舊唐書》卷一八三〈外戚列傳〉，頁 4727～4728。

則天的心思，故一直爲武則天所重用。在她稱帝一事上，武承嗣的功勞甚大。審思史料，不難發現在許多時候是武承嗣給了武則天建議和慫恿，武則天才會做出一些爲後世所批評的決策。文明（684）年時他建議武則天爲武氏先祖立七廟。立七廟乃天子之制，而此時的武則天僅是以太后身份臨朝稱制，同時在宗法禮制的角度裡，武則天乃李家婦，爲武氏先祖立廟，不但僭越禮制，身份上也不合情理。或許武承嗣知道武則天此時已有革唐命的念頭，也或許他知道在這段中宗初廢，揚州起兵的時機裡，武則天急須儘速穩定政局，爲自己立威，故才會作出此建議。不過她最終因裴炎的反對而暫緩建武氏廟。

　　爲了讓武則天實現稱帝的願望，藉此爲自己謀取更高的權位，武承嗣積極製造符瑞和輿論。揚州起兵四年後（688），武承嗣使人在白石上鑿「聖母臨人，永昌帝業」，並令康同泰奉表上獻，詭稱那是得自洛水的祥瑞。爲了這顆假造的瑞石，武則天不僅特意舉行告天儀式、更改年號，也爲自己加尊號「聖母神皇」。〔註131〕多虧了這個假祥瑞，武則天才有了順應天命的藉口，爲稱帝製造了輿論上的準備。從這兩件事例來看，可以說由於武承嗣的慫恿和出力，才會促成武則天帝夢的實現。而武則天自立爲帝後，也封他爲魏王。

　　武承嗣曾官拜宰相之位，在朝中勢力很大，即使是元老功臣也難逃被他陷害的厄運。對於不附己或與自己對立的朝臣，他便聯合酷吏羅織陷誣。岑長倩是太宗宰相岑文本的侄子，從高宗永淳元年（682）入相。武則天改唐爲周時他屢陳符瑞，又上疏請改李旦武姓，附和武則天。不過，在立太子一事上，他以皇嗣在東宮爲由拒絕請立武承嗣爲皇太子，因此開罪了武承嗣一黨而被武承嗣譖下制獄。在這件事裡，曾造《告密羅織經》的酷吏來俊臣以岑長倩子岑靈原誣引當時亦持反對立場的歐陽通等人造反，來俊臣後又編造假供上奏，致使岑長倩、歐陽通等人被誅。此外，武承嗣的妒忌心極重，對於功勞與聲望極高的朝臣同樣不遺餘力的打擊。換一個角度說，武則天只打擊反對她或有潛在威脅性的人，而武承嗣卻不然。舉例言，武承嗣曾數度陷害功臣李孝逸，「既克徐敬業，聲望甚重；武承嗣等惡之，數譖於太后」〔註132〕；「武承嗣又使人誣李孝逸自云『名中有兔，兔，月中物，當有天分。』」〔註

〔註131〕〔後晉〕劉昫等撰：《舊唐書》卷六〈則天皇后本紀〉，頁119。
〔註132〕〔宋〕司馬光編著，〔元〕胡三省音注：《資治通鑑》卷二百三〈唐紀十九〉，頁6437。
〔註133〕〔宋〕司馬光編著，〔元〕胡三省音注：《資治通鑑》卷二百四〈唐紀二十〉，頁6446。

133〕不過，他並非每次都能得逞。深得武則天器重的鳳閣侍郎李昭德（？～697），曾被武承嗣毀謗，卻被武則天回曰：「吾任昭德，始得安眠，此代吾勞，汝勿言也。」〔註134〕可見即使武則天重用武承嗣，卻沒有因此被武承嗣所蒙蔽，在一定程度上保持了政治的清明。

武則天曾有意傳位給武承嗣。他也爲了爭得皇儲之位屢次陷害睿宗，並且連李賢之子也「幽閉宮中，不出門庭者十餘年」〔註135〕，如同罪囚。由於武承嗣和武則天兒子爭奪儲位成爲了當時政治鬥爭的焦點，朝中分裂成支持武承嗣和反對武承嗣的兩派對立人馬，爭鬥也隨著時間的推演而激化。換言之，由於武則天對他的縱容，導致朝廷內部被分化。武則天不能明察是非，這是她爲政的過失。

武三思是武元慶之子，和武承嗣一樣對武則天極盡阿諛奉承之能事。武三思和武承嗣都有意對李氏宗親趕盡殺絕，屢次勸武則天殺掉韓王元嘉及其弟靈夔，「武承嗣與其從父弟右衛將軍三思以韓王元嘉、魯王靈夔屬尊位重，屢勸太后因事誅之。」〔註136〕可以說，他們比武則天更想除掉李氏宗親。呂產和呂祿被史家視爲亂政外戚，而胡三省把武三思和他們相比，「洛州長史薛季昶謂張柬之、敬暉曰：『二兇雖除，產、祿猶在』」，胡三省注：「產、祿，謂武三思等。」〔註137〕武則天重用他，稱帝時封其爲梁王。長壽二年（693）「正月，壬辰朔，太后享萬象神宮，以魏王承嗣爲亞獻，梁王三思爲終獻。」〔註138〕武三思在朝廷中的威勢延續到中宗即位以後，「上遂與三思圖議政事，張柬之（625～706）等皆受制於三思矣。……張柬之等數勸上誅諸武，上不聽。」〔註139〕

武懿宗（641～706）是武則天堂侄，被封爲河內王。他也是個酷吏，在

〔註134〕〔宋〕司馬光編著，〔元〕胡三省音注：《資治通鑑》卷二百五〈唐紀二十一〉，頁6484。

〔註135〕〔宋〕司馬光編著，〔元〕胡三省音注：《資治通鑑》卷二百四〈唐紀二十〉，頁6473。

〔註136〕〔宋〕司馬光編著，〔元〕胡三省音注：《資治通鑑》卷二百三〈唐紀十九〉，頁6425。

〔註137〕〔宋〕司馬光編著，〔元〕胡三省音注：《資治通鑑》卷二百八〈唐紀二十四〉，頁6586。

〔註138〕〔宋〕司馬光編著，〔元〕胡三省音注：《資治通鑑》卷二百五〈唐紀二十一〉，頁6488。

〔註139〕〔宋〕司馬光編著，〔元〕胡三省音注：《資治通鑑》卷二百八〈唐紀二十四〉，頁6587。

誅殺宗親、製造冤獄方面，其手法之歹毒與其他酷吏相比有過之而無不及，「推
鞫制獄，王公大臣，多被陷成其罪，時人以爲周興、來俊臣之亞焉。」〔註140〕
儘管武則天在武氏一族面前能夠維持公正的一面，如武承嗣毀謗李昭德時予
以駁斥，然而實際上在他人面前仍然是極爲維護武氏族人的。舉例言，她的
腹心吉頊與武懿宗爭功時氣勢辯口皆勝過武懿宗，這讓武則天不悅，曰：「頊
在朕前，猶卑我諸武，況異時詎可倚邪！」〔註141〕這一點在她晚年時卻有所
改變，此部分稍後會作詳細論述。總括而言，武氏外戚以亂政者居多。雖然
她終究能撥亂反正，然而被武氏一族所害的忠臣實在不少，製造了許多冤魂。

二、穩政外戚

　　呂氏親族雖爲外戚，然亦有有功於漢朝者。呂后兩位兄長皆爲漢將，曾
爲高祖奪天下立下不少功勞。史載，漢軍在睢水被打敗時，許多諸侯都背離
了高祖轉投楚軍，時爲漢王的高祖投奔駐紮於下邑的呂后兄周呂侯。雖然呂
氏外戚在高祖崩後有亂政之嫌，然而他們與異姓王一樣，同樣有功於漢王朝
的創立，故《漢書》載：「漢興，外戚與定天下，侯者二人。」〔註142〕

　　歷來多因武三思、武懿宗等人的行爲而對武氏外戚有負面的認知。然而，
武氏親族裡也有少數的清流，其中之一便是武惟良的兒子武攸緒（655～
723）。他性格「恬淡寡欲」〔註143〕，曾被授官位，被封爲安平郡王。但是他
並未像武三思、武承嗣般依仗武則天的威勢在朝中作威作福，很快便辭官隱
居。他不僅不戀棧權位，賜予他的「金銀鐺鬲、野服，王公所遺鹿裘、素障、
癭杯，塵皆流積，不御也。」〔註144〕中宗即位後授予他國公爵位亦依然故我。
他的隱士作風在外戚史當中是比較罕見的，而這種安守本分，不以自身權勢
干擾朝廷運作，也可歸爲穩政的一種方式。

三、抑制外戚

　　呂后雖立諸呂爲王，重用外戚，可是在她當政時，對於胡作非爲或不守

〔註140〕　〔後晉〕劉昫等撰：《舊唐書》卷一八三〈外戚列傳〉，頁4737。
〔註141〕　〔宋〕司馬光編著，〔元〕胡三省音注：《資治通鑑》卷二百六〈唐紀二十二〉，
　　　　　頁6544。
〔註142〕　〔漢〕班固著，〔唐〕顏師古注：《漢書》卷十八〈外戚恩澤侯表〉，頁678。
〔註143〕　〔宋〕歐陽修，宋祁撰：《新唐書》卷一九六〈隱逸傳〉，頁5602。
〔註144〕　〔宋〕歐陽修，宋祁撰：《新唐書》卷一九六〈隱逸傳〉，頁5602。

綱紀的呂氏親人也不會予以包庇。《史記》載，「建成康侯釋之卒，嗣子有罪，廢，立其弟呂祿爲胡陵侯，續康侯後」。〔註145〕此外，高后七年時，「高后令章（200BC～176BC）爲酒吏。章自請曰：『臣，將種也，請得以軍法行酒。』高后曰：『可。』酒酣，章進歌舞，已而曰：『請爲太后言耕田。』……頃之，諸呂有一人醉，亡酒，章追，拔劍斬之，而還報曰：『有亡酒一人，臣謹行軍法斬之。』太后左右大驚，業已許其軍法，亡以罪也。」〔註146〕可見對於不守法紀的族人，呂太后也不會給予包庇。

誠如上述，賀蘭敏之雖無亂政，卻是驕奢淫逸外戚的典型。初時，他仗著榮國夫人的關係而恃寵多愆犯，武則天令他造佛，他私吞款項；更姦淫高宗和則天選定的太子妃，可說是不把武則天放在眼裡，「則天出內大瑞錦，令敏之造佛像追福，敏之自隱用之。又司衛少卿楊思儉女有殊色，高宗及則天自選以爲太子妃，成有定日矣，敏之又逼而淫焉。」〔註147〕武則天早已對他頗爲不滿，後來榮國夫人去世，他「在榮國服內，私釋衰絰，著吉服，奏妓樂。時太平公主尚幼，往來榮國之家，宮人侍行，又嘗爲敏之所逼。」〔註148〕武則天在盛怒之下流放他，並令之復姓賀蘭。

武承嗣仗著與武則天的關係和寵信權傾朝野。不過，武則天並沒有讓他的權力地位持續膨脹，反而曾因外姓朝臣的勸諫而抑制武承嗣的威勢。舉例言，武承嗣曾官拜宰相，不過在垂拱元年（685）辛酉時卻被罷相。此外鳳閣侍郎宗秦客是武則天侄子，稱帝後擢升他爲內史，後因貪贓罪而被武則天貶爲遵化尉，並連累其弟宗楚客、宗晉卿皆流配嶺表。

多數論者認爲，只要是女主掌政，必然助長外戚在朝廷以及社會的權勢。朱子彥便直接點出，以往人們在談論女禍、談論后妃外戚干政所表現出的腐朽性和殘暴性時，似乎忘記了一點：這些問題在君主本人掌權時也照樣存在。實際上，一旦無道昏君在位，其統治的腐朽、殘暴程度不比后妃、外戚干政遜色。另外還要看到，有些王朝之所以出現后妃干政和政治禍亂，本身就是那個時代政治腐敗和社會政治總危機的結果。〔註149〕

〔註145〕〔漢〕司馬遷撰：《史記》卷九〈呂后本紀〉，頁401。
〔註146〕〔漢〕班固著，〔唐〕顏師古注：《漢書》卷三十八〈齊悼惠王傳〉，頁1991～1992。
〔註147〕〔後晉〕劉昫等撰：《舊唐書》卷一八三〈外戚列傳〉，頁4728。
〔註148〕〔後晉〕劉昫等撰：《舊唐書》卷一八三〈外戚列傳〉，頁4728。
〔註149〕詳見朱子彥：《帝國九重天──中國後宮制度變遷》，頁367。

　　確實，揆諸史書可以發現，不僅女主愛重用外戚，甚至是男性皇帝本身也常有重用外戚的情況。有明君之稱的唐太宗便重用長孫皇后兄長長孫無忌。因爲長孫無忌曾在玄武門之變中協助他除掉李建成（589～626）和李元吉（603～626），並且逼唐高祖退位。唐太宗即位後，晉封他爲齊國公，任禮部尙書，其後再拜他爲尙書左僕射，後再拜他爲知門下省與尙書省事。由於長孫無忌深得太宗信賴，故太宗臨終之前令他與褚遂良一起輔佐高宗。長孫無忌以外戚身份在朝廷裡位高權重，這或許與他曾助太宗奪帝位有關。由此看來，曾經助劉邦打天下的呂澤和呂釋之，有功於漢朝的建立所得到的便不應只是受封諸侯而已。不過，武則天扶植外戚的用意明顯和呂后不同，她需要一班能夠在朝廷上爲她所用的人來行使皇權而扶植武氏宗親有拉攏他們的意味，亦需要他們的阿諛奉承來達到某些政治企圖，而不是單純的只想提高武氏一族的權位。

　　外戚仰賴后妃得到封爵、官位與權勢，故而很多時候是「一榮俱榮，一損俱損」，這個情況在呂后的例子上最爲明顯。呂后當政時，其族人的權勢地位都明顯的提高；在她死後，呂氏外戚很快的就被劉漢宗室和功臣集團消滅。反之，武后的族人如武三思、武攸寧等在她死後，於朝廷裡仍然得到了重用。兩位女主的外戚有著南轅北轍的下場，這除了依恃女主，也和外戚的政治能力，以及功臣集團的勢力有著莫大的關聯。

第五節　知人善斷

　　「夫賢人在而天下服，一人用而天下從」〔註150〕，如何選人、用人都是歷朝皇帝執政的一個重要內容。能夠善用人才，對皇帝本身和社會國家都有莫大的助益；反之則會天下憤然，更甚者國破人亡。本節筆者將從呂后和武后執掌政權期間提拔人才、善用人才等方面切入，探討她們的用人方略。

一、提拔人才，薦賢舉能

　　「爲治以知人爲先」，自古被譽爲英主賢君的皇帝，其特徵之一便是能夠

〔註150〕橫田惟孝著：《戰國策正解》（臺北：河洛圖書出版社，1976年）卷三上〈秦策上〉，頁6。

知人。爲了得到賢才協助治國，他們無不用心搜羅人才。漢高祖在建國之初，曾經頒布了有關「求賢」的詔書：「賢士大夫有肯從我游者，吾能尊顯之，布告天下，使明知朕意。御大夫昌下相國，相國酇侯下諸侯王，御史中執法下郡守，其有意稱明德者，必身勸，爲之駕，遣詣相國府。署行、義、年。有而弗言，覺，免。年老癃病，勿遣。」〔註151〕呂太后在八年的臨朝稱制裡，並沒有發展出特定的考試制度來銓選人才。她曾詔舉孝弟力田爲選才標準：「孝惠四年（192BC）正月，舉民孝弟力田者復其身。高后元年（187BC）二月，初置孝弟力田二千石者一人」〔註152〕，但是這項舉措「並未制度化。」〔註153〕

儘管歷來論者對於武則天有褒有貶，然而對於她的用人，多數持認可的立場，認爲她確實有知人之明。武則天作爲一個有卓識的政治家，了解人才對於治國的重要性，執政時曾頒布《求訪賢良詔》，載：「上之臨下，道莫貴於求賢；臣之事君，功豈逾於進善。所以允凝庶績，式靜群方，成大廈之淩雲，濟巨川之沃日。故周稱多士，著美風謠；漢號得人，垂芳竹素。歷觀前代，罔不由茲。朕雖宵分輟寢，日旰忘食，勉思政術，不憚劬勞，而九域之至廣，豈一人之獨化，必佇材能，共成羽翼。」〔註154〕她也明白治國必須廣蓄人才，絕非單憑一人之力即可，爲了網羅藏於民間的棟樑之才，因此下詔求訪。

歷朝男性皇帝通過各種方式選拔符合治國需要的人才，武則天亦然。她提倡並實行科舉制，通過科舉選拔了能夠與她同治天下、發展國家的文官武將。科舉制度創始於隋朝（581～619），是「封建王朝籠絡士人，選拔官吏的重要制度。」〔註155〕《新唐書・選舉志》記載了唐朝科舉科目的類別，以及考生來源：「唐制，取士之科，多因隋舊，然其大要有三。由學館者曰生徒，由州縣者曰鄉貢，皆升於有司而進退之。其科之目，有秀才，有明經，有俊士，有進士，有明法，有明字，有明算，有一史，有三史，有開元禮，有道舉，有童子。而明經之別，有五經，有三經，有學究一經，有三禮，有三傳，

〔註151〕〔漢〕班固著，〔唐〕顏師古注：《漢書》卷一下〈高帝紀下〉，頁71。

〔註152〕〔宋〕徐天麟撰：《西漢會要》卷四十五〈選舉下〉，頁523。

〔註153〕寧欣撰，劉澤華主編：《選舉志》（上海：上海人民出版社，1998年），頁16。

〔註154〕〔清〕董浩等敕撰：《全唐文》卷九十五〈求訪賢良詔〉，頁1119。

〔註155〕葉哲明：〈武則天稱帝和選士制度政策的革新──兼評科舉殿試的歷史作用〉，《台州師專學報》第19卷第1期（1997年2月），頁44。

有史料，此歲舉之常選也。」〔註156〕科舉的選拔方式，分爲常舉和制舉兩種，常舉乃「常貢之舉，經常舉行的考試選官的制度，主要有秀才、進士、明經、明法、明書、明算等科目」〔註157〕；制舉是「皇帝臨時特詔舉行的科舉考試」。〔註158〕武則天重視科舉，爲了能夠讓科舉取士的制度更符合現實政治的需求，她進行了連串的革新措施。她在天授元年（690）創制「殿試」〔註159〕，乃科舉制度中的制舉〔註160〕，由皇帝當主考官，在殿廷策問舉人的一種考試方式。這次考選由武則天親臨直接進行面試，並且考試內容繁雜，從經書至國策，文學至個人操行等，測試考生學識的同時也測試他們的臨場表現，符合了制舉「所以待非常之才焉」〔註161〕的原則。雖然類似的考試方式在武則天之前已有，然而在殿廷上進行且有史可據的卻是始於武則天。儘管如此，當時的殿試應未成爲一種固定的考試制度，故有論者認爲殿試乃定於宋太祖（927～976）時，自此成爲定制。無論如何，此制確肇始於武則天，而此後漸發展成爲定例，可見此制的實用性與重要性。是故，武則天對於中國科舉制度的改革確實有其貢獻和影響。

武則天頗涉文史，《通典·選舉三》記武則天掌政時期曰：「君臨天下二十餘年，當時公卿百辟，無不以文章達。因循日久，寖以成風。」〔註162〕陳寅恪亦曾指出，武后掌政後，「大崇文章之選，破格用人，於是進士之科爲全國干進者竟趨之鵠的。」〔註163〕據《登科記考》，永隆二年（681）的常舉進

〔註156〕〔宋〕歐陽修，宋祁撰：《新唐書》卷四十四〈選舉志上〉，頁1159。

〔註157〕趙文潤：〈略論唐代的制舉與殿試〉，《唐都學刊》第13卷第1期（1997年），頁7。

〔註158〕趙文潤：〈略論唐代的制舉與殿試〉，《唐都學刊》第13卷第1期（1997年），頁7。

〔註159〕〔宋〕司馬光編著，〔元〕胡三省音注《資治通鑑》卷二百四〈唐紀二十〉，頁6463，載：「二月，辛酉，太后策貢士於洛成殿，貢士殿試自此始。」有些史書記載是載初元年開始，這是因爲在這年九月改元天授，故《通鑑》記爲天授元年。

〔註160〕趙文潤：〈略論唐代的制舉與殿試〉，《唐都學刊》第13卷第1期（1997年），頁8認爲，標誌著殿前試人的殿試是制舉，而非武則天代行吏部考功員外郎之職，亦非相當於省試的常舉。

〔註161〕〔宋〕歐陽修，宋祁撰：《新唐書》卷四十四〈選舉志上〉，頁1159。

〔註162〕〔唐〕杜佑撰：《通典》（臺北：臺灣商務印書館，1987年）卷十五〈選舉三〉，典84。

〔註163〕陳寅恪：〈統治階級及氏族其升降〉，收入《隋唐制度淵源略論·唐代政治史述論合集》（台北：樂天出版社，1972年），頁14。

士科增考詩賦〔註164〕，自此科舉制度對於文學的重視也漸漸提高，玄宗時期更把詩賦加進制舉中，「上御勤政樓試四科制舉人，策外加詩賦各一首。制舉加詩賦，自此始也。」〔註165〕換言之，在科舉中加試詩賦是明智的決定，對後來的科舉制度有著深遠的影響。同時，由於此一政策的實行，她當政時期出現了「李嶠（644～713）、蘇味道（648～705）、杜審言（645～708）、沈佺期（656～713）、楊炯（650～693）、盧照鄰（630～680）、陳子昂（659～700）等著名詩人，此外，韋承慶（640～706）、盧藏用（664～713）、張鷟（約660～740）等更以文章著稱於唐。」〔註166〕而以文章取士的措施更因此將一群寒門庶族地主提拔入仕，進而改變了由關隴集團壟斷的政治局面，「當時山東江左人民之中，有雖工於爲文，但以不預關中團體之故……而西魏（535～557）、北周（557～581）、楊隋及唐初將相舊家之政權尊位遂不得不爲此新興階級所攘奪替代。」〔註167〕概言之，她不僅改革了科舉的內容，爲自己網羅了一批能文之士，也動搖了士族的政治特權和地位。同時，也改變了政治的主要導向，即從貴族政治轉向寒族庶人政治，從而改變了社會的門閥意識，故陳寅恪認爲「武周之代李唐，不僅爲政治之變遷，實亦社會之革命，若依此義言，則武周之代李唐較李唐之代楊隋其關係人群之演變，尤爲重大也。」〔註168〕

　　征伐、防禦是保護國家，鞏固政權的重要環節，因此武則天選拔人才時，對軍事才能也很重視，在她頒布的《求賢制》曾提到：「其有文可以經邦國，武可以定邊疆」。〔註169〕透過考試、選舉的方式來選拔武官，秦代時已出現，然而正式成爲科舉的科目則是她在長安二年（702）正月初開創：「令天下諸州有練習武藝者，每年準明經進士例舉送」。〔註170〕此制度由兵部主持課試，

〔註164〕詳見〔清〕徐松：《登科記考》取自《百家諸子：中國哲學書電子化計劃》，南菁書院叢書本，卷二，http://ctext.org/library.pl?if=gb&file=82817&page=156，2014年3月12日。

〔註165〕〔後晉〕劉昫等撰：《舊唐書》卷九〈玄宗本紀下〉，頁229。

〔註166〕葉哲明：〈武則天稱帝和選士制度政策的革新—兼評科舉殿試的歷史作用〉，《台州師專學報》第19卷第1期（1997年2月），頁49。

〔註167〕陳寅恪：〈統治階級及氏族及其升降〉，收入《隋唐制度淵源略論‧唐代政治史述論合集》，頁14。

〔註168〕陳寅恪：〈統治階級及氏族及其升降〉，收入《隋唐制度淵源略論‧唐代政治史述論合集》，頁14。

〔註169〕〔清〕董浩等敕撰：《全唐文》卷九十五〈求賢制〉，頁1115。

〔註170〕〔清〕徐松：《登科記考》取自《百家諸子：中國哲學書電子化計劃》，南菁書院叢書本，卷四，http://ctext.org/library.pl?if=gb&file=82818&page=110，2014年3月15日。

《唐六典》載：「武舉以七等閱其人」，可知考試內容有七項，通過測試考生的騎射武藝，選拔軍將武官。武則天創制的武舉不僅其位列等同進士明經科，科舉制度也「由是有武舉、文舉，並列兩類，此後相沿未改。」〔註171〕李唐政權初期大都被關隴集團掌握，「皇室與將相大臣幾全出於同一系統及階級，故李氏據帝位，主其軸心，其他諸侯入則爲相，出則爲將，自無文武分途之事」〔註172〕，而武則天把文舉與武舉人才分開，頗有置適當人才於適當位子上之遠見，顯見她是極有卓識的。寧欣也指出，「武舉的創設，是將考試之法及平等競爭原則引入武官選舉中的新嘗試，雖然由於武官選舉的特殊性，使它沒有如進士、明經等科影響深遠，但同樣是隋唐時新的選舉體制的組成部分，其選用法仍爲後世承繼並不斷加以改造。」〔註173〕

　　科舉的目的就是廣收賢才，爲了滿足政治需求，武則天不僅改革科舉的體制與內容，也增加科舉錄取的人數。不少人認爲，她執政時期通過制舉和常舉錄取人數過多，而「入流人多乃爲政之弊」，也違反了太宗一再強調的用人原則，即「量才授職，務省官員」〔註174〕，「官在得人，不在員多」。〔註175〕不過，趙文潤曾指出，由於制舉不常舉行，及第者相對少，因而整個唐代不過二三百人。此外，他以常舉中最重要的進士科及第者人數爲例，統計出高祖執政八年取進士56人，太宗在位逾二十年錄取205人，高宗在位三十四年（649～683），進士及第者 555 人；武則天執政二十一年（684～705），進士及第者464人；唐玄宗（685～762）統治四十四年（713～756），進士及第者1172人。〔註176〕據此統計，唐初這幾位統治者執政時通過常舉所錄取的人數，平均一年分別是 7、8、16、22 以及 26 人，而武則天臨朝和稱帝時期錄取的人數甚多，因而有些論者以此爲據，認爲她取仕傷多且濫。以進士的錄取比例來看，便會發現武則天所錄取的進士人數較玄宗來得少。同時，取仕浮濫

〔註171〕張瑞昌：〈我國科舉制的淵源及概況〉，《四平師院學報（哲學社會科學版）》第 3 期（1980 年），頁 27。
〔註172〕陳寅恪：〈唐代政治史述論稿〉，收入《陳寅恪史學論文選集》，頁 598。
〔註173〕寧欣撰，劉澤華主編：《選舉志》（上海：上海人民出版社，1998 年），頁 360。
〔註174〕〔唐〕吳兢撰：《貞觀政要》（臺北：河洛圖書出版社）卷三〈論擇官〉，頁 144。
〔註175〕〔宋〕司馬光編著，〔元〕胡三省音注：《資治通鑑》卷一九二〈唐紀八〉，頁 6043。
〔註176〕趙文潤：〈略論唐代的制舉與殿試〉，《唐都學刊》第 13 卷第 1 期（1997 年），頁 7～8；〈女皇武則天緣何執掌天下〉，《人民論壇》總第 190 期（2007 年），頁 60。

與否，並不能僅以單一錄取人數作比較，國家發展必然與人才需求成正比，越是昌盛，對於人才的需求必然也會相對擴大。從高祖至玄宗，不難發現所錄取的平均人數是逐漸遞增的，可見國家規模是在逐漸穩定的壯大，從而對於所需要的人才數目較初立國（高祖、太宗）時爲多。是故，僅因她所錄取的進士人數較多而批評她用人太濫是欠缺公允的。

　　爲了求訪人才，除了科舉，她也令官員舉薦或百姓自舉。武則天屢次頒布求賢詔書，如《搜訪賢良詔》曰：「令文武內外官五品及七品已上清官及外官刺史都督等，於當管部內，即令具舉，且十室之邑，忠信尙存，三人同行，我師猶在，會須搜訪，不得稱無，薦若不虛，自從褒異之典，舉非其士，豈漏貶責之科，所司明爲條例，布告遠近」〔註177〕，表露了她爲求人才而令各級官吏舉薦、百姓自薦之意願。她在光宅元年（684）稱制後便馬上令京官九品以上請州長官各舉一人〔註178〕，天授元年（690）改國號爲周後，亦曾遣存撫使約十人巡撫諸道，推舉人才。通過舉賢薦賢的方式，武則天也確實爲朝廷覓得治國良才，如唐朝名相狄仁傑曾屢獲婁師德（630～699）薦舉，而狄仁傑被重用後也同樣善於薦舉人才，「仁傑常以舉賢爲意，其所引拔桓彥範、敬暉、竇懷貞、姚崇等，至公卿者數十人。」〔註179〕而狄仁傑爲官時德政昭著，雖曾遭陷害而被貶甚至下獄，武則天卻能慧眼識人一直重用他，他死時武則天更慨嘆：「朝堂空矣！」〔註180〕姚崇（651～721）經狄仁傑舉薦後，因富於才幹更被破格提拔爲兵部侍郎，同中書門下平章事。武則天知人，她的屬下朝臣同樣善於推舉人才。婁師德、狄仁傑、朱敬則等所薦舉的人才都曾爲則天朝立下不少功勞。儘管如此，武則天執政期間常令官員薦舉、百姓自舉，未經考試破格任用且官至御史、評事、拾遺、補闕者很多。同時，由於錄取的門檻降低，經科舉（明經、文苑科等諸科）所取的人數提高，以致一度出現冗員過多的現象，爲論者所詬。

　　武則天以大規模及快速的汰選方式爲朝廷篩選出一批能幹的人，如開元

〔註177〕〔清〕董浩等敕撰：《全唐文》卷九十五〈搜訪賢良詔〉，頁1119。
〔註178〕〔清〕徐松：《登科記考》取自《百家諸子：中國哲學書電子化計劃》，南菁書院叢書本，卷三，http://ctext.org/library.pl?if=gb&file=82818&page=2，2014年3月15日。
〔註179〕〔後晉〕劉昫等撰：《舊唐書》卷八十九〈狄仁傑列傳〉，頁2894。
〔註180〕〔宋〕司馬光編著，〔元〕胡三省音注：《資治通鑑》卷二百七〈唐紀二十三〉，頁6551。

（713～741）名相姚崇、宋璟（663～737）便是武則天提拔的人才，同時也
爲自己培植了親信，如永徽（650～655）、顯慶（656～661）年的許敬宗（592
～672）、李義府（614～666），乾封（666～668）以後的北門學士等。概言之，
則天朝可說是個人才薈萃的朝代，「促進了中央統治權政治的發展，爲唐玄宗
的執政選拔了有所作爲的官僚。」〔註181〕然而，她在朝政之中設置大量人員
亦爲後人所批評，認爲她這麼做是「濫以祿位收天下人心」〔註182〕，爲武周
政權服務。陸贄（754～805）曾評價武則天用人曰：「往者則天太后踐祚臨朝，
欲收人心，尤務拔擢。弘委任之意，開汲引之門，進用不疑，求訪無倦，非
但人得薦士，亦許自薦其才。所薦必行，所舉輒試，其於選士之道，豈不傷
於容易哉！而課責既嚴，進退皆速，不肖者旋黜，才能者驟升。是以當代謂
知人之明，累朝賴多士之用。」〔註183〕陸贄所言與司馬光略同，認爲武則天
雖大量授予官爵是欲收人心之故，所幸她能夠明察善斷，因此天下有才之人
仍競相爲則天朝所用。儘管酷吏一度猖獗，幸臣弄權，但國家社會仍能正常
發展，故李樹桐說：「武后的任用賢良，無論其動機是爲國，抑爲自私，其成
效總是好的。」〔註184〕

二、量才任用，納諫如流

　　《郭店楚墓竹簡》簡文載：「父兄任者，子弟大才藝者大官，小才藝者小
官。因而施祿焉，使知足以生、足以死，謂之君，以義使人多。義者，君德
也。非我血氣之親，畜我如其子弟，故曰：苟淒夫人之善也，勞其臟腑之力
弗敢憚也，危其死弗敢愛也，謂之臣，以忠事人多。忠者，臣德也」〔註185〕，
強調了「人君因臣下才能之大小而分別任用之，且施予百官應得的俸祿，使
之養生送死無虞，如此方能成就君德之義。」〔註186〕簡言之，一個英明的君
主不僅要有伯樂眼光提拔人才，更爲重要的是使人才能夠適得其用。呂、武
兩位女主執掌權柄之中亦了解這個用人的道理。

〔註181〕吳楓：《隋唐五代史》（人民出版社，1958年），頁93。
〔註182〕〔宋〕司馬光編著，〔元〕胡三省音注：《資治通鑑》卷二百五〈唐紀二十一〉，
　　　　頁6478。
〔註183〕〔後晉〕劉昫等撰：《舊唐書》卷一三九〈陸贄列傳〉，頁3803。
〔註184〕李樹桐：《隋唐史別裁》（臺北：台灣商務印書館，1995年），頁119。
〔註185〕裘錫圭審訂，荊門市博物館編：《郭店楚墓竹簡》（北京：文物出版社，1998
　　　　年）〈六德〉，頁187。
〔註186〕林素英：《從《郭店簡》探究其倫常觀念》，頁129。

　　宋祁（998～1061）曾指出：「高祖知呂后與戚夫人有隙，然終不殺者，以孝惠帝不能制諸大臣，故委戚氏不顧，爲天下計也。」〔註187〕這也就很能說明爲什麼劉邦臨終前把人事安排交託於呂后了。他交代蕭何（257BC～193BC）死後可讓曹參代替爲相國，呂后再「問其次，上曰：『王陵可。然陵少戇，陳平（？～178BC）可以助之。陳平智有餘，然難以獨任。周勃（？～169BC）重厚少文，然安劉氏者必勃也，可令爲太尉。』」〔註188〕呂太后在高祖崩後遵循他的遺言，任用曹參等人，從而穩定了初建的王朝。儘管不是她的知人之明，卻也是她用人之明。

　　武則天在取人上看似沒有限制，然而作爲一個能夠突破社會傳統稱帝的女主，必不至於如此昏庸。爲了確保所用之人確爲眞才實學，於是創立試官制度。長安三年（703）「舉人悉授試官，高者至鳳閣舍人、給事中，次員外郎、御史、補闕、拾遺、校書郎。試官之起，自此始。」〔註189〕在這個制度下，她讓他們擔任職務，考察他們的能力與素質，根據處理職務的表現決定升黜去留，「然不稱職者，尋亦黜之，或加刑誅。」〔註190〕換言之，對於違反政紀或沒有才能的人，她能夠做到「能者留，庸者去」，把適當的人用在適當的位子上，量才適用，這是她能夠善用人才的表現。儘管如此，此試官制度仍爲時人所批評曰：「補闕連車載，拾遺平斗量；欋推侍御史，盌脫校書郎。」〔註191〕筆者以爲，此試官制度的原則類似現代企業用人的試用制，以及憑績效表現決定升遷，可見其用人極具遠智。儘管如此，這種做法以汰弱爲原則的用人政策導致官員更動的次數較過往頻繁，以致出現官員無法適應、辦事效率降低等問題。

　　此外，對於官吏所舉薦的人，她會先觀察再任用。武則天曾要狄仁傑推薦一個將相人才，狄仁傑推薦了荊州長史張柬之，對武則天說：「荊州長史張柬之，其人雖老，眞宰相才也。且久不遇，若用之，必盡節於國家矣。」〔註

〔註187〕〔宋〕宋祁撰：《筆記》取自《百家諸子：中國哲學書電子化計劃》卷中，http://ctext.org/wiki.pl?if=gb&chapter=688178，2014 年 4 月 1 日。

〔註188〕〔漢〕司馬遷撰：《史記》卷八〈高祖本紀〉，頁 392。

〔註189〕〔宋〕歐陽修、宋祁撰：《新唐書》卷四十五〈選舉志下〉，頁 1175～1176。

〔註190〕〔宋〕司馬光編著，〔元〕胡三省音注：《資治通鑑》卷二百五〈唐紀二十一〉，頁 6478。

〔註191〕〔宋〕司馬光編著，〔元〕胡三省音注：《資治通鑑》卷二百五〈唐紀二十一〉，6477～6478。

〔註192〕〔後晉〕劉昫等撰：《舊唐書》卷八十九〈狄仁傑列傳〉，頁 2894～2895。

192〕儘管武則天聽罷立即提拔了張柬之，卻並非讓他擔任宰相之職，而是洛州司馬。狄仁傑其後進諫曰：「臣薦之為相，今為洛州司馬，非用之也」〔註193〕，她也僅僅提升張柬之為秋官侍郎，後來才再拜他為相。即使是狄仁傑所薦之人，武則天還是在了解張柬之的能力後，知道他確實是個將相的英才，才讓他居相國之位。略言之，武則天能夠善用人才，正是因為她能夠細心觀察之故，這一點和試官制度的理念可說是一樣的。

由於武則天愛才之切，致使她能夠跳脫世俗的門閥觀念，不盲目追隨前人以門第取仕的做法。從她所頒布的《求賢制》便已明白提出：「堪將相之重任，無隔士庶，是以名聞，若舉得其人，必當擢以不次，如妄相推薦，亦寘科繩」〔註194〕，強調了她不分士庶，只求賢才的用人理念。在當政時，她確實扶植、擢拔了不少和她一樣出身寒微的官吏。有論者據此以為，這是武則天打擊士族、謀取寒族地主支持力量的手段。筆者認為事實並不盡然如此。打擊士族、提拔寒族的用人方略並非始於武則天。實際上，唐太宗時便已曾重用出身庶族的魏徵、馬周（601～648）等人，也曾推行削弱和限制士族勢力的政策。不過，太宗畢竟是地主階級出身，同時也需要士族地主階級的支持力量，因此相關政策並沒有推行得很徹底。到高宗當政，執意立出身低微的武則天為后，繼續推行唐太宗打擊士族的一些政策，顯見他極欲擺脫長孫無忌等關隴士族出身的顧命大臣的箝制。武則天能夠不計出身，量才任用提拔庶族，不僅和她的家世有關，也符合歷史發展的趨勢，為唐朝後來的發展起了積極的作用。

馬新曾指出，「諫是中國傳統政治的一大特色，自夏商周至明清時代，君主的專制一直是政治運作的基點，下情的上達、君主過失的匡弼一般都要通過上諫的方式進行。」〔註195〕然而能夠納諫如流的帝王在歷史上是很少的。反之，史書對於武則天的虛心納諫的事例記載很多，從中不難發現，武則天不僅能夠破格提拔人才，愛惜人才的她對於朝臣的諫言也能夠大方接納。

「武周朝共用過宰相75人，其中有姚崇、裴炎、狄仁傑等。而武則天最倚重的宰相，當屬狄仁傑。」〔註196〕狄仁傑是有名的諍臣，同時也是個政績

〔註193〕〔後晉〕劉昫等撰：《舊唐書》卷八十九〈狄仁傑列傳〉，頁2895。
〔註194〕〔清〕董浩等敕撰：《全唐文》卷九十五〈求賢制〉，頁1115。
〔註195〕馬新：《歷代名相施政方略》（濟南：山東人民出版社，2002年），頁118。
〔註196〕趙文潤：〈女皇武則天緣何執掌天下〉，《人民論壇》總第190期（2007年），
　　　　頁61。

卓著的人才。武則天很重用他，不僅在很多事情上仰仗他，對於他的意見也「每屈意從之」，因此挨諸史書，不難發現很多狄仁傑對於武則天的諍諫例子。

武則天納諫並不看對象，只要諫言有理都會採納。狄仁傑、魏元忠（？～707）等諸臣爲來俊臣所陷害時，前宰相樂思晦（？～691）之子其時未滿十歲卻敢於入殿進諫：「樂思晦男未十歲，沒入司農，上變，得召見。太后問狀，對曰：『臣父已死，臣家已破，但惜陛下法爲俊臣等所弄。陛下不信臣言，乞擇朝臣之忠清、陛下素所信任者，爲反狀以付俊臣，無不承反矣。』太后意稍寤。」〔註197〕正因爲他的諫言令武則天有所醒悟，所以狄仁傑等人才得以逃過被殺之禍。從這件事情看來，武則天並未因進諫者是個兒童而不予理會，反而能夠聽取反省，可見她確實有著胸懷若谷的氣度。身居宰相之位的裴炎在朝中地位舉足輕重，加上其爲唐高宗顧命大臣的身份，「是當時惟一能同武則天抗衡的政治力量。」〔註198〕或許正因如此，他屢次不顧武則天的顏面諍諫。武則天欲立武氏七廟，裴炎犯顏直諫曰：「皇太后天下之母，聖德臨朝，當存至公，不宜追王祖禰，以示自私。且獨不見呂氏之敗乎？臣恐后之視今，亦猶今之視昔。」於是「太后不悅而止。」〔註199〕據此可見，雖然武則天對於他的諫言感到不悅，然而終究還是採納了。不過，當徐敬業起兵作亂時，他「不汲汲議誅討」反而要武則天歸政，說：「天子年長矣，不豫政，故豎子有辭。今若復子明辟，賊不討而解。」〔註200〕箇中原因，並非她對於他的犯顏直諫到了容忍的極限，而是發現裴炎一直想要復辟李唐王朝的意願。雖然裴炎曾協助武則天廢黜中宗，然而這並不表示他認可武則天的政權。相反地，從史書種種敘述來看，他膽敢屢次犯顏直諫，其目的都是爲了捍衛、維護李唐宗室作爲天子、統治者的地位和權威。他知道中宗不具備爲政者的條件，因此雖曾受遺詔輔政，爲了李唐皇朝的未來著想，他與武則天策劃廢掉中宗。當武承嗣欲意殺掉高祖的後嗣韓王元嘉和魯王靈夔時，他不顧武則天「愈銜怒」而「獨固爭」〔註201〕，目的只是爲了保護李家子孫。揚州叛亂發生時，他希望以此要挾武則天歸政於李唐皇室。《新唐書》載曰：「豫王雖

〔註197〕〔宋〕司馬光編著，〔元〕胡三省音注：《資治通鑑》卷二百五〈唐紀二十一〉，頁6480。

〔註198〕胡戟：《武則天本傳》，頁88。

〔註199〕〔後晉〕劉昫等撰：《舊唐書》卷八十七〈裴炎列傳〉，頁2844。

〔註200〕〔宋〕歐陽修，宋祁撰：《新唐書》卷一一七〈裴炎列傳〉，頁4248。

〔註201〕〔宋〕歐陽修，宋祁撰：《新唐書》卷一一七〈裴炎列傳〉，頁4248。

為帝,未嘗省天下事。炎謀乘太后出遊龍門,以兵執之,還政天子。」〔註202〕由此可見,裴炎是忠於李唐皇室的。這對於一心要把持朝政的武則天來說並非好事。是故,揚州叛亂時武則天不顧其他朝臣的力證,以謀反的罪名將他殺了,因為她知道,他要反的並非是李氏建立的唐朝,而是武則天政權。

三、不避親仇,不拘性別

武則天對於人才的愛惜可說是其他男性皇帝難以匹敵的。即使是朝臣直接的批評,她亦能夠大方容納,虛心對待而不記恨在心,很多時候儘管不悅也不會怪罪懲處。舉例言之,朱敬則曾批評她置面首太多:「太后又多選美少年為奉宸內供奉,右補闕朱敬則諫曰:『陛下內寵有易之、昌宗,足矣。近聞左監門衛長史侯祥等,明自媒衒,醜慢不恥,求為奉宸內供奉,無禮無儀,溢於朝聽。臣職在諫諍,不敢不奏。』太后勞之曰:『非卿直言,朕不知此。』賜彩百段。」〔註203〕武則天聽後不僅不動怒,還獎賞他。此外,揚州兵變時駱賓王曾寫了一篇討伐武則天的《討武曌檄》,文中駱賓王毫不客氣的對她進行人身攻擊和謾罵。然而,武則天讀完該篇檄文時卻對於寫作者的文采讚嘆不已,甚至慨嘆如此人才竟沒有被賞識任用:「宰相之過也。人有如此才,而使之流落不偶乎!」〔註204〕由此可見,武則天能夠以非凡的胸懷包容並讚賞辱罵她的人實非常人所能為,不單體現了她寬廣的胸襟和恢弘的氣度,也顯露了她有容乃大的政治家氣魄。

唐太宗「為官擇人,惟才是與,苟或不才,雖親不用,襄邑王神符是也。如其有才,雖讎不棄。」〔註205〕武則天用人同樣不避仇,從她重用上官婉兒(664～710)一事即可以看得出來。上官婉兒的父親上官儀(608～665)曾說動高宗廢立武后,而他計謀推翻她是有淵源的。胡戟認為,科舉出身的上官儀曾擔任王府諮議參軍,其時他與曾檢舉皇后引方士郭行真入禁中為蠱祝的宦官王伏勝一起共事,他們合謀傾覆武則天的行動是後宮爭鬥的延續。倘若上官儀

〔註202〕〔宋〕歐陽修,宋祁撰:《新唐書》卷一一七〈裴炎列傳〉,頁4248。

〔註203〕〔宋〕司馬光編著,〔元〕胡三省音注:《資治通鑑》卷二百六〈唐紀二十二〉,頁6546～6547。

〔註204〕〔宋〕司馬光編著,〔元〕胡三省音注:《資治通鑑》卷二百三〈唐紀十九〉,頁6424。

〔註205〕〔宋〕司馬光編著,〔元〕胡三省音注:《資治通鑑》卷一九四〈唐紀十〉,頁6103。

成功了，不僅能助李忠復太子位，也能讓關隴集團回到原來的特權地位，這樣一來便能謀個功臣之位。〔註 206〕不過，上官儀失敗了，而這次的失敗爲他自己以及其子上官庭芝（？～665）帶來了殺身之禍，家口籍沒，而仍在襁褓中的上官婉兒則隨母一起沒入掖庭爲婢。在宮中受到良好教育訓練的上官婉兒因其在文學上的才華和政治上的才識，得到了武則天的器重，「則天時，婉兒忤旨當誅，則天惜其才不殺，但黥其面而已。自聖歷已後，百司表奏，多令參決。」〔註 207〕武則天並未因其父而對她趕盡殺絕，反而重用上官婉兒，即使上官婉兒忤旨也不忍殺她，可見武則天不僅有識人之智，也有容人之量。

從武則天重用上官婉兒一事也可以發現，武則天用人並不拘泥於性別問題。鄭雅如曾指出，初唐時期的宮廷女性如武則天、韋后、太平公主等得以參與政治活動與她們的身份有關，「她們身爲皇帝親屬的身份，是她們掌握權力的關鍵。」〔註 208〕事實上，綜觀歷史，大多數能夠參與政事的都是接近權力中心，處於社會統治階層的女性。相反地，上官婉兒只是個宮婢卻能夠「從宮婢擢升爲輔佐皇帝的左右手，所憑藉者乃個人的文學才華和政治能力；於武周後期參決政務，於中宗朝專掌制誥，並在史傳中留下聖引詞臣、推進文治的評價」〔註 209〕，不僅在初唐時期堪稱特殊，放諸歷史上參政女性的行列來看，也是極稀罕的例子。而促使上官婉兒能夠在專屬於男性領域的政治史中留下屬於她的一頁，正是因爲武則天當政能夠不拘性別用人的緣故。

在專制政治形態下，擁有無上權力的皇帝亦須通過臣子來治理國家，因此君主如何選臣、用臣便會直接影響國家的發展，任用賢能的臣子便能成就太平盛世；反之，錯用奸佞小人便會導致敗壞，而唯才是舉，任用賢才乃是立國之本，唐太宗便曾說過：「能安天下者，惟在用得賢才」。〔註 210〕能夠知人善任便能確保吏治的清明，國家社會發展的穩定，皇帝本身亦能耳濡目染，從內省中調整自己提高個人素養。正因爲如此，歷朝皇帝無不用各種方式來選拔符合他們需要的統治人才。

〔註 206〕詳見胡戟：《武則天本傳》，頁 38。

〔註 207〕〔後晉〕劉昫等撰：《舊唐書》卷五十一〈后妃列傳上〉，頁 2175。

〔註 208〕鄭雅如：〈重探上官婉兒的死亡、平反與當代評價〉，《早期中國史研究》第 4 卷第 1 期（2012 年 6 月），頁 115。

〔註 209〕鄭雅如：〈重探上官婉兒的死亡、平反與當代評價〉，《早期中國史研究》第 4 卷第 1 期（2012 年 6 月），頁 115。

〔註 210〕〔唐〕吳兢撰：《貞觀政要》卷三〈論擇官〉，頁 156。

　　雖然司馬遷曾贊賞呂后執政時能夠讓黎民脫離戰國之苦，但她不過是遵循高祖、蕭何等人的政治策略。從史書的記載較難看出呂后本身在用人方面的才智。相對的，武則天在用人方略上表現亮眼。孫甫於所作的《唐史論斷》內評價武后的用人方略曰：「武后臨朝僭竊二十餘年，所用之人，奸正相半。蓋后俊智之性，有過於人，謂不用奸人，無以成己欲；不用賢人，無以庇己過。然持大權者多賢才也，如狄仁傑、姚元崇相於內，婁師德、郭元振將於外，天下事何慮乎？故雖兇殘不道，不至禍敗者以此也。當仁傑、元崇相國，才謀之士，不乏於時，尚孜孜訪於二相，求大才以備任用，二相力薦柬之，立命作相，其推心不疑如此，則向之任用之意可知矣。豈非任賢之術也。」〔註211〕武則天利用酷吏打擊政敵確是她用人上很大的過失。然而，一如趙文潤所言，她的用人機制有得有失，其功效還是主要的考量。〔註212〕即使武則天曾利用酷吏，寵信佞臣，但她一直把政權牢牢的握在手裡，沒有把權力下放於酷吏。真正在協助她治國的是一批極具能力的賢才，而非如其他昏庸君主般倚賴宦官、外戚、酷吏等，由此可知武則天理性的政治才智。

　　「人才在社會歷史的發展中起著舉足輕重的作用，歷朝歷代的盛衰與興亡、任何一個階級或政治集團的成功與失敗，都是得人才或失人才的結果。」〔註213〕兩位女主在當政時同樣能夠任用許多賢臣並委以朝政，此舉不僅保證了政權的穩定，也使國家社會朝正常軌道發展，為後來繼承皇位的皇帝奠定了良好的基礎。

〔註211〕〔宋〕孫甫：《唐史論斷》，收入《函海》（台北：宏業書局，1968年），頁2942。
〔註212〕詳見趙文潤：〈女皇武則天緣何執掌天下〉，《人民論壇》總第190期（2007年），頁61。
〔註213〕朱亞非主編：《歷代名君治國方略》（濟南：山東人民出版社，2002年），頁78。

第四章　女主臨朝之政績

　　在男女有別的封建社會裡，男性和女性的職分不同，從而所接受的教育目的和內容也有所分別。對男人來說，教育的目的便是培養忠義孝悌的品德；對女人來說最重要的是學習為婦之道。是故，男子的教育內容以治國、訓練養家才能為本，而女子的教育內容卻是以服侍丈夫舅姑、操持家事為本。〔註1〕易言之，傳統的女教「主要在教給女子一套做人的道理，即以三從四德為依歸的『為女為婦為母』之道，講求屈從、勤儉、節烈。」〔註2〕生在皇帝之家的男子，被立為太子以前便須學習治國之道，被立為太子後還要實習當皇帝，如唐朝的高宗、太子弘、太子賢都在被立為太子後屢次監國。然而，封建的文化傳統主張「女主內」，從來就沒有要求她們治國。於此，女主不僅沒有學習過如何治國，在臨朝前更不曾有實習當皇帝的機會。不論是哪個朝代，以什麼原因臨朝的女主，她們都是直接就上陣當代理皇帝的。那麼，在缺乏

〔註1〕林素英：《從《郭店簡》探究其倫常觀念》，頁123～125中提到，男女的養成教育有別，不僅在男女仍年幼時已從學習說話開始就有男「唯」、女「俞」之分別，更自十歲以後有一整套設計不同的教育內容與生涯規劃，男子必須出外接受嚴格的生活訓練，培養獨立生活的能力，不但要勤學禮儀實踐做人的道理，還要兼習文學武事等各項才能……經過此一連串的養成教育，自然具備「率人」之能力，且擁有深謀遠慮的「智」德，能夠成為「一家之主」，扶助引領婦人實踐義理；反觀古代對於女子的教育，十歲以後不出外求學，而是養在深閨，一方面培養溫婉柔順的習性，一方面學習女紅織造、祭祀禮儀之事，從事賢內助之養成工作。經過長時間的調教，因而能養成女子誠信任職的習慣與能力，且能安於順從男子的引導與扶持。

〔註2〕廖秀真：〈清末女學在學制上的演進及女子小學教育的發展（1897～1911）〉，收入李又寧，張玉法編：《中國婦女史論文集 第二輯》（臺北：臺灣商務印書館，1988年），頁203。

教育和實習機會的情況下，她們應如何治國？王貴民曾提出，武則天女主當政很可能和北方婦女善於當家理事的風俗有關。〔註3〕換言之，她們是憑藉著理家的本領治國，再從累積的經驗中學習。儘管如此，她們卻被歷史要求做好代理皇帝的職務，一旦做得不好，便會被指責爲女禍誤國。

呂后只是一介平民婦女，原來只懂得奉侍舅姑養育兒女，在高祖崩逝後、惠帝不理政時必須依靠自己的能力來維持朝廷的運作，維護劉漢皇祚於不墜。雖然武則天兼涉文史，資質聰穎，然而她畢竟也是在傳統社會中長大，社會、家庭對她的期盼從來不是治國當個君主，而是持家當個好妻子、好媳婦。在這樣的情況下，兩位女主在執政時候的表現便也更值得探討。本章將著重她們在政治、軍事、經濟等層面的表現作爬梳。

第一節　安定時局之力量

如前所述，后妃掌政有著當時的特定條件，只有具備了這些條件，才有可能促成后妃掌權的可能性。倘若她們的臨朝能夠穩定時局，那即便女主臨朝受到時人和後人的批判，卻不能否定她們的臨朝確實具有必要性。本節以當時的政治局面爲範圍，探討兩后臨朝的必要性，以及是否起到了安定時局的作用。

一、呂后與漢初時局

本文漢初時期的界定，當從高祖劉邦稱帝〔註4〕，包括惠帝即位期間至呂后去世的二十二年間。諸侯王曾經幫助劉邦奪取政權，爲西漢的建立和發展作出了極大的貢獻。身爲開國功臣的他們，天下甫定便各自爲高祖所封，「諸侯王，高帝初置，金璽盭綬，掌治其國。」〔註5〕爲什麼高祖要在分封他們以後又窮滅他們？分封異姓諸侯的方式不僅是劉邦稱王後爲了論功行賞，獎勵曾隨他征戰的將士和謀臣，籠絡人才爲他奪取政權的交換條件，更是在他稱

〔註3〕 詳見王貴民：《中國禮俗史》（臺北：文津出版社，1993年），頁124。

〔註4〕 據〔宋〕徐天麟撰：《西漢會要》卷一〈帝系一〉，頁2記載，漢元年時，劉邦被立爲漢王。直到五年二月甲午，才在汜水之陽即皇帝位，到漢十二年崩逝，稱帝時期僅有七年，「漢元年，立爲漢王。五年二月甲午，即皇帝位於汜水之陽。……十二年夏四月甲辰，帝崩於長樂宮。」

〔註5〕 〔宋〕徐天麟撰：《西漢會要》卷三十三〈職官三〉，頁370。

帝後爲了鞏固政權的權宜之計。韓信曾對劉邦說:「以天下城邑封功臣,何所不服?」〔註6〕張良也說過:「從陛下者,但日夜望咫尺之地,今乃立六國後,惟無復立者,游士各歸事其主,從親戚,反故舊,陛下誰與取天下乎?」〔註7〕於此可見,分封諸侯王在當時確有其必然性。

　　高祖分封的異姓諸侯王包括齊王韓信(230BC～96BC,後徙爲楚王)、梁王彭越(?～196BC)、韓王信爲韓王(?～196BC)、衡山王吳芮(?～202BC,被徙爲長沙王)、淮南王英布(?～195BC)、燕王臧荼(?～202BC)和趙王張敖(?～182BC)。諸侯王的存在卻削弱了他身爲皇帝的權力。就身份上來說,劉邦和這些異姓諸侯王共謀天下時,同樣是布衣平民出身,因此他們的關係並沒有尊卑之分。劉邦稱帝後,儘管「諸侯皆臣屬」〔註8〕,但像之前那樣較爲平等的相處模式卻沒有改變〔註9〕,「高皇帝以明聖威武即天子位,割膏腴之地以王諸公,多者百餘城,少者三四十縣,德至渥也,然其後十年之間,反者九起。諸王雖名爲臣,實皆有布衣昆弟之心,慮亡不帝制而天子自爲者。擅爵人,赦死罪,甚者或戴黃屋,漢法令非行也。」〔註10〕久之這些共奪天下的功臣缺乏了對於形勢變化的認知,產生了各自爲政、不聽中央號令的局面,「諸侯原本以大,末流濫以致溢,小者淫荒越法,大者睽孤橫逆,以害身喪國。」〔註11〕高祖八年(199BC)時劉邦曾對蕭何說:「天下匈匈,勞苦數歲,成敗未可知」〔註12〕,可以推知當時其政權仍未穩固下來,而諸侯王的地方勢力與劉邦的中央勢力呈現二元對立的局面,更是高祖心頭之患。這些諸侯王圖「與天子爭利,必然成爲劉邦建立專制皇權過程中的犧牲品」〔註13〕,於此「劉邦在分封後很快就發現,消滅異姓諸侯王的理由較之

〔註6〕　〔漢〕司馬遷撰:《史記》卷九十二〈淮陰侯列傳〉,頁2612。
〔註7〕　〔漢〕班固著,〔唐〕顏師古注:《漢書》卷四十〈張陳王周傳〉,頁2030。
〔註8〕　〔漢〕司馬遷撰:《史記》卷八〈高祖本紀〉,頁380。
〔註9〕　〔漢〕司馬遷撰:《史記》卷九十九〈劉敬叔孫通列傳〉,頁2722記載:「漢五年,已並天下,諸侯共尊漢王爲皇帝於定陶,……群臣飲酒爭功,醉或妄呼,拔劍擊柱,高帝患之」;卷八〈高祖本紀〉,頁392也載:「諸將與帝爲編戶民,今北面爲臣,此常怏怏」。由此可見,諸侯和劉邦之間的尊卑等級並沒有區分清楚,或者應該說,諸侯們並沒有把自己當作劉邦臣屬看待。
〔註10〕　〔宋〕徐天麟撰:《西漢會要》卷五〈帝系五〉,頁44～45。
〔註11〕　〔宋〕徐天麟撰:《西漢會要》卷五〈帝系五〉,頁44。
〔註12〕　〔漢〕班固著,〔唐〕顏師古注:《漢書》卷一下〈高帝紀下〉,頁64。
〔註13〕　蘭青青:〈《史記》中西漢開國功臣命運初探〉,收入《魅力中國》第12期(2010年),頁205。

分封他們的理由更加充分，所以翦滅他們之後，刑『白馬之盟』，『非劉氏而王，天下共擊之』。」〔註14〕這七位異姓王於高祖在位的十二年間，都相繼被遷徙或廢黜，如韓信、彭越這些擁兵自重的開國功臣更被誅殺、滅族。〔註15〕當時最受高祖信任的是呂后和蕭何。故兩人在翦滅異姓諸侯王的過程都扮演了非常重要的角色。從許多史例來看，高祖是全然信任微時妃呂后的能力的。在殺韓信一事上便看得出來：

> （韓信）欲發以襲呂后、太子。部署已定，待豨報。其舍人得罪於信，信囚，欲殺之。舍人弟上變，告信欲反狀於呂后。呂后欲召，恐其黨不就，乃與蕭相國謀，詐令人從上所來，言豨已得死，列侯群臣皆賀。相國紿信曰：「雖疾，彊入賀。」信入，呂后使武士縛信，斬之長樂鐘室。信方斬，曰：「吾悔不用蒯通之計，乃爲兒女子所詐，豈非天哉！」遂夷信三族。高祖已從豨軍來，至，見信死，且喜且憐之。〔註16〕

據上，可知從告發、商議對策、召見到殺韓信，這過程當中都只有呂后和蕭何兩人謀劃，沒有通報高祖。韓信是開國功臣，又是有權勢有地位的諸侯，而呂后在高祖缺席的情況下果斷的殺掉韓信，顯見呂后的能力。更重要的是，高祖事後也沒有責怪她的意思，從他且喜且憐的態度，說明了兩點：第一，殺韓信一事正中高祖下懷；第二，高祖對她的處事能力很信任、滿意。此外，呂后看到了留下彭越所將帶來的禍患，建議高祖殺彭越也得到了他的同意。呂后所做的一切無非是爲了維護漢室，正因爲這兩件事讓高祖看到了呂后的能力：「往年春，漢族淮陰，夏，誅彭越，皆呂后計。今上病，屬任呂后」〔註17〕，所以才會「權之所寄，非呂后而誰哉！」〔註18〕

〔註14〕 李宗慈：〈從分封和翦滅異姓諸侯王看漢初「武人政治」出現的原因〉，《鄭州航空工業管理學院學報（社會科學版）》第30卷第6期（2011年12月），頁47。

〔註15〕 〔宋〕徐天麟撰：《西漢會要》卷三十三〈職官三〉，頁375～376記載，韓信被徙爲楚王，漢六年廢爲侯，後因反被誅，可見其勢力一再被劉邦削弱；彭越功勞甚高，卻同樣因反被廢爲庶人流放蜀地，最後被誅殺並滅族；衡山王吳芮於漢五年被遷往長沙，傳號五世後終；淮南王英布於漢十一年因謀反被誅；趙王張耳死後，繼承王爵之位的兒子張敖於漢八年廢爲侯；燕王臧荼於漢四年謀反被誅，繼任的盧綰於漢十一年謀反被降匈奴。

〔註16〕 〔漢〕司馬遷撰：《史記》卷九十二〈淮陰侯列傳〉，頁2628～2629。

〔註17〕 〔漢〕司馬遷撰：《史記》卷九十三〈韓信盧綰列傳〉，頁2638。

〔註18〕 呂思勉：《秦漢史》（上海：上海古籍出版社，1947年），頁71～72。

　　雖然高祖信任蕭何，與諸侯擊楚時讓他留守關中〔註19〕，然而還是有所防範，而蕭何自己也知道這一點〔註20〕，「高祖爲皇帝後，東征西討，不恆厥居。留守可信任者，宜莫如蕭相國，然被械系如徒隸，知其並無重權。」〔註21〕呂后也很信任蕭何。韓信是蕭何一手提拔的軍事人才，兩人的關係可想而知。然而在誘殺韓信一事上，呂后卻和他商議對策，讓他去誘騙韓信，可見呂后對他極爲信任。

　　惠帝即位時朝中重臣是高祖的功臣，惠帝並沒有建立起自己的官僚隊伍。惠帝初期也曾實施過不少安民政策，但其仁弱的心理素質成了他最大的障礙。他不滿曹參的治政方式卻不敢直接表達，且由史書的記述來看，不難發現曹參作爲元老的氣勢明顯壓過了惠帝作爲皇帝的威嚴〔註22〕，可見他缺乏一個皇帝該有的權勢，被元老功臣箝制也無可奈何。其後發生的人彘事件更成了他逃避朝政的理由，「孝惠以此日飮爲淫樂，不聽政」。〔註23〕楚漢之爭結束不過七年劉邦即崩逝，漢朝才剛建立，政權亟待鞏固，社會尚在恢復當中，各方各面仍未上軌道，身爲第二任皇帝的惠帝卻已不理朝政，這樣一來不僅削弱了本應被強化的皇權，也可能導致社會再次陷入戰亂，故司馬光曰：「爲人子者，父母有過則諫；諫而不聽，則號泣而隨之。安有守高祖之業，爲天下之主，不忍母之殘酷，遂棄國家而不恤，縱酒色以傷生！若孝惠者，

〔註19〕〔漢〕司馬遷撰：《史記》卷五十三〈蕭相國世家〉，頁2014記載：「漢二年，漢王與諸侯擊楚，何守關中，侍太子，治櫟陽。」

〔註20〕〔漢〕司馬遷撰：《史記》卷五十三〈蕭相國世家〉，頁2017～2018記載：「召平謂相國曰：『禍自此始矣。上暴露於外而君守於中，非被矢石之事而益君封置衛者，以今者淮陰侯新反於中，疑君心矣。……願君讓封勿受，悉以家私財佐軍，則上心說。』相國從其計，高帝乃大喜。漢十年……客有說相國曰：『君滅族不久矣。夫君位爲相國，功第一，可復加哉？然君初入關中，得百姓心，十餘年矣，皆附君，常復孳孳得民和。上所爲數問君者，畏君傾動關中。今君胡不多買田地，賤貰貸以自汙？上乃心安。』於是相國從其計，上乃大說。」

〔註21〕呂思勉：《秦漢史》，頁71～72。

〔註22〕〔宋〕司馬光編著，〔元〕胡三省音注：《資治通鑑》卷十二〈漢紀四〉，頁412記載：「帝怪相國（曹參）不治事，以爲『豈少朕與？』使窋歸，以其私問參。參怒，答窋二百，曰：『趣入侍！天下事非若所當言也！』至朝時，帝讓參曰：『乃者我使諫君也。』參免冠謝曰：『陛下自察聖武孰與高帝？』上曰：『朕乃安敢望先帝！』又曰：『陛下觀臣能孰與蕭何賢？』上曰：『君似不及也。』參曰：『陛下言之是也。高帝與蕭何定天下，法令既明。今陛下垂拱，參等守職，遵而勿失，不亦可乎！』帝曰：『善！』」

〔註23〕〔漢〕司馬遷撰：《史記》卷九〈呂后本紀〉，頁397。

可謂篤於小仁而未知大誼也。」〔註24〕在這樣嚴峻的環境之下，呂太后此時涉政不僅能夠保全兒子的皇權，也能夠穩定朝廷、社會。

相對之下，來自劉氏宗親的威脅要小很多，這是因爲「漢興之初，海內新定，同姓寡少」〔註25〕之故。高祖有八男，生前曾有意以趙王如意代替惠帝爲太子，一方面是受到了戚姬影響所致，另一方面是高祖也不太滿意惠帝，高祖「常欲廢太子」〔註26〕，可見他的這個念頭並非一時衝動所致。爲了保住惠帝的太子位，呂后費盡心思。這樣的經歷讓她時刻防範著覬覦皇位的人，而最有可能的威脅便是高祖的其他子嗣。故不論是惠帝生前還是死後，她都時刻提高警惕。

呂太后在惠帝不理朝政時出面主持朝政，在兩位少帝即位時以太后的身份繼續掌國柄，這樣的權變之計就連當時在朝的元老功臣也沒有反對。相反地，爲了讓她安心，還建議提高呂氏一族的權力。箇中原因，是在於他們看到了呂太后臨朝的實用性——維護劉邦建立的漢朝，維持朝廷的運作，進而能維護曹參、周勃等人在朝廷中的權益。揆諸史書也可以發現，呂太后臨朝時除了王諸呂之外，其他方面都依循高祖生前所實施、交代的政策和方略。故而，孝惠、呂太后之所以能夠在戰後不過二十餘年便達到「黎民得離戰國之苦，君臣俱欲休息乎無爲，故惠帝垂拱，高后女主稱制，政不出房戶，天下晏然」〔註27〕的穩定局勢，這和她以垂拱爲治政原則有很大的關係，也是她臨朝所帶來的安定當時政局的力量。

二、武后與唐初時局

本文唐初時期的界定，當以永徽元年（650）高宗即位，至武則天於神龍元年（705）退位，在這五十五年期間。無獨有偶，高宗即位時的政治結構和惠帝時期一樣，都有顧命大臣輔佐治政。這群顧命大臣以長孫無忌爲首，他是凌煙閣二十四功臣之首，一直得到太宗的重用，因此他在朝野中的權勢之大可想而知。當時在朝廷中和皇帝權力抗衡的只有以長孫無忌爲首的政治勢力。

〔註24〕〔宋〕司馬光編著，〔元〕胡三省音注：《資治通鑑》卷十二〈漢紀四〉，頁410。
〔註25〕〔漢〕班固著，〔唐〕顏師古注：《漢書》卷一下〈高帝紀下〉，頁64。
〔註26〕〔漢〕司馬遷撰：《史記》卷九〈呂后本紀〉，頁395。
〔註27〕〔漢〕司馬遷撰：《史記》卷九〈呂后本紀〉，頁412。

　　高宗在即位之初仍能尊禮長孫無忌、褚遂良等人。隨著皇權的日益穩固，高宗不欲再「恭己以聽之」，長孫無忌等爲代表的前朝舊臣於此也成爲了高宗皇權的障礙，「人主之所以身危國亡者，大臣太貴，左右太威也」。〔註28〕不過，高宗並沒有像惠帝一樣任這群功臣所擺佈，垂拱治政。相反地，他找到了和他一起對抗這群功臣力量的人，那便是武則天。必須強調的是，所謂對抗，並不代表高宗要實行絕對獨裁式的君權。相反地，高宗只是要維護皇權和皇帝的權威，避免因朝臣權勢過大而產生臣權凌駕皇權的現象而已。同時，唐高宗本身的正統皇帝身份，加上武則天的輔佐，便已能夠穩定當時的政治局面。高宗在武后的幫助下削弱顧命大臣的勢力，培養屬於自己的官僚隊伍。易言之，早在武后輔政時便已發揮她的才能，起到了安定政局的力量。

　　高宗崩逝，繼任的中宗能力有限，同時也缺乏監國的經驗。反之，武則天輔佐了高宗治政二十餘年，經驗豐富。是故，與其讓能力經驗尚不足的兒子治國，高宗選擇了委政於武則天，讓中宗「軍國大務不決者，兼取天后進止。」〔註29〕這是高宗所想到的既能夠維持朝廷國家正常運作，又能讓中宗學習治國的兩全其美的辦法。不過，由於中宗的能力、武則天的強勢，以及外廷中一群爲維護自己和李唐皇朝利益的朝臣（如高宗的顧命大臣裴炎）所形成的一股相對中立的政治勢力，中宗很快便被廢黜了。這股政治勢力在廢黜中宗一事上，選擇站在武則天身邊。和漢初的朝臣一樣，裴炎等人看到武則天臨朝的實用性，即能夠維持唐祚於不墜，穩定時局，因此爲了顧全李唐政權而支持武則天。

第二節　社會經濟之富強

　　自古至今，統治者無不以國泰民安、國富民強爲目標。孟子曾說：「黎民不飢不寒，然而不王者，未之有也。」〔註30〕一國之主讓百姓的生活基本要素得到滿足，生活安定，社會、國家便能太平。再者，物力充足，那麼國力自然壯大。這對於鞏固和維護統治者的政權都有莫大的助益。因此，經濟不僅是國家繁榮的標誌，也是君權穩定的保證。中國自古以來的經濟特點便是

〔註28〕〔清〕王先愼集解：《韓非子集解》（臺北：臺灣商務印書館，1968年）卷二十〈人主〉，頁72。

〔註29〕〔宋〕歐陽修、宋祁撰：《新唐書》卷四〈則天皇后本紀〉，頁82。

〔註30〕〔清〕焦循撰，沈文倬點校：《孟子正義》卷三〈梁惠王章句上〉，頁95。

以農業爲重。除了農桑，歷朝都曾實行不同程度的重農抑商的經濟政策，然而商業「是社會經濟的一個重要部門，是聯結農業和手工業、城市和鄉村、生產和消費的紐帶」〔註31〕，因此也有探討的必要。

朝廷所實施的賦稅政策也在很大程度上決定著一個社會的穩定、朝代的成敗。歷來許多文人亦通過撰文說明繁重賦稅如何爲害百姓，抨擊統治者剝削人民，如柳宗元的〈捕蛇者說〉便道出了賦斂毒於蛇的貽害，因此在很多時候，繁重的賦稅是導致政局動盪的主要原因。換言之，賦稅政策影響著民生，也影響著統治者政權的穩定。女主臨朝意味著她承擔了治理國家的責任，和男性皇帝一樣都必須對國家社稷負責。本節將針對呂后和武后在執掌國柄時，農業、商業、手工業等的發展概況，以及徭役等相關問題作爬梳。

一、呂后時期的經濟發展

「漢興，接秦之敝，諸侯並起，民失作業，而大饑饉。凡米石五千，人相食，死者過半。高祖乃令民得賣子，就食蜀漢」〔註32〕，漢初社會剛經歷過戰爭的蹂躪，又遇上饑饉，民生極爲艱苦，是故天下大定，最迫切的便是「安民爲本」，採取能夠恢復經濟和社會生產爲先的政策。

劉邦攻克項羽後，令「兵皆罷歸家。詔曰：『諸侯子在關中者，復之十二歲，其歸者半之。民前或相聚保山澤，不書名數，今天下已定，令各歸其縣，復故爵田宅，吏以文法教訓辨告，勿笞辱。民以飢餓自賣爲人奴婢者，皆免爲庶人。』」〔註33〕漢軍大部分士卒乃農民出身，這些人重新回到農業生產中，爲漢初的農業經濟提供了人力。此外，劉邦也賜爵授田，「軍吏卒會赦，其亡罪而亡爵及不滿大夫者，皆賜爵爲大夫。故大夫以上賜爵各一級，其七大夫以上，皆令食邑，非七大夫以下，皆復其身及戶，勿事。」漢十一年（196BC）「六月，令士卒從入蜀、漢、關中者皆復終身」〔註34〕，免除了和他一起入蜀、漢和關中的士卒的徭役。劉邦頒布的政策以安民爲本，讓人民得以回到戰亂以前的身份和經濟地位，不僅有利於社會經濟的恢復和發展，減低逃戶，降低社會矛盾的發生，從而鞏固剛建立的政權。

〔註31〕 王雙懷：〈論盛唐時期的商業〉，收入《唐代歷史文化論稿》，頁238。
〔註32〕 〔漢〕班固著，〔唐〕顏師古注：《漢書》卷二十四上〈食貨志〉，頁1127。
〔註33〕 〔漢〕班固著，〔唐〕顏師古注：《漢書》卷一下〈高帝紀下〉，頁54。
〔註34〕 〔漢〕班固著，〔唐〕顏師古注：《漢書》卷一下〈高帝紀下〉，頁73。

在君主專制的社會中，除了嚴苛的政令，最直接影響民生的便是賦役。李恆全提到，秦漢的賦稅性質主要有人頭稅、土地稅和雜稅三種。〔註35〕這三種性質的賦稅名目包括算賦、口錢、田稟等。漢高祖四年（203BC）「八月，初爲算賦」，顏師古引如淳注曰：「民年十五以上至五十六出賦錢，人百二十爲一算，爲治庫兵車馬」〔註36〕，據此可見，算賦屬於人頭稅，徵收的對象是十五歲以上的成人。此外，《漢書》亦記：「秦漢之制，列侯封君食租稅，歲率戶二百。」〔註37〕李恆全認爲，這是指封君向封戶所徵收的租稅的平均數，是地稅。〔註38〕劉邦本爲平民，其功臣集團也大都出身低微，趙翼便曾稱其時的政治結構爲「漢初布衣將相之局」〔註39〕，因此採取輕徭薄賦的經濟政策，劉邦時期以「輕田租，什五而稅一，量吏祿，度官用，以賦於民」〔註40〕；惠帝時期同樣「減田租，復十五稅一」〔註41〕，可見他們爲了減輕農民的負擔都曾有意減輕田租。呂太后掌政時期的農業發展情況，史書並沒有具體的記載。不過，仍然可以從其他記述一探當時的情況。《史記》載秦始皇三十一年（216BC）時「米石千六百」〔註42〕；漢文帝（203BC～157BC）時「穀至石數十錢，上下饒羨。」〔註43〕據此可見米穀價格在漢文帝時期明顯降低了，顯示出當時農產品產量豐富〔註44〕，側面表示了這段過渡期間（呂太后執政時）農業發展穩定。

古時社會認爲農業乃天下之本，爲了「使民務農而已矣」，歷朝統治者都曾重農抑商。高祖在位時採取的重農抑商政策導致商業受到了壓制：「乃令賈

〔註35〕李恆全：〈從出土簡牘看秦漢時期的户稅徵收〉，《甘肅社會科學》第6期（2012年），頁160。

〔註36〕〔漢〕班固著，〔唐〕顏師古注：《漢書》卷一上〈高帝紀上〉，頁46。

〔註37〕〔漢〕班固著，〔唐〕顏師古注：《漢書》卷九十一〈貨殖傳〉，頁3686。

〔註38〕李恆全：〈從出土簡牘看秦漢時期的户稅徵收〉，《甘肅社會科學》第6期（2012年），頁160。

〔註39〕〔清〕趙翼：《廿二史箚記》，頁34。

〔註40〕〔漢〕班固著，〔唐〕顏師古注：《漢書》卷二十四上〈食貨志〉，頁1127。

〔註41〕〔漢〕班固著，〔唐〕顏師古注：《漢書》卷二〈惠帝紀〉，頁85。

〔註42〕〔漢〕司馬遷撰：《史記》卷六〈秦始皇本紀〉，頁251。

〔註43〕〔宋〕李昉：《太平御覽》（北京：中華書局，1960年）卷三十五〈豐稔〉，頁164。

〔註44〕王雙懷：〈關於秦漢農業的若干問題〉，《西北大學學報（哲學社會科學版）》，第35卷第1期（2005年1月），頁18提出除了戰爭，動亂或發生自然災害的年代，糧食價格均比較低。這種情況一般在農產品豐富的時候才會出現。

人不得衣絲乘車，重租稅以困辱之。孝惠、高后時，爲天下初定，復弛商賈之律，然市井之子孫亦不得仕宦爲吏。量吏祿，度官用，以賦於民。而山川園池市井租稅之入，自天子以至於封君湯沐邑，皆各爲私奉養焉，不領於天下之經費。漕轉山東粟，以給中都官，歲不過數十萬石。」〔註45〕儘管惠帝、呂太后時因鬆弛商賈之律，致「商業遂在統一安定的狀況下，迅速地發展起來了」〔註46〕，商人的法律地位仍然是極低的（與有罪人、賤民同列）。但是，由於經濟發展的需要，賤商人的政策並沒有讓商賈活動停止過。晁錯曾說：「今法律賤商人，商人已富貴矣；尊農夫，農夫亦貧賤矣。」〔註47〕這段敘述說明了兩個重點，其一，漢法對商業和商賈在許多方面有所限制；其二，儘管法律抑商，商業卻仍然得以發展。

鹽鐵也是漢初時期重要的經濟來源，「孝惠，高后時，吳有豫章郡銅山，即招致天下亡命者盜鑄錢，東煮海水爲鹽，以故無賦，國用饒足。」〔註48〕

爲了讓人民休養生息，省徭役以寬民力是統治者穩固政權的方式之一。惠帝、呂太后時也很注意不過分壓榨民力。據《漢書・惠帝紀》載，惠帝元年（194BC）春正月時「城長安」；「三年（192BC）春，發長安六百里男女十四萬六千人城長安，三十日罷」，六月時調用奴隸，「發諸侯王、列侯徒隸二萬人城長安」〔註49〕；「五年（190BC）……春正月，復發長安六百里內男女十四萬五千人城長安，三十日罷」。〔註50〕由此可見，修築長安城牆時不僅有限制地調用人力，時間也以一個月爲限。總括而言，漢初的經濟政策從高祖始便實行與民休息爲原則，這對於促進當時經濟元氣的恢復和發展有著正面的作用。故而，到孝惠、高后之時，因無改高祖之制，百姓安居，從而社稷得以「衣食滋殖」。〔註51〕

二、武后時期的經濟發展

經隋至唐，雖然經歷了隋末戰亂，但唐朝的建立使中原再度統一，唐高

〔註45〕〔漢〕司馬遷撰：《史記》卷三十〈平準書〉，頁1418。
〔註46〕劉大傑著：《中國文學發展史》（臺北：華正書局，2006年），頁146。
〔註47〕〔宋〕徐天麟撰：《西漢會要》卷五十〈食貨一〉，頁584。
〔註48〕〔漢〕班固著，〔唐〕顏師古注：《漢書》卷三十五〈荊燕吳傳〉，頁1904。
〔註49〕〔漢〕班固著，〔唐〕顏師古注：《漢書》卷二〈惠帝紀〉，頁89。
〔註50〕〔漢〕班固著，〔唐〕顏師古注：《漢書》卷二〈惠帝紀〉，頁90。
〔註51〕〔漢〕司馬遷撰：《史記》卷九〈呂后本紀〉，頁412。

祖至唐太宗採取了系列安定民生、利於經濟發展的措施，使得經濟初復並且呈現穩步發展的現象。太宗採取許多經濟政策，如推行均田制、鼓勵墾荒、獎勵人口增殖等爲恢復農業生產起了積極的作用。武則天掌權時在保留太宗經濟措施的同時，也推行了一些革新的政策，延續了前代的繁榮景象，從而在政治上保持了長期的穩定，迎來唐初興盛蓬勃的局面。

武則天早於上元元年（674），即稱天后後四個月時便上書「建言十二事」，內容涵蓋了經濟、教育、文化、軍事等，即：一、勸農桑，薄賦徭；二、給復三輔地；三、息兵，以道德化天下；四、南北中尚禁浮巧；五、省功費力役；六、廣言路；七、杜讒口；八、王公以降皆習《老子》；九、父在爲母服齊衰三年；十、上元前勳官已給告身者無追覈；十一、京官八品以上益稟入；十二、百官任事久，材高位下者得進階申滯。〔註52〕在十二事中，她把勸農桑列爲建言首要之事，反映出她對農桑業經濟的重視。農業生產牽動著國家經濟的發展，輔政時武則天刪定農書《兆人本業記》，並且在稱帝後頒發全國各地，至貞元六年（790）時「中和節，始令百官進太后所撰《兆人本業記》三卷」〔註53〕；「太和二年（828）二月，宰臣李絳進則天太后刪定《兆人本業記》三卷，宜令諸州刺史寫本，散配鄉村」〔註54〕，此書受到後代統治者的長期使用，其重要性可見一斑。同時，維持社會的安定，進而鞏固政權亦有賴於農桑業的穩定發展，「風雨不時，則傷農桑；農桑傷，則民飢寒；飢寒在身，則亡恥廉，寇賊姦宄所繇生也」〔註55〕，可見民安則國泰的重要性。

就發展農業的措施來說，武則天執政時繼續唐太宗所推行的均田制度。翁俊雄指出，均田制度的意義在於將勞動力與土地結合起來，從而使社會生產得以進行和發展。〔註56〕武則天曾在《以鄭汴等州爲王畿制》提到：「朕以鼎業惟初，寶祚伊始，斟酌今古，申畫封疆。徵賦科徭，實資寬簡；沃塉勞逸，宜有平分。」〔註57〕史籍對於相關制度的實行情況所記較少，不過近年來隨著在敦煌和吐魯番出土的文獻，爲學者研究當時均田制的推行狀況提供

〔註52〕〔宋〕歐陽修、宋祁撰：《新唐書》卷七十六〈則天武皇后傳〉，頁3477。
〔註53〕〔宋〕王溥撰：《唐會要》（臺北：臺灣商務印書館，1968年）卷二十九〈節日〉，頁544。
〔註54〕〔宋〕王溥撰：《唐會要》卷六十九〈刺史下〉，頁1214。
〔註55〕〔漢〕班固著，〔唐〕顏師古注：《漢書》卷七十四〈魏相丙吉傳〉，頁3139。
〔註56〕詳見翁俊雄：《唐代人口與區域經濟》（臺北：新文豐出版股份有限公司，1995年），頁332。
〔註57〕〔清〕董浩等敕撰：《全唐文》卷九十五〈以鄭汴等州爲王畿制〉，頁430。

了更多可據的史料。王雙懷曾以敦煌石窟和吐魯番古墓中所保存的錄文爲論
據，認爲敦煌授田是以均田制爲依據。同時，錄文中的戶主家姓名、年齡、
身份、應受田數、已受田數、未受田數及已受田性質、方位都寫得很清楚，
說明了當時不僅是按均田制辦事，也顯示出武則天是在認眞的推行均田制
度。〔註 58〕不過，均田制有其地形問題的局限，因此久而久之便會導致諸如
人口分布不均和逃戶等問題，關於這兩點下文將個別作論述。

　　推行均田制度的首要條件便是擁有足夠的耕地和勞動力。武則天鼓勵
人民開墾荒地，擴大耕地，故墾田面積在其時也得到了增長。傳統的農業
生產在很大程度上仍仰賴人力，故人口增減便緊緊牽動著農業生產的發
展，同時也影響著國家可能收得的賦稅。隋末動亂導致人民大量逃亡，使
民戶大大減少，人口銳減。唐貞觀初年，當時全國的人口只有三百多萬戶〔註
59〕，人數只有隋大業年間的三分之一。翁俊雄指出，唐初民戶少且分布亦
極不平衡，出現了很多土廣民稀的寬鄉。〔註 60〕唐以前便曾有統治者採取
移民屯田的方式，如漢朝晁錯曾建議漢文帝「徙民實邊」，藉以改善人口分
布不均的問題，同時提高農作生產。如上所述，高祖、太宗的治政使經濟
得到初步的復甦，而太宗時出現了「貞觀之治」。據此可以推斷，到了高宗
時期，隨著社會的逐漸穩定，經濟也走向健康發展的軌道，人口必然有所
增長。倘若在人口增長的同時分布不均的現象仍然存在，便會成爲唐初經
濟恢復和發展的障礙，並且導致許多社會矛盾的出現。統治者必然也察覺
到了這個問題的嚴重性，故武則天掌政期間採取了相應的改善措施，「爲唐
前期民戶布局的相對合理奠定了基礎，從而爲唐代社會經濟的恢復和發展
提供了重要條件。」〔註 61〕天授二年（691）時，武則天頒布了《置鴻宜鼎
穋等州制》，載如下：

> 京兆之地，舊號秦中，迤邐編甿，最爲繁殖。一州獨治，事多壅滯。
> 宜令雍州管內，析置五州，其間以西安爲雍州……其雍州舊管及同、
> 太等州，土狹人稠，營種辛苦。有情願向神都編貫者，宜聽，仍給
> 復三年。百姓無田業者，任其所欲。即各差清強官押領，并許將家

〔註 58〕詳見王雙懷：〈論武周時期的經濟形勢〉，收入《唐代歷史文化論稿》，頁 146
　　　～149。
〔註 59〕〔宋〕歐陽修、宋祁撰：《新唐書》卷五十一〈食貨志〉，頁 1344。
〔註 60〕翁俊雄：《唐代人口與區域經濟》，頁 173。
〔註 61〕翁俊雄：《唐代人口與區域經濟》，頁 173。

口自隨。便於水次，量給船乘，作般次進發。至都分付洛州，受領
支配安置訖，申司錄奏聞。〔註62〕

據上，顯示武則天執政時曾有組織的實行徙民措施，改善人口分佈的問題。
同時，文中也指出，所徙之民乃無田業者，故可以推言武則天在徙民後所實
施的「受領、支配、安置訖」，應包括安置居處、授予他們土地。翁俊雄認為，
這次的徙民活動是唐代歷史上絕無僅有的一次。他提到，貞觀初年唐太宗曾
有意「詔雍州錄尤少田者，移之於寬鄉」，不過比照《新唐書‧崔善為傳》來
看，似未落實。武則天能夠排除眾議，毅然實行，表示她的有膽有識。而她
這項措施不僅緩解了京輔地區人口過密的問題，也充實了河南道的勞動力，
改善了唐初民戶分布不合理的局面，為關東地區經濟的恢復和發展創造了條
件。〔註63〕

　　古代農產社會以男耕女織為分工原則，因此植桑養蠶也是人民賴以生存最
重要的經濟活動。司馬光云：「君不奪農時，則國人皆有餘食矣；不奪蠶要，
則國人皆有餘衣矣」〔註64〕，可見農桑都是君主必須注重的。古時還有親蠶之
禮，由皇后親祭先蠶，以示鼓勵天下婦女盡善她們的責任——養蠶織布，這亦
是朝廷鼓勵人民農耕養蠶，以提高農桑生產的重要儀式。顯慶元年（656）三
月辛巳，武則天當上皇后僅五個月便首次親自主祭先蠶禮。武則天位居皇后二
十八年間，她親自主祭了四次先蠶禮。〔註65〕武則天數次親蠶反映出她對桑業
發展的重視。為了確保地方官員落實所推行的經濟措施，她把農桑業的發展情
況列為考核他們表現的內容之一，這些措施在一定程度上調動了農民的生活積
極性。〔註66〕由於她積極發展農桑業，楊友庭認為，在她統治時期生產有所發
展，人口大量增加，保持和發展了貞觀時代的興盛局面。〔註67〕此外，馬小紅
指出，為了控制勞動力，唐時還制定完備的戶口檢查制度。〔註68〕

〔註62〕〔宋〕宋敏求編：《唐大詔令集》（臺北：鼎文書局，1972 年）卷九十九〈置
　　　　鴻宜鼎稷等州制〉，頁 498～499。
〔註63〕詳見翁俊雄：《唐代人口與區域經濟》，頁 183。
〔註64〕〔宋〕司馬光編著，〔元〕胡三省音注：《資治通鑑》卷二百〈唐紀十六〉，頁
　　　　6296～6297。
〔註65〕詳見〔宋〕歐陽修、宋祁撰：《新唐書》卷三〈高宗本紀〉，頁 57～71。
〔註66〕王雙懷：〈關於武則天的是非功過〉，收入《唐代歷史文化論稿》，頁 65。
〔註67〕詳見楊友庭：《后妃外戚專史》（福建：廈門大學出版社，1994 年），頁 171。
〔註68〕馬小紅：〈唐王朝的法與刑〉《政法論壇（中國政法大學學報）》第 24 卷第 2
　　　　期（2006 年 3 月），頁 75。

　　雖然家境富裕，然而出身寒門的武則天比起出身貴族的長孫無忌等人更能了解百姓的困苦。在武則天建言的十二事中，輕徭薄賦緊接於勸農桑之後。此舉是極爲明智的，這樣不僅能夠減輕農民的負擔，也爲剛復原的經濟的持續發展起了關鍵作用。史書記載，「制天下武氏咸蠲課役」。〔註69〕在遇上天災、兵亂時，武則天也免除當地賦役。此外，她也仿效漢高祖，「依漢豐、沛例，（并州文水縣）百姓子孫相承給復。」〔註70〕翁俊雄指出，唐初規定的租庸調徵收數額以唐初均田農民授田較多爲基礎，此後相繼增加了地稅、戶稅，徭役、兵役也日益繁重，因而均田的農民生計日艱。〔註71〕

　　唐朝初立時，爲了盡快恢復農業生產，太宗致力發展農業並且治有所成，「貞觀以來，二十有餘載，風調雨順，年穀豐稔，人無水旱之弊，國無饑饉之災」〔註72〕，因此「恢復農業的過程，在太宗貞觀末年、高宗永徽初年大體完成。」〔註73〕不過，爲了讓農業生產得以穩定發展，朝廷有意抑制商業的發展。太宗在貞觀元年（627）時曾下令「五品以上官不得入市」〔註74〕；唐高宗也曾在乾封二年（667）時令「工商不得乘馬」。〔註75〕武則天也主張抑商，強調「重農功，禁末作」。高宗、則天時期，手工業分爲家庭手工業和官營手工業。官營手工業有「少府監」和「將作監」負責，當中少府監除了負責手工製作，也「監掌管礦藏的開採」。〔註76〕翁俊雄指出，相對於官營手工業，家庭手工業不發達，儘管農業生產恢復，卻仍無法提供大量經濟作物產品，因此其時的商業活動依舊停留在初級階段。〔註77〕不過，武則天於神龍元年（705）還政於中宗時「稼穡之人少，商旅之人眾。」〔註78〕據此推論，武則天執政時商業活動也呈穩定發展的趨勢，才會出現商旅人眾的現象。

〔註69〕〔宋〕司馬光編著，〔元〕胡三省音注：《資治通鑑》卷二百四〈唐紀二十〉，頁6469。

〔註70〕〔後晉〕劉昫等撰：《舊唐書》卷六〈則天皇后本紀〉，頁121。

〔註71〕詳見翁俊雄：《唐代人口與區域經濟》，頁202。

〔註72〕〔唐〕吳兢撰：《貞觀政要》卷九〈議征伐〉，頁425。

〔註73〕詳見翁俊雄：《唐代人口與區域經濟》，頁270。

〔註74〕〔宋〕王溥撰：《唐會要》卷八十六〈市〉，頁1581。

〔註75〕〔宋〕王溥撰：《唐會要》卷三十一〈雜錄〉，頁572。

〔註76〕馬小紅：〈唐王朝的法與刑〉《政法論壇（中國政法大學學報）》第24卷第2期（2006年3月），頁76。

〔註77〕詳見翁俊雄：《唐代人口與區域經濟》，頁280。

〔註78〕〔宋〕歐陽修、宋祁撰：《新唐書》卷一一八〈宋務光列傳〉，頁4275～4276。

儘管武則天致力提高經濟發展，然而一些經濟問題並無法得到根治，逃戶便是其中之一。逃戶，是指爲逃避賦役，或因災荒等其他因素，流亡外地無戶籍的人。經濟層面上，逃戶問題將造成朝廷稅收減少；政治層面上，逃戶還可能形成一股反抗勢力。翁俊雄指出，早在高宗時便已出現逃戶，武則天時逃戶的數量更是有增無減。〔註 79〕王雙懷認爲當時的逃戶問題主要是由於災荒和兵革導致。〔註 80〕不過考察史書，除了飢荒，叛亂、徭役等都會導致「家道悉破，或至逃亡」的現象出現。〔註 81〕對於逃戶，她採取寬容的政策，免除他們的賦稅，也讓他們於所在地登記戶籍，「衛士、雜色等人，並限百日內首盡，任於神都及畿內、懷、鄭、汴、許、汝等州附貫，給復一年」；「天下逃人歸復舊業者，免當年租庸」；「部內有逃他境，能相率歸者，免一歲租及徵徭。」〔註 82〕在武則天的治理下逃戶問題還是得到了改善，崔融（653～706）曾於長安三年時上疏曰：「比爲患者，唯苦二蕃。今吐蕃請命，邊事不起，即目雖尚屯兵，久後終成馳柝。獨有默啜，假息孤恩，惡貫滿盈，覆亡不暇。征役日已省矣；繁費日已稀矣……且關中、河北，水旱數年，諸處逃亡，今始安輯。」〔註 83〕由此可知，崔融上疏那年徭役已減少，因災害而成爲逃戶的人民也已安定下來，逃戶問題已大大得到改善。

縱然如此，武則天在發展經濟時並不都一直是順利無過的。在她統治的後期曾發生「賦役繁重，百姓凋敝」的現象。同時，她所扶植的庶族運用手中的權勢兼併土地，成爲大地主，轉而成爲壓迫農民的新興階級。趙文潤據此提出，武則天不能解決封建社會中日益尖銳的基本矛盾，這是其歷史和階級的局限性。〔註 84〕同時，她也曾建明堂立天樞、行封禪修漕運、造佛寺佛像等，這些皆耗費巨大，以致有些史家論者抨擊她奢侈腐化，「永淳以後，給

〔註 79〕詳見翁俊雄：《唐代人口與區域經濟》，頁 183。

〔註 80〕王雙懷：〈論武則天當政時期的經濟形勢〉，收入《唐代歷史文化論稿》，頁 144。

〔註 81〕天授二年時有《制書》記曰：「其有諸州人，或先緣饉歲，流宕亡歸；或父兄去官，因循寄主，爲籍貫屬，恐陷刑名，荏苒多時，未經首出。」狄仁傑也曾在聖曆元年上疏：「誠以山東……近緣軍機，家道悉破，或至逃亡，拆屋賣田，人不爲售。」據此可知，逃戶的出現除了因飢荒，也有擔心觸犯律令、徭役過重等導致。

〔註 82〕〔清〕董浩等敕撰：《全唐文》卷九十五〈置鴻宜鼎稷等州制〉，頁 1111。

〔註 83〕〔後晉〕劉昫等撰：《舊唐書》卷九十四〈崔融列傳〉，頁 2999。

〔註 84〕詳見趙文潤：〈從曹操到武則天〉，《陝西師范大學學報（哲學社會科學版）》第 4 期（1974 年），頁 75。

用益不足。加以武后之亂，紀綱大壞，民不勝其毒」〔註85〕，後人亦以此作為武則天當政時期經濟衰退的證據，如楊友庭便認為武則天佞佛，到處築寺造像，建明堂等浪費無度，造成「逃丁避罪，並集法門」的現象，可謂造成極大的消極作用。〔註86〕熊德基認為武則天沒有採取有利於經濟發展的措施，反而倒行逆施〔註87〕；魏良弢甚至指出唐朝全盛時期的到來比西漢、明清要推遲三五十年正是武則天統治的惡果。〔註88〕從人口增長的角度來說，貞觀初年民戶不足三百萬，到武則天神龍元年退位時，民戶在短短七十多年中增加了一倍，達六百一十五萬，「這除了自然增長以外，也是武則天統治末期檢括民戶的結果……為唐代社會經濟的恢復和發展提供了極為重要的條件。」〔註89〕既使不能單就人口的增長斷定武則天採取了有利經濟發展的措施，卻可從側面顯示出武則天執政半個世紀沒有發生大規模的戰亂導致人口大量的流失（隋大業年間到貞觀年時，因戰亂關係導致三分之二的人口流失），證明了當時的社會基本上是極穩定的。同時，人口上升確保了需要大量勞動力的農業經濟得以持續發展，反映了國家邁向繁榮的趨勢。總括而言，武則天在經濟層面上所起的正面作用是不能否認的。

此外，亦有論者認為武則天的奢侈行為導致國庫耗損嚴重，收入不充實，如喬鳳岐便以鳳閣舍人李嶠曾向武則天上奏提出制止逃戶〔註90〕、增加國家賦稅方案一事為論證，認為當時國家財政收入已受到一定的影響。〔註91〕就李嶠上表的內容，翁俊雄認為，太宗伊始到武則天時，始終存有「軍府之地，

〔註85〕〔宋〕歐陽修、宋祁撰：《新唐書》卷五十一〈食貨志〉，頁1344～1345。

〔註86〕詳見楊友庭：《后妃外戚專政史》，頁171。

〔註87〕熊德基：〈武則天的真面目──梁效《有作為的女政治家武則天》一文的批判〉，《社會科學戰線》第1期（1978年），頁184。

〔註88〕魏良弢：〈論武則天〉，《新疆大學學報（哲學人文社會科學版）》Z1期（1979年），頁57。

〔註89〕詳見翁俊雄：《唐代人口與區域經濟》，頁193。

〔註90〕〔宋〕王溥撰：《唐會要》卷八十五〈逃戶〉，頁1561載：「逃人有絕家去鄉，離失本業，心樂所在，情不願還，聽於所在隸名，即編為戶。……今之議者或不達於變通，以為『軍府之地，戶不可移；關輔之民，貫不可改』。而越關繼踵，背府相尋，是開其逃亡，而禁止割隸也。就令逃亡者多不能歸，總計割隸，猶當計其戶等，量為節文，殷富者令還；貧弱者令住。檢責已定，計料已明，戶無失編，民無廢業。」

〔註91〕詳見喬鳳岐：〈武則天封禪嵩山略論〉，《淮北煤炭師範學院學報》第30卷第3期（2009年6月），頁35。

戶不可移；關輔之民，貫不可改」的做法，然而這既不利於民，也使國家減少了大批編戶，鑑於此李嶠才提出處理逃戶的新方法。〔註92〕

筆者以爲，要探討武后時期的經濟形勢，並不能僅僅看到開支的一面，也必須考察整個社會經濟發展形勢，才能判斷她執政時期的經濟是呈入不敷出，還是富饒有餘的情況，從而才能斷定她的執政是否導致了當時經濟的逆行。爲了國家的建設，以及政治的需求而動用國庫並不等同奢侈。針對此問題，王雙懷認爲武則天雖有奢侈的一面，但奢侈是歷代帝王的通病，相較之下，武則天的揮霍程度還不如唐太宗。〔註93〕再者，逃戶現象存在已久，卻於長安三年（703）時已得到有效的改善。李樹桐曾提到，武則天執政長達逾五十年，這當中「沒有民變的記載，可以推知當時人民生活不會太差的。因爲倘若太差，應當有叛亂，如有叛亂，史官就不會不記載」〔註94〕；楊友庭也曾提出，武則天的政治絞鬥主要限制於統治階級的上層，對整個社會的發展沒有產生多大的壞作用〔註95〕，故說武則天執政時，「民不勝其毒」是值得商榷的。

同樣處於開國之初，呂太后的執政穩定了當時的經濟，然而武則天卻在前人的基礎上積極改革，推行了具進步意義的政策、發展經濟。是故，胡戟曾指出，貞觀之治時經濟才剛從隋末戰亂中復甦，雖然社會安定但經濟遠非

〔註92〕詳見翁俊雄：《唐代人口與區域經濟》，頁190。

〔註93〕王雙懷：〈論武則天當政時期的經濟形勢〉，《唐都學刊》，第21卷第6期（2005年11月），頁1提到：「武則天在經濟方面表現如何？有人用『倒行逆施』加以概括。其論據主要是武則天大肆佞佛，廣建寺塔，多度僧尼；修建明堂，營造天樞，奢侈腐化；封建親戚，濫用官爵，魚肉人民……武則天曾提高過佛教地位，修建過佛寺，剃度過僧尼，但其規模是有限的……建明堂，立天樞無疑是武周時期的兩項巨大工程。這兩項工程需要動用許多人力物力，也是自不待言的。但是，明堂不是遊樂之宮，而是敬神之地，布政之所。從當時的情況來看，武則天修明堂並非隨心所欲，而是有明顯的政治目的；把明堂修得壯觀一些，宏偉一些也是必要的。天樞並不是武則天要立的，而是許多少數民族酋長請立的，資金大部分是酋長們捐獻的。……要說武則天奢侈腐化，我們找不到多少證據。我們倒有相反的材料。如她在輔佐高宗時，『常著七破間裙』；登基之後，也很注意返樸還淳。當然這並不是說武則天沒有奢侈之事。三陽宮、興泰宮的修建就在一定程度上造成浪費。但總的說來，武則天對人力物力還是比較愛惜的。」

〔註94〕李樹桐：〈唐代帝位繼承之研究〉，收入中國唐代學會編：《唐代研究論集・第一輯》，頁163。

〔註95〕詳見楊友庭：《后妃外戚專政史》，頁171。

富庶。然而到開元時，全國經濟卻已呈繁榮氣象，倘若不是武則天在那半個世紀打下良好基礎，那麼在她的孫子唐玄宗上台伊始便不可能有那樣一個天下大治的盛世狀況出現。〔註96〕儘管仍有缺失之處，但總的來說，兩位女主在經濟層面上所起的正面作用是不可否定的。

第三節　政治法制之發展

有言道：「法者、治之端也」，作爲治理國家的工具，法以刑爲輔，因此法令和刑罰缺一不可。「法律是社會產物」〔註97〕，由於都是在戰亂之後建立的朝代，因此漢唐兩朝初期的統治者都選擇了以寬刑省法爲原則修訂法令。

呂后和武則天都是在前任皇帝立下法律基礎後臨朝，因此本節將針對兩位女主在位時法制的承繼、改革以及其實行情況作探析。

一、呂后時期的法制承繼與改革

漢高祖鑑於秦朝嚴刑峻法，橫徵暴斂，致使最終被農民起義推翻，故在初入關時和人民約法三章：「殺人者死，傷人及盜抵罪」〔註98〕，「以此安慰、收攬民心。」〔註99〕隨著社會的發展，三章之法終究「不足以禦姦」〔註100〕，於是再命蕭何「攘摭秦法，取其宜於時者，作律九章」。〔註101〕「因民之疾秦法，順流與之更始」〔註102〕是蕭何制定漢初法制的基本原則。《九章律》〔註103〕以秦法爲據，廢除了當中嚴苛的刑法，《晉書》載：「漢承秦制，蕭何定律，除參夷連坐之罪，增部主見知之條，益事律《興》、《廄》、《戶》三篇，合爲九篇。」〔註104〕於此高祖和蕭何爲西漢的法制發展奠定了基礎。

〔註96〕　胡戟：《武則天本傳》，頁141。
〔註97〕　瞿同祖：《中國法律與中國社會》（臺北：里仁書局，1982年），頁1。
〔註98〕　〔漢〕班固著，〔唐〕顏師古注：《漢書》卷二十三〈刑法志〉，頁1096。
〔註99〕　李媛媛：〈《漢書・刑法志》評述〉，《呼蘭師專學報》第19卷第3期（2003年9月），頁9。
〔註100〕　〔漢〕班固著，〔唐〕顏師古注：《漢書》卷二十三〈刑法志〉，頁1096。
〔註101〕　〔漢〕班固著，〔唐〕顏師古注：《漢書》卷二十三〈刑法志〉，頁1096。
〔註102〕　〔漢〕班固著，〔唐〕顏師古注：《漢書》卷三十九〈蕭何曹參傳〉，頁2021。
〔註103〕　九章律包括了（一）盜律、（二）賊律（三）囚律（四）捕律（五）雜律（六）具律（七）戶律（八）興律（九）廄律。
〔註104〕　〔唐〕房玄齡等撰：《晉書》（臺北：鼎文書局印行，1976年）卷三十〈刑法志〉，頁922。

　　高祖實行讞獄制〔註105〕，謹慎判案，目的就是爲了愼用刑罰。惠帝四年（191BC）時曾頒布「省法令妨吏民者，除挾書律」〔註106〕，呂太后臨朝仍延續無爲的治國方針，「當孝惠、高后時，百姓新免毒蠚，人欲長幼養老。蕭、曹爲相，塡以無爲」。〔註107〕據此可見，呂太后亦深諳用刑太極乃秦朝爲治之失，沿用約法省刑的原則，貫徹愼重刑獄的主張，使社稷在短短二十年內便達到了司馬遷所說的「刑罰用稀」〔註108〕的情況。

　　呂太后稱制時期承平無事，故而對於蕭何所制定的法令並無大規模改訂的必要性。她所作最大的法制改革便是廢除三族罪和袄言令。夷三族承自秦制，《史記》記秦文公（？～716BC）「二十年，法初有三族之罪」〔註109〕；《晉書》記蕭何除參夷連坐之罪，「參夷」即「夷三族」；《漢書》記「漢興之初，雖有約法三章，網漏吞舟之魚，其大辟尚有夷三族之令。」〔註110〕所謂三族，如淳注三族曰：「父族、母族、妻族也。」〔註111〕從高祖時以三族罪處死韓信和彭越，可知三族罪在高祖時期仍然存在。三族罪不僅誅連者眾，就是刑罰方式也極爲殘忍：「當三族者，皆先黥劓，斬左右趾，笞殺之，梟其首，菹其骨肉於市。其誹謗詈詛者，又先斷舌。故謂之具五刑。」〔註112〕漢孝文帝曾言：「古之治天下，朝有進善之旌，誹謗之木，所以通治道而來諫者。今法有誹謗妖言之罪，是使眾臣不敢盡情」。〔註113〕誹謗與袄言並列，可知妖言屬誹謗之範疇。誹謗在漢初是「不道」罪的一種〔註114〕，呂太后甫臨朝便選擇廢

〔註105〕　〔漢〕班固著，〔唐〕顏師古注：《漢書》卷二十三〈刑法志〉，頁 1106：「高皇帝七年，制詔御史：『獄之疑者，吏或不敢決，有罪者久而不論，無罪者久系不決。自今以來，縣道官獄疑者，各讞所屬二千石官，二千石官以其罪名當報。所不能決者，皆移廷尉，廷尉亦當報之。廷尉所不能決，謹具爲奏，傳所當比律令以聞。』」。程政舉：〈漢代讞獄制度考論〉，《河南省政法管理幹部學院學報》第 2 期（2010 年），頁 65 解釋讞獄制作「是指郡縣等司法官吏在審理訴訟案件有疑難問題時向上級司法官吏請示，上級司法管理依法作出判斷並給出結論性的意見的制度，讞獄制度實質上是疑難案件的請示制度。」

〔註106〕　〔漢〕班固著，〔唐〕顏師古注：《漢書》卷二〈惠帝紀〉，頁 90。

〔註107〕　〔漢〕班固著，〔唐〕顏師古注：《漢書》卷二十三〈刑法志〉，頁 1097。

〔註108〕　〔漢〕班固著，〔唐〕顏師古注：《漢書》卷二十三〈刑法志〉，頁 1097。

〔註109〕　〔漢〕司馬遷撰：《史記》卷五〈秦本紀〉，頁 179。

〔註110〕　〔漢〕班固著，〔唐〕顏師古注：《漢書》卷二十三〈刑法志〉，頁 1104。

〔註111〕　〔宋〕徐天麟撰：《西漢會要》卷六十一〈刑法一〉，頁 697。

〔註112〕　〔漢〕班固著，〔唐〕顏師古注：《漢書》卷二十三〈刑法志〉，頁 1104。

〔註113〕　〔漢〕司馬遷撰：《史記》卷十〈孝文本紀〉，頁 423～424。

〔註114〕　轉引自呂世浩：《從《史記》到《漢書》：轉折過程與歷史意義》（臺北：國立臺灣大學出版中心，2009 年），頁 93。

除，「高后元年（187BC），乃除三族罪，祆言令。」〔註115〕不過，三族罪和祆言令在孝文帝時仍然存在，除了上述所引孝文帝的詔令之外，孝文帝十七年（163BC）時「其歲，新垣平事覺，夷三族」〔註116〕，據此可見這三族罪和祆言令仍然繼續爲統治者所使用。由此可以推斷，呂太后雖頒布了廢除這兩條法令之詔，但卻沒有眞正得到落實。

張家山漢簡《二年律令》的出土讓後世得以一窺漢初時期的法制情況。學界推論《二年律令》〔註117〕當是漢代初期，高后二年所修定的律文。〔註118〕從簡文內容〔註119〕看來，其法令「基本上繼承了秦代的法律制度，但在許多法律規定更合乎儒家精神。」〔註120〕比較蕭何所編纂的《九章律》與呂太后時推行的《二年律令》，可知後者也承繼了《九章律》。楊振紅指出，《秦律十八種》之廄律、廄苑律、傳食律、行書是蕭何作《廄律》的基礎，其中傳食律、行書的律篇被《二年律令》所繼承；《秦律十八種》的徭律、《秦律雜抄》的戍律應是蕭何制《興律》的依據，其中徭律亦爲《二年律令》所承繼。〔註121〕不過，學界對它的性質仍存有歧義〔註122〕，僅就內容而言，確有承前的痕跡。

〔註115〕〔漢〕班固著，〔唐〕顏師古注：《漢書》卷二十三〈刑法志〉，頁1105。

〔註116〕〔漢〕司馬遷撰：《史記》卷十〈孝文本紀〉，頁430。

〔註117〕《二年律令》包括了二十七種律：賊、盜、具、告、捕、亡、收、（雜）、錢、置吏、均輸、傳食、田、□市、行書、復、賜、戶、效、傅、置後、爵、興、徭、金布、秩、史。

〔註118〕楊振紅：〈從《二年律令》的性質看漢代法典的編纂修訂與律令關係〉，《中國史研究》第4期（2005年），頁27～57。

〔註119〕詳見張家山二四七號漢墓竹簡整理小組編：《張家山漢墓竹簡〔二四七號墓〕》（北京：文物出版社，2001年）。

〔註120〕楊頡慧：〈從張家山漢簡《二年律令》看漢初法典的儒家化〉，《學術論壇》第10期（2006年），頁141。

〔註121〕詳見楊振紅：〈秦漢律篇二級分類說——論《二年律令》二十七種律均屬九章〉，《歷史研究》第6期（2005年），頁83。

〔註122〕張建國：〈試析漢初「約法三章」的法律效力——兼談《二年律令》與蕭何的關係〉，《法學研究》第1期（1996年），頁154～160；楊振紅：〈從《二年律令》的性質看漢代法典的編纂修訂與律令關係〉，《中國史研究》第4期（2005年），頁27～57；周波：〈從三種律文的頒行年代談《二年律令》的「二年」問題〉，簡帛研究網站 http://www.jianbo.org/admin3/2005/zhoubo001.htm，提出，《二年律令》是一部國家編纂、頒行的法典，具有固定性及體系性的內容。冨谷至：〈晉泰始令への道——第一部秦漢の律と令〉，《東方學報》第72冊（2000年），頁79～131；〈江陵張家山二四七號墓出土竹簡——とくに《二年律令》に關して〉，《木簡研究》第27號（2005年），頁244～249，認爲呂太后二年間並無大規模編纂律令之事。出土的《二年律令》不是當時律令的全部，並且不是具實用性的法律文書，而是爲陪葬目的所摘抄的律文。

　　儘管漢初主要以黃老之學作爲政治理論和統治之術，卻也吸收了儒家「德治」、「禮治」的思想。此儒學之風仍然爲呂太后所延續，「這個時期（指秦漢至唐五代）仍然繼承先秦時代的儒家學術思想，其倫理道德和禮教，在意識形態和社會文化領域，包括禮俗，一直佔據主導地位……漢承秦制，有沿有革而主導思想未變」。〔註123〕舉例言，儒家素重孝德，而漢朝以孝治天下。惠帝在位時以經濟上的賞賜獎勉鼓勵百姓行孝，呂太后臨朝時同樣鼓勵孝悌之風，《二年律令》中有不少針對不孝行爲的刑罰處置，如「子牧殺父母，毆詈泰父母、父母、叚大母、主母、後母，及父母告子不孝，皆棄市。其子有罪當城旦舂，鬼薪白粲以上」；「子告父母，婦告威公，奴婢告主、主父母妻子，勿聽而棄告者市」等〔註124〕，可知呂太后執政時對於高祖、惠帝時期的法制多有承繼之處，維持了漢初法律的穩定性和連續性。

二、武后時期的法制承繼與改革

　　漢律承秦制，唐律同樣也承隋制，唐朝初立時仍沿襲隋朝的法律制度，直到唐太宗掌政時強調法制作用的政治理念：「國家大事，唯賞與罰，賞當其勞，無功者自退；罰當其罪，爲惡者咸懼，則知賞罰不可輕行也」〔註125〕，確立了「安人寧國，以法爲先」的法律思想，頒布《貞觀律》，始制定了適應唐初社會的刑罰制度。〔註126〕

　　唐高宗即位之初仍「遵貞觀故事，務在恤刑」〔註127〕，刑罰制度基本延續了貞觀之制。〔註128〕從永徽元年（650）至垂拱元年（685）之間，唐高宗、

〔註123〕王貴民：《中國禮俗史》（臺北：文津出版社，1993年），頁121～122。

〔註124〕律文取自簡帛研究：《張家山漢簡《二年律令》釋文》，http://www.jianbo.org /admin3/html/wangwei03.htm，2014年5月9日。

〔註125〕〔唐〕吳兢撰：《貞觀政要》卷三〈論封建〉，頁163。

〔註126〕唐朝法律由律、令、格、式四種形式構成。〔宋〕歐陽修、宋祁撰：《新唐書》卷五十六〈刑法志〉，頁1407：「唐之刑書有四，曰：律、令、格、式。令者，尊貴卑賤之等數，國家之制度也；格者，百官有司之所常行之事也；式者，其所常守之法也。凡邦國之政，必從事於此三者。其有所違及人之爲惡而入於罪戾者，一斷以律。」

〔註127〕〔後晉〕劉昫等撰：《舊唐書》卷五十〈刑法志〉，頁2140。

〔註128〕〔宋〕司馬光編著，〔元〕胡三省音注：《資治通鑑》卷一九九〈唐紀十五〉，頁6270載：「無忌與諸遂良同心輔政，上亦尊禮二人，恭己以聽之，故永徽之政，百姓阜安，有貞觀之遺風。」

武則天修訂、頒布了多部法制典籍〔註 129〕，其中他在所完成的《永徽律》基礎上定疏，修成《唐律疏議》。高宗爲律条附上注疏，「疏在律後，律以疏存」之舉是創造性的，《律疏》也成爲了中國法制的典範，後世如宋、元、明、清「基本上循用《唐律》的模式。」〔註 130〕

　　《永徽律》和《律疏》修成、頒行後，到武則天臨朝稱制時已經實行了三十餘年。她認爲律令有增刪的必要，因此才作了改動：「敕內史裴居道、夏官尚書岑長倩、鳳閣侍郎韋方質與刪定官袁智弘等十餘人，刪改格式，加計帳及勾帳式，通舊式成二十卷。又以武德已來、垂拱以前詔敕便於時者，編爲《新格》二卷，則天自制序。其二卷之外，別編六卷，堪爲當司行用，爲《垂拱留司格》。時韋方質詳練法理，又委其事於咸陽尉王守愼，又有經理之才，故《垂拱格》、《式》，議者稱爲詳密。其律令惟改二十四條，又有不便者，大抵依舊。」〔註 131〕根據這段記述，可知她頒行的垂拱格式，只改了二十四條，其餘大抵仍承襲高宗之律，而非重新撰修。武則天爲之親自寫序，亦顯示出她對法典的重視。趙文潤認爲，她這一舉措「不僅解決了唐律及其律疏在實行過程中的一些疑難問題，而且極大地豐富了唐律的內容。」〔註 132〕

第四節　安內攘外之貢獻

　　《左傳・成公十三年》曰：「國之大事，在祀與戎」〔註 133〕，這是因爲「中國是歷史上戰爭發生最頻繁的國度之一，中原農業民族與邊疆游牧民族

〔註 129〕在這三十五年間修訂、頒行的有：永徽元年，長孫無忌等奉敕撰《永徽律》十二卷，《永徽令》三十卷，《永徽留本司格》十八卷，《永徽散頒天下格》七卷，《永徽式》十四卷，皆頒行；永徽三年至四年，長孫無忌等奉敕撰《律疏》三十卷，頒行；龍朔二年至麟德二年，修《永徽留本司行格中本》十八卷，《永徽天下散行格中本》七卷；儀鳳二年，修《永徽留本司格後本》十一卷；垂拱元年，刪定《垂拱律》十二卷，《垂拱令》三十卷，《垂拱新格》二卷，《垂拱留司格》六卷，《垂拱式》二十卷，皆頒行。

〔註 130〕王宏治、郭成偉撰，龐樸主編：《法學志》（上海：上海人民出版社，1998 年），頁 132。

〔註 131〕〔後晉〕劉昫等撰：《舊唐書》卷五十〈刑法志〉，頁 2143。

〔註 132〕趙文潤：〈女皇武則天緣何執掌天下〉，《人民論壇》總第 190 期（2007 年），頁 61。

〔註 133〕〔晉〕杜預注，〔唐〕孔穎達疏：《左傳》，收入《十三經注疏》（臺北：藝文印書館，1955 年），卷二十七〈成公十三年〉，頁 460。

的鬥爭、中原王朝與各地方割據勢力的鬥爭接連不斷」。〔註134〕皇帝所面臨的威脅主要表現於兩個方面：一是國內動亂，二是邊疆地帶來自外族的侵略干擾。故要安定國家內部，也要排除外患，以達到衛國保民，從而維護自身的統治的目的，歷朝皇帝便須把軍事放在治政的重要位置上。在邊防問題上，為了避免戰爭，如何維繫與外族關係也是君主必須處理的問題。是故，君主的外交應變和睦鄰政策也是極其重要的。本節將針對呂太后（包括惠帝在位期間）和武后掌政時國內外的軍事活動、邊界防衛、外交能力作探究。

一、安內

如前所述，西漢初創，擁有大片封地，手握重兵的諸侯是漢室最大的威脅，來自於劉氏宗室的威脅相對很小。安內不僅僅是討伐叛亂和外敵，也講究防禦，當中最重要的便是修建城牆。秦始皇統一六國不久便動用大量的人力與物力修築萬里長城，此後歷朝皇帝也不間斷修築城牆，目的是為了維護境內的安全。漢高祖五年（202BC）遷都長安。作為一國之都，長安具有重要的地位。然而當時長安卻只有宮殿而無城牆，故而惠帝和呂太后皆修築長安城牆〔註135〕，長安城的修建直到惠帝五年（190BC）方完成：「九月，長安城成。」〔註136〕負責修建的是梧齊侯陽城延：「以軍匠從起鄭，入漢，後為少府，作長樂、未央宮，築長安城」。〔註137〕

同樣剛經歷了隋末的農民起義，為了穩定國內政局，讓思安的人民得以休養生息，唐初統治者對於軍事活動、用兵等亦極為慎重。如前所述，武則天掌政逾五十年，曾發生兩次叛變，然而大規模的農民起義，或長時間的對外戰爭卻是沒有的。胡戟據此指出，這一點甚至為貞觀、永徽和開元、天寶（742～756）所不及，也可以從一個側面說明社會治理比較安定的情況。〔註

〔註134〕劉慶、皮明勇撰：《軍事學志》（上海：上海人民出版社，1998 年），頁 88。
〔註135〕郭茵：《呂太后期の權力構造》（福岡：九州大學出版社，2014 年），頁 54：「長安はもともと城壁のない都であった。直感的にも分かるように、城壁のない都は大變危險であり、とくに、前漢初期のような極めて不安定な時期においてはなおさら危險であった。そのため呂太后と惠帝は城壁を作ることにしたのだろう。」
〔註136〕〔漢〕班固著，〔唐〕顏師古注：《漢書》卷二〈惠帝紀〉，頁 91。
〔註137〕〔漢〕班固著，〔唐〕顏師古注：《漢書》卷十六〈高惠高后文功臣表〉，頁 619。
〔註138〕詳見胡戟：《武則天本傳》，頁 142。

138）國內的軍事活動，主要是嗣聖元年（684）九月由徐敬業起兵的揚州叛亂，鎮壓行動以三十萬兵，用了約三個月，便已於垂拱元年（685）春正月平息，涉及的範圍涵蓋揚州、楚州。第二場國內叛亂在垂拱四年（688）八月發生，距離揚州叛亂經過了四年，由琅邪王李沖於博州和越王李貞在豫州起兵。這場宗室叛亂前後只用了約一個月的時間便被鎮壓，涉及的範圍涵蓋博州、豫州。

二、攘外

「夷狄爲中國患，尚矣。」〔註139〕由於戰爭耗費大量的財力和人力，也容易陷國家於不穩定狀況，中央政府不能一直以回擊的方式阻止夷狄寇邊。西漢初期社會並未全然穩定，而雄踞北邊的匈奴卻屢屢南下侵略。爲了避免干戈，維持邊疆和平，和夷狄維持友好的關係，和親政策成爲了當時乃至後世最重要的外交政策之一。和親政策始於高祖，其時高祖伐匈奴卻反被困於白登山，遂與冒頓結和親之約。〔註140〕劉敬建議高祖把公主嫁給冒頓，「陛下誠能以適長公主妻之，厚奉遺之，彼知漢適女送厚，蠻夷必慕以爲閼氏，生子必爲太子，代單于。何者，貪漢重弊。陛下以歲時漢所餘彼所鮮數問遺，因使辯士風諭以禮節。冒頓在，固爲子婿；死，則外孫爲單于。豈嘗聞外孫敢與大父抗禮者哉？」〔註141〕劉敬的建議是根基於中原禮制中的等級觀念而提出。禮強調尊卑長幼的等級觀念，卑幼聽命於尊長，以聯姻的方式與匈奴和親，那麼單于的身份即是其子婿，論輩份要低於高祖，將來單于的繼承者

〔註139〕〔宋〕歐陽修、宋祁撰：《新唐書》卷二一五〈突厥上〉，頁 6023。
〔註140〕〔漢〕班固著，〔唐〕顏師古注：《漢書》卷九十四上〈匈奴傳〉，頁 3753～3754 記載：「是時，漢初定，徙韓王信於代，都馬邑。匈奴大攻圍馬邑，韓信降匈奴。匈奴得信，因引兵南踰句注，攻太原，至晉陽下。高帝自將兵往擊之。會冬大寒雨雪，卒之墮指者十二三，於是冒頓陽敗走，誘漢兵。漢兵逐擊冒頓，冒頓匿其精兵，見其羸弱，於是漢悉兵，多步兵，三十二萬，北逐之。高帝先至平城，步兵未盡到，冒頓縱精兵三十餘萬騎圍高帝於白登，七日，漢兵中外不得相救餉。匈奴騎，其西方盡白，東方盡駹，北方盡驪，南方盡騂馬。高帝乃使使間厚遺閼氏，閼氏乃謂冒頓曰：「兩主不相困。今得漢地，單于終非能居之。且漢主有神，單于察之。」冒頓與韓信將王黃、趙利期，而兵久不來，疑其與漢有謀，亦取閼氏之言，乃開圍一角。於是高皇帝令士皆持滿傅矢外鄉，從解角直出，得與大軍合，而冒頓遂引兵去。漢亦引兵罷，使劉敬結和親之約。」
〔註141〕〔漢〕司馬遷撰：《史記》卷九十九〈劉敬叔孫通列傳〉，頁 2722。

即位的話，繼承者還是其孫子，輩份便更低了，在禮制中「下不犯上」的觀念下，外孫不能和外公相抗，這樣一來便能保有邊境的安定。自此，以締結聯姻方式〔註142〕來維持中原與邊境民族和平關係的和親政策屢見於史書，成為了歷朝統治者處理與邊疆民族關係的一種政治手段。

　　然而，高祖締結的和親之約在他在世時，雙方基本堅守約定，軍事活動「乃少止」〔註143〕。高祖崩逝後冒頓再次來犯。惠帝三年（192BC）「冒頓浸驕，乃為書，使使遺高后曰：『孤僨之君，生於沮澤之中，長於平野牛馬之域，數至邊境，願遊中國。陛下獨立，孤僨獨居。兩主不樂，無以自虞，願以所有，易其所無。』」〔註144〕作為臣屬國的匈奴（在漢朝的角度而言）不尊重呂太后，無禮的態度使她極為憤怒，「召丞相平及樊噲、季布等議斬其使者，發兵而擊之。」呂太后的想法得到樊噲的贊同，卻為季布所反對，後者分析曰：「前陳豨反於代，漢兵三十二萬，噲為上將軍，時匈奴圍高帝於平城，噲不能解圍。天下歌之曰：『平城之下亦誠苦！七日不食，不能彀弩。』今歌唫之聲未絕，傷痍者甫起，而噲欲搖動天下，妄言以十萬眾橫行，是面謾也。且夷狄譬如禽獸，得其善言不足喜，惡言不足怒也。」〔註145〕呂太后認為他言之有理，遂令張澤婉言回絕，書中呂太后自謙：「年老色衰，髮齒墮落，行步失度」，認為冒頓「不足以自汙。」〔註146〕最後，這件事得以順利用和親方式解決。從這段記述可以看到，即使呂太后性格剛烈，然而她仍然願意放低身段，化解了干戈發生的可能性，而冒頓也向呂太后表示悔悟，曰：「未嘗聞中國禮義，陛下幸而赦之」〔註147〕，並獻上寶馬以示友好。

　　通過和親政策，漢朝提供匈奴物資，實行歲奉貢獻，「乃使劉敬奉宗室女翁為單于閼氏，歲奉匈奴絮繒酒食物各有數，約為兄弟以和親。」〔註148〕匈

〔註142〕以聯姻方式來達到維護統治者的利益早於殷周之時便有之。商朝摯君曾把女兒大任嫁給周朝季屬，莘君之女也曾嫁給文王，東周時周襄王欲伐鄭，故娶戎狄女為后，與戎兵共伐鄭。換言之，在西漢以前，便有通過聯姻來達到軍事合作，或表達友好關係的政治目的。不過，「結和親之約」卻首見於西漢。

〔註143〕〔漢〕班固著，〔唐〕顏師古注：《漢書》卷九十四上〈匈奴傳〉，頁3754。

〔註144〕〔漢〕班固著，〔唐〕顏師古注：《漢書》卷九十四上〈匈奴傳〉，頁3754～3755。

〔註145〕〔漢〕班固著，〔唐〕顏師古注：《漢書》卷九十四上〈匈奴傳〉，頁3755。

〔註146〕〔漢〕班固著，〔唐〕顏師古注：《漢書》卷九十四上〈匈奴傳〉，頁3755。

〔註147〕〔漢〕班固著，〔唐〕顏師古注：《漢書》卷九十四上〈匈奴傳〉，頁3755。

〔註148〕〔漢〕班固著，〔唐〕顏師古注：《漢書》卷九十四上〈匈奴傳〉，頁3754。

奴亦曾向漢朝回贈禮物，如冒頓向呂后獻馬便是明證。除了匈奴，孝惠、高后時「遼東太守即約滿（朝鮮王）爲外臣，保塞外蠻夷，毋使盜邊；蠻夷君長欲入見天子，勿得禁止。以聞，上許之，以故滿得以兵威財物侵降其旁小邑，眞番、臨屯皆來服屬，方數千里。」〔註149〕此外，漢朝也開放關市，讓漢匈雙方在邊境進行貿易往來。

陳世曾贊呂太后曰：「整個呂后統治時期，漢朝和匈奴保持友好關係，維持了邊疆和平，爲漢朝休養生息政策的執行提供了一個穩定的外部環境。」〔註150〕高祖、呂太后願意以退讓的方式來取得邊境的安寧，是因爲白登之圍讓高祖意識到軍事能力的不足，加上「漢興，接秦之敝，諸侯並起，民失作業，而大饑饉」〔註151〕，爲了恢復被破壞的國民經濟，消除地方割據勢力，鞏固剛建立的劉漢政權，迫切需要一個安定的客觀環境，盡力避免以鄰爲敵，不願與匈奴對抗影響漢朝國內的建設。〔註152〕由此可見經濟和軍事往往互相牽制，「戰爭的勝負，首先決定於雙方軍事力量的對比，沒有強大的軍事力量就無法戰勝敵人，保證國家的安全和統一。但戰爭的勝負，歸根到底又取決於雙方經濟力量的對比，因爲經濟實力是進行戰爭的物質基礎」〔註153〕，因此他們用兵皆極爲愼重。

唐初社會經濟同樣呈現凋敝的狀態，而邊境少數民族的威脅更容易使國力虛弱的唐朝再次陷入戰亂之中。李唐時期與外族接觸頗多，《新唐書》記載：「唐興，蠻夷更盛衰，嘗與中國亢衡者有四：突厥、吐蕃、回紇、雲南是也。……凡突厥、吐蕃、回紇以盛衰先後爲次，東夷、西域又次之，跡用兵之輕重也。終之以南蠻，記唐所繇亡云。」〔註154〕武則天臨朝至稱帝期間，最常來犯的要數吐蕃和突厥。大部分的戰爭都發生在她稱帝以後，次數不可謂不頻繁，且當中戰事時間有重疊，部分戰事更率兵數十萬。儘管如此，這些戰事並沒有持續很長時間，部分也很快被平息。武則天對遠、近諸國基本採取了睦鄰

〔註149〕〔漢〕班固著，〔唐〕顏師古注：《漢書》卷九十五〈西南夷兩粵朝鮮傳〉，頁3864。
〔註150〕陳世：〈論呂雉爲穩定漢初局面做出的貢獻〉，《社科縱橫》第2期（2007年2月），頁114～115。
〔註151〕〔漢〕班固著，〔唐〕顏師古注：《漢書》卷二十四上〈食貨志〉，頁1127。
〔註152〕詳見高景新：〈評西漢前期的『和親』政策〉，《內蒙古民族師院學報》第2期（1987年），頁73。
〔註153〕陳梧桐：〈西漢軍事思想的重大成就〉，《學術月刊》第8期（1999年），頁78。
〔註154〕〔宋〕歐陽修、宋祁撰：《新唐書》卷二一五〈突厥上〉，頁6023～6027。

的政策。始於漢初的和親政策在唐初時仍沿用不輟，對於寇邊的少數民族如突厥、回紇、吐蕃、契丹等主要採取和親政策。王雙懷指出在唐朝二百八十九年間，周邊民族向唐室求婚的活動達四十餘次之多，確定的則有二十位公主和十個不同的民族進行和親，次數之多，範圍之廣，影響之大都超過了前代。〔註155〕除了突厥，吐蕃也是經常騷擾邊境的民族之一。兩方關係時好時壞，常有戰爭，吐蕃也曾有主動求和或投奔唐朝的情形。聖曆二年（699）十月「吐蕃首領贊婆來」〔註156〕；長安二年（702）「吐蕃請和」，三年（703）四月「吐蕃來求婚」。〔註157〕則天朝時，南詔首領邏盛炎曾赴唐聘問，後來南詔也在唐朝廷的支持下統一了洱海地區。

　　武則天的外交政策是極為成功的。趙文潤在〈武則天是怎樣處理民族關係、維護遼闊疆域的〉一文中提出，武則天對各民族之間關係的處理方式不僅保住了唐王朝的強盛，而且使疆域達到了唐朝歷史上最遼闊的程度。〔註158〕對於不同國家、民族，武則天採取不同的政策。武則天曾遣使至朝鮮、日本〔註159〕、印度〔註160〕等國以示通好；對於契丹、吐蕃等採取了扶持政策，在許多方面上給予幫助；對於歸附的少數民族，她也採取了寬厚的政策。此外，唐初時也有許多少數民族的酋長在唐朝廷任職。這些政策使唐朝成為當時疆域遼闊，實力強大的國家。

　　呂軍旺指出，唐初在外交上主張「以和為貴」的民族政策，從而有效的處理好與周邊少數民族之間的關係，為唐初社會的恢復和發展創造了有利的外部環境。〔註161〕武則天注重外交，因此透過各種方式維持和周邊民族的關係。儘管她掌政時與邊疆民族的軍事活動頻繁，但總的來說，保持友好往來仍然較多。

〔註155〕王雙懷：〈唐代「和親」的歷史考察〉，收入《唐代歷史文化論稿》，頁86。

〔註156〕〔宋〕歐陽修、宋祁撰：《新唐書》卷四〈則天皇后本紀〉，頁100。

〔註157〕〔宋〕歐陽修、宋祁撰：《新唐書》卷四〈則天皇后本紀〉，頁103。

〔註158〕詳見趙文潤：《武則天與唐高宗新探》（西北：三秦出版社，2008年），頁123～133。

〔註159〕〔後晉〕劉昫等撰：《舊唐書》卷六〈則天皇后本紀〉，頁131記載：大足二年冬十月「日本國遣使貢方物。」

〔註160〕〔後晉〕劉昫等撰：《舊唐書》卷六〈則天皇后本紀〉，頁122記載：天授三年「三月，五天竺國並遣使朝貢。」

〔註161〕詳見呂軍旺：〈漢唐初年統治階層指導思想之比較〉，《內蒙古農業大學學報（社會科學版）》第13卷第6期（2011年），頁337。

第五節　思想文化之興盛

　　一個朝代的繁榮，對於思想文化的興盛有著正面的作用。本節將從漢唐兩朝政治思想、文學、信仰、醫學、數學、天文學等其他學術方面的發展作概括性的探述。

一、呂后時期的思想文化發展

　　社會現實的形勢牽動著思想的發展。熊鐵基曾提到：「秦始皇適應大統一的形勢，在秦國原有統治思想的基礎上，確定『以法爲教』，實可稱之爲獨尊法術，但『嚴而少恩』的法家思想，很快帶來了秦王朝的覆滅——當然不完全是法家思想的原因。漢朝初年，適應社會和人民生活安定的需要，統治集團採用了黃老新道家思想作爲統治指導思想。」〔註162〕黃老思想以「我無爲而民自化，我好靜而民自正，我無事而民自富，我無欲而民自樸」〔註163〕爲中心，應用於政治裡，便能以清靜無爲達到無所不爲的治國目的，可說是符合了西漢初立的社會現實。加上高祖身邊也有像曹參〔註164〕、陳平這一批習黃老之術的人，因此選擇黃老之術爲漢初的政治思想可說是再自然不過的事。由於漢初數任丞相如蕭何、曹參、陳平〔註165〕皆奉行黃老思想，以無爲治國，對黃老之學的盛行起到推動作用。從高帝平定天下，到呂太后臨朝距離戰亂結束只有短短的十餘年〔註166〕，而她也遵循了高帝時期的思想政策，故黃老思想在其時仍然是政治思想的主導。

　　秦朝時以法家思想爲主，也曾有焚書坑儒這種抑制儒學發展的政策，然而儒學思想並沒有被完全消滅。〔註167〕漢初時儒學儘管未處於獨尊地位，卻

〔註162〕熊鐵基撰，李學勤主編：《秦漢文化志》（上海：上海人民出版社，1998年），導言，頁7。
〔註163〕陳鼓應：《老子註釋及評介》（北京：中華書局，2003年）第五十七章，頁284。
〔註164〕〔清〕李晚芳：《讀史管見》卷二〈曹相國世家〉，轉引自《歷代名家評史記》，頁517曾評曹參曰：「古今善用黃老術，無如曹參。」
〔註165〕〔漢〕司馬遷撰：《史記》卷五十六〈陳丞相世家〉，頁2062：「本好黃帝、老子之術」。
〔註166〕漢高祖劉邦於漢五年稱帝，爲帝時間約七年，惠帝在位約八年，之後便是呂太后臨朝，故從劉邦稱帝至呂太后臨朝總共經過了約十五年的時間。
〔註167〕熊鐵基撰，李學勤主編：《秦漢文化志》，頁127提出：「焚《詩》、《書》百家語，似乎在秦代流行的社會思潮，仍然和秦國歷史上一樣，只有婦孺皆知的法家思潮，其實不然：首先，此令頒行的時間並不長，兩年以後就天下大亂

也得到了發展，故才會在後來取黃老思想而代之，被奉於統治的地位。高祖初時不喜儒學〔註168〕，身邊卻不乏儒生。在劉邦起義、楚漢相爭時曾起用儒生爲策士。西漢初期推動儒學發展的重要人物之一陸賈「以客從高祖定天下，名爲有口辯士，居左右，常使諸侯。」〔註169〕他作《新語》十二篇，「每奏一篇，高帝未嘗不稱善，左右呼萬歲」〔註170〕，此外，曾被高祖認爲是豎儒的酈食其曾幫助劉邦拿下陳留，一直跟隨劉邦「常爲說客，馳使諸侯」，「高祖即位之後，採諸儒之言。」〔註171〕高祖曾輕視儒學，言：「迺公居馬上而得之，安事《詩》、《書》？」〔註172〕的態度，轉變爲接受儒學，這當中的過程官拜奉常的叔孫通居功不小，因此司馬遷曾說他：「希世度務，制禮進退，與時變化，卒爲漢家儒宗。」〔註173〕

漢初雖以黃老思想爲主導，卻也把儒家強調的「『仁』、『義』、『禮』、『法』以及賢人政治等等納入自己的思想範圍」。〔註174〕熊鐵基進一步指出，一些統治者的行爲和法令措施，有利於百家學說，特別是儒家學說的復興。〔註175〕司馬遷曾概括漢朝初年的儒道思想曰：「世之學老子者則絀儒學，儒學亦絀老子」〔註176〕，據上，可以推言當時的思想發展乃是以黃老爲主，儒學爲輔的雙軌並行形式發展的。

了。其次，就是在此令以後仍允許儒家及其他各家的存在，並且利用其思想……爲漢初制定禮儀的叔孫通還是『二世時拜爲博士』的（史記·叔孫通列傳），博士伏勝等人都安然活到漢初。民間同樣也有不少儒生活動的記載，孔子八世孫孔鮒，『始皇時，召爲魯國文通君』（《闕里祖廷廣記》），得以隱居嵩陽，授弟子常百餘人（《河南通志》六九《流寓》）。陳涉起義時，又有『魯諸儒持孔氏之禮器，往歸陳王。於是鮒爲陳涉博士，卒與涉俱死。』楚漢戰爭中，劉邦『舉兵圍魯。魯中諸儒，尚講誦，習禮樂，弦歌之音不絕』（《史記·儒林列傳》）等等。據上所說，儒家思潮在整個秦代都是有很大影響的。」

〔註168〕〔漢〕司馬遷撰：《史記》卷九十七〈酈生陸賈列傳〉，頁2692：「沛公不好儒，諸客冠儒冠來者，沛公輒解其冠，溲溺其中。」
〔註169〕〔漢〕司馬遷撰：《史記》卷九十七〈酈生陸賈列傳〉，頁2697。
〔註170〕〔漢〕司馬遷撰：《史記》卷九十七〈酈生陸賈列傳〉，頁2699。
〔註171〕〔宋〕鄭樵撰：《通志》（臺北：臺灣商務印書館，1987年）卷五上〈前漢紀〉，頁67。
〔註172〕〔漢〕司馬遷撰：《史記》卷九十七〈酈生陸賈列傳〉，頁2699。
〔註173〕〔漢〕司馬遷撰：《史記》卷九十九〈劉敬叔孫通列傳〉，頁2726。
〔註174〕熊鐵基撰，李學勤主編：《秦漢文化志》，頁85。
〔註175〕熊鐵基撰，李學勤主編：《秦漢文化志》，頁92。
〔註176〕〔漢〕司馬遷撰：《史記》卷六十三〈老子韓非列傳〉，頁2143。

統治者在文化方面採取了較簡約寬鬆的政策，不僅大規模收羅文籍，也允許各家學說流行。〔註177〕儘管漢高祖並不重視文學，「初，高祖不脩文學」〔註178〕，但是「漢興，改秦之敗，大收篇籍，廣開獻書之路」〔註179〕，由於對古書的收集與整理，從而爲後世的文獻整理打下了基礎。

此外，漢初出現了中國數學史上有著重要地位的數學著作──《九章算術》。此書由西漢開國功臣張蒼刪補增訂古代的數學著作而成。高后七年（181BC）時曾被遷爲御史大夫的張蒼是秦漢時期陰陽家的代表人物之一，深通律曆，明於曆算，高祖曾令其定律曆章法。《九章算術》分九章：一，土地測量；二，粟米，計算粟、米、飯的比例等等；三，衰分，各種比例計算，內容主要是勞役、租稅、產品等如何按比例分配；四，少廣，是面積計算；五，商功，體積算法；六，均輸，討論如何公平徵稅；七，盈不足；八，方程，是關於實際生活中各種方程的算法；九，勾股。據熊鐵基，這部書還記載了當時世界上最先進的分數四則和比例算法，也是世界數學史上第一次記載了負數概念和正負數的加減法運算法則。〔註180〕正因如此，此書的影響極爲深遠。

《禮記‧文王世子》：「樂，所以修內也；禮，所以修外也。」〔註181〕禮與樂有著至爲密切的關係，在重「禮」的中國古代社會，「樂」自然也佔有極重要的地位，不僅是六藝中的一藝，也是六經中的一經。司馬遷曾作〈樂書〉和〈律書〉，兩篇皆與音樂（樂律）有關；《禮記》裡有《樂記》；《荀子》也有〈樂論〉；從許多經典所記述的樂器種類，如《詩經‧小雅‧鼓鍾》：「鼓鍾欽欽，鼓瑟鼓琴，笙磬同音」〔註182〕，以及許多場合（包含祭祀、勞動等）都彈奏樂器〔註183〕，即可知音樂在當時已有相當程度的發展。惠帝時有「使

〔註177〕詳見章培恆、駱玉明主編：《中國文學史》〈上卷〉，頁166。
〔註178〕〔漢〕班固著，〔唐〕顏師古注：《漢書》卷一下〈高帝紀下〉，頁80。
〔註179〕〔漢〕班固著，〔唐〕顏師古注：《漢書》卷三十〈藝文志〉，頁1701。
〔註180〕詳見熊鐵基撰，李學勤主編：《秦漢文化志》，頁189。
〔註181〕〔漢〕鄭玄注，〔唐〕孔穎達疏：《禮記》，收入《十三經注疏》卷二十〈文王世子〉，頁397。
〔註182〕程俊英，蔣見元：《詩經註析》（北京：中華書局，2005年）〈小雅‧鼓鐘〉，頁654。
〔註183〕程俊英，蔣見元：《詩經註析》〈小雅‧甫田〉，頁670：「琴瑟擊鼓，以御田祖，以祈甘雨」；〈大雅‧緜〉，頁762：「百堵皆興，鼛鼓弗勝」等，記述了樂器在許多場合中被使用。

樂府令夏侯寬備其簫管」〔註184〕，可推知樂府應在漢武帝之前已存在，並且也有專門掌管的人。同時，高帝和惠帝也曾或改或創造《昭容樂》、《房中》、《安世》等，可見當時作樂的情況。

　　道教是源於中國的本土宗教。道教的產生「是秦漢以來某些社會思潮發展的自然結果，又是一種新的社會思潮。道教與迷信、巫術、神仙、方術以及陰陽五行思想等等有密切關係。」〔註185〕儘管漢初時道教仍未作爲一種宗教出現，然而它的基礎：崇拜自然、祭祀鬼神、方術、巫術的信仰卻在漢以前便已經存在。漢高祖時「治祠社，置祠祀官、女巫，規定各地祭祀」〔註186〕，也曾有呂后祭祀的記載，對後來道教的發展不無影響。

二、武后時期的思想文化發展

　　唐時對於外來文化秉持兼容的氣度，「使中西薈萃，西域文明在中原長安、洛陽等地廣爲傳播，而且打破了南北文化的界限，做到了南北交融」〔註187〕，社會具有多元化的特點，多種思想並存，所以唐代的思想界顯得較前朝自由和活潑。〔註188〕

　　如前所述，唐室自承爲李耳宗枝，旨在神化自宗，因此黃老思想也爲唐初統治集團所重視。太宗曾說：「夫安人寧國，惟在於君，君無爲，則人樂；君多欲，則人苦，朕所以移情損欲，克己自勵耳。」〔註189〕安人寧國，君主無爲都契合了黃老寡欲無爲的思想，可見太宗的理念與黃老思想有相通之處。武則天爲天后時，亦建議「請王公百僚皆習《老子》，每歲明經一準《孝經》、《論語》例試於有司。」〔註190〕由此推知，唐初統治者即以儒學爲政治、法律、倫理的根本，也推崇黃老的無爲之治，這樣的歷史條件直接推動了兩家學術思想的發展。

　　積累了千年的儒學在唐朝時向宗教化的軌道發展，成爲了一種信仰。趙

〔註184〕〔漢〕班固著，〔唐〕顏師古注：《漢書》卷二十二〈禮樂志〉，頁1043。
〔註185〕熊鐵基撰，李學勤主編：《秦漢文化志》，頁143。
〔註186〕熊鐵基撰，李學勤主編：《秦漢文化志》，頁260。
〔註187〕趙文潤：〈略論隋唐文化的主要特點〉，《陝西師範大學成人教育學院學報》第16卷第1期（1999年3月），頁16。
〔註188〕章培恆、駱玉明主編：《中國文學史》〈中卷〉，頁8。
〔註189〕〔唐〕吳兢撰：《貞觀政要》卷八〈論務農〉，頁369。
〔註190〕〔後晉〕劉昫等撰：《舊唐書》卷五〈高宗本紀下〉，頁99。

文潤指出，「人們至遲到唐朝已開始把儒學與道教、佛教一樣，視之為一種宗教。武則天曾命人編撰儒、道、佛三家經典，書名為《三教珠英》，即其證明。」〔註191〕

　　除了儒教之外，佛教和道教也是唐朝時極受推崇的宗教，「佛事滲入禮俗。道教土生土長，佛教則來自西土。它們都發生於漢代，盛行於南北朝，隋唐繼續流行。」〔註192〕佛教源於印度，自西漢末經西域傳入中原，至東漢（25～220）已於統治階級中流傳。佛教自傳入後便一直在中國地區持續流行、傳播。如前所述，佛教直到唐時仍然流行，並且受到唐初統治者的推崇而有了長足的發展。唐太宗曾數度建佛寺。〔註193〕他崩逝後，亦有無子嬪妃內官入寺剃度落髮的習俗。高宗永徽六年（655）「甲戌，至自昭陵。於陵側建佛寺」〔註194〕，於此可推斷，太宗對於佛教是持倡導的態度。〔註195〕此外，高宗與武則天的長女安定公主在麟德元年（664）三月被追封時，「其鹵簿鼓吹及供葬所須，並如親王之制，於德業寺遷於崇敬寺」〔註196〕，這些事蹟表明了當時統治階層已受佛教影響。高宗掌政時也曾「廢玉華宮以為佛寺」〔註197〕，「御安福門，觀僧玄奘迎御製并書慈恩寺碑文，導從以天竺法儀，其徒甚盛」〔註198〕，可見高宗本身也尊奉佛教。

〔註191〕趙文潤：〈略論隋唐文化的主要特點〉，《陝西師範大學成人教育學院學報》第16卷第1期（1999年3月），頁18。

〔註192〕王貴民：《中國禮俗史》（臺北：文津出版社，1993年），頁124。

〔註193〕唐太宗曾於貞觀二年（629）建寺剎；貞觀七年（634）為其母親建弘福寺，也曾建法門寺，展示佛骨。

〔註194〕〔後晉〕劉昫等撰：《舊唐書》卷四〈高宗本紀上〉，頁73。

〔註195〕瑞特著，陶晉生譯：〈唐太宗與佛教〉，收入《唐史論文選集》（臺北：幼獅文化事業公司，1990年），頁37中亦認為：「雖然他（太宗）顯著的不如隋文帝虔誠，但是對佛教的政策有很多類似的地方：首先要考慮國家和朝代的利益，其次，與此有關的是對民眾的共識的關心。如果將佛教信仰作適當的倡導和控制，它就會有好的影響。他相信如果對僧侶和信徒沒有這種控制，那就會有腐化和反叛的活動，以致必須以非常手段來對付。皇室，不論是個人或全體，亦會從適當的頂禮和虔誠的奉獻得到益處……有計劃的提倡則能夠加重保證大眾的正確信仰，以及為唐室獲得當時及此後所有佛教世界的神明和力量的有益幫助。」由此可見，太宗時期雖然有佛道之爭，然而他對於佛教的態度是正面的提倡，而非以高壓政策壓抑當時佛教發展。

〔註196〕〔後晉〕劉昫等撰：《舊唐書》卷四〈高宗本紀上〉，頁85。

〔註197〕〔後晉〕劉昫等撰：《舊唐書》卷四〈高宗本紀上〉，頁69。

〔註198〕〔後晉〕劉昫等撰：《舊唐書》卷四〈高宗本紀上〉，頁75。

　　武則天母親榮國夫人崇佛，自然的她也深受佛教影響。〔註199〕掌政後她
為佛教在中國的傳播做了不少有意義的工作，曾頒布詔令明確先佛後道之
序：「載初二年（690）夏四月，令釋教在道法之上，僧尼處道士女冠之前。」
〔註200〕同時，她也修建佛寺〔註201〕，詔僧人譯經。當時有于闐僧人提雲般若
譯《華嚴經‧不思議佛境界品》一卷；實叉難陀（652～710）於聖曆二年（699）
譯成《華嚴經》八十卷，久視元年（700）譯成《大乘入楞伽經》七卷；南印
僧人菩提流志（？～727）譯《寶雨經》、《大寶積經》。

　　政治與宗教有密切的關係，「政治扶持宗教，宗教為政治服務已成不爭的
事實。」〔註202〕《舊唐書》載：「載初元年（689）秋七月……有沙門十人偽
撰《大雲經》，表上之，盛言神皇受命之事。制頒於天下，令諸州各置大雲寺，
總度僧千人。」〔註203〕當年九月，武則天便改國號為周稱帝。許多論者認為
這是武則天利用佛教製造輿論為她的稱帝鋪路。不過她稱帝後仍然持續尊奉
佛教，提高僧尼的地位，可見她對於佛教的提倡並不只是為了把它當成稱帝
的踏腳石。

　　白如祥曾提到，「唐朝是道教發展的重要時期，由於皇室的大肆崇道，道
教進入興盛時期。」〔註204〕唐朝從高祖李淵始便推崇道教；太宗也曾致力提
高道教的地位，使道教「一度成為國教，對唐朝的政治影響很大。」〔註205〕
在武則天以前，道教地位高於佛教，如太宗曾於貞觀十一年（637）時令「朕

〔註199〕陳寅恪：〈武曌與佛教〉，收入《陳寅恪史學論文選集》，頁359～361中提出，
　　　　隋文帝重興釋氏於周武滅法之後，隋煬帝又隆禮台宗於智者闡教之時，楊隋
　　　　父子二帝其與佛教關係之重要密切如此，楊隋宗室子孫如蕭梁宗室子孫繼承
　　　　其家世之宗教信仰，故可以推測得知。而武曌之母楊氏既為隋之宗室子孫，
　　　　則其人之篤信佛教，亦不足為異。他進一步提出，榮國夫人之篤信佛教亦必
　　　　由楊隋宗室家世遺傳所致。榮國夫人既篤信佛教，武曌幼時受其家庭環境佛
　　　　教之薰習，自不待言。
〔註200〕〔後晉〕劉昫等撰：《舊唐書》卷六〈則天皇后本紀〉，頁121。
〔註201〕〔宋〕司馬光編著，〔元〕胡三省音注：《資治通鑑》卷二百三〈唐紀十九〉，
　　　　頁6436：「太后修故白馬寺」。
〔註202〕李鋒敏：〈淺談武則天嵩山封禪與道佛兩教的興盛〉，《甘肅高師學報》第8
　　　　卷第6期（2003年），頁67。
〔註203〕〔後晉〕劉昫等撰：《舊唐書》卷六〈則天皇后本紀〉，頁121。
〔註204〕白如祥：〈從岱岳觀碑看泰山道教與唐代政治〉，《經濟與社會發展》第6卷第
　　　　4期（2008年4月），頁181。
〔註205〕李鋒敏：〈淺談武則天嵩山封禪與道佛兩教的興盛〉，《甘肅高師學報》第8
　　　　卷第6期（2003年），頁67。

之本系，起自柱下，鼎祚克昌，既憑上德之慶，天下大定，亦賴無爲之功……
道士女冠，可在僧尼之前。」〔註206〕

　　許多論者認爲，武則天時曾刻意尊佛抑道。事實不盡然如此。天授二年
（691）時武則天曾下詔《禁僧道毀謗制》，強調「佛道二教，同歸於善，無
爲究竟，皆是一宗」，從制文內容來看主要是告誡僧人勿誹謗道士，進一步言：
「出家之人，須崇業行，非聖犯義，豈是法門。自今僧及道士敢毀謗佛道者，
先決杖，即令還俗。」〔註207〕同時，她在萬歲通天元年（696）時也頒了《僧
道並重敕》，敕文再度強調「老釋既自元同，道佛亦合齊重」〔註208〕，可知武
則天並沒有打壓道教。武則天建寺造佛，但同時也進行著道教的齋醮活動。
換言之，她應是主張佛道並存的。白如祥認爲，武則天這一主張「與唐初三
帝（高祖、太宗、高宗）是相同的，不同的是佛道在這兩個時期的先後次序，
唐初三帝主張道在佛先，而武則天正好相反。」〔註209〕趙文潤總結隋唐時期
統治階層對於宗教的態度認爲，大部分的隋唐皇帝儘管對儒道佛三教的態度
不盡相同，因不同政治需要各時期的排列次序也有變化，但總的來說，大都
尊儒崇道信佛，推行開放的、寬鬆的思想文化政策。〔註210〕三教的交流與融
合，也促使南北朝時期形成的三教辯論在唐初蔚成風氣。孫昌武指出，李治
爲皇太子時曾集宮臣及三教學士孔穎達、道士蔡晃、沙門慧淨等於弘文殿論
議；在顯慶三年（658）至龍朔三年（663）這六年間，在兩京內殿召集僧道
對論七次。〔註211〕並且，唐初時期「中土與天竺、中亞的佛教交流仍處於繁
盛期。不少中土僧人西行求法，大批天竺僧侶來華。……武后時南天竺僧菩
提流志」。〔註212〕除了主要的三教之外，流行於唐初的外來宗教尚包括景教、
摩尼教，以及六朝（222～589）時期傳入中原的祆教、伊斯蘭教等。政府對
於這些宗教的存在並不企圖扼殺或箝制，使唐初文化呈現了多元的豐富性。

〔註206〕〔宋〕宋敏求編：《唐大詔令集》卷一一三〈道士女冠在僧尼之上詔〉，頁587。
〔註207〕〔清〕董浩等敕撰：《全唐文》卷九十六〈禁僧道毀謗制〉，頁1113。
〔註208〕〔清〕董浩等敕撰：《全唐文》卷九十六〈僧道並重敕〉，頁1120。
〔註209〕白如祥：〈從岱岳觀碑看泰山道教與唐代政治〉，《經濟與社會發展》第6卷第
　　　　4期（2008年4月），頁183。
〔註210〕趙文潤：〈略論隋唐文化的主要特點〉，《陝西師範大學成人教育學院學報》第
　　　　16卷第1期（1999年3月），頁18。
〔註211〕孫昌武撰，李學勤主編：《隋唐五代文化志》（上海：上海人民出版社，1998
　　　　年），頁26。
〔註212〕孫昌武撰，李學勤主編：《隋唐五代文化志》，頁32。

　　唐朝時的文學也得到很大程度的發展，唐時「經濟的發展，國力的強盛，各種文化的交融匯合，統治階層組成的多元化，思想統治的相對寬鬆，以及在最受社會重視的進士科考試中以詩賦爲主要的考試內容等各方面的因素，有力地促進了唐代文學的繁榮發展」〔註213〕加上統治者本身對文學的喜愛與獎掖，對文學的興盛起了重大的推動作用。武則天在科舉中首次加入文學，直接提升文學的地位。這樣的做法對後世文學發展起了積極的作用，故唐人沈既濟說：「太后君臨天下二十餘年，當時公卿百辟無不以文章達。因循日久，浸以成風。至於開元、天寶之中……太平軍姿，唯門調戶選，徵文射策，以取祿位。此行己立身之美者也。父教其子，兄教其弟，無所易業。大者登台閣，小者任郡縣，資身奉家，各得其足。五尺童子，恥不言文墨焉。是以進士爲士林華選，四方觀聽，希其風采。」〔註214〕從這段論述不難發現庶族文人勢力逐漸加強，也表明社會上下普遍對文學的看重。

　　在中國文學史上，唐代是詩歌發展極爲輝煌的階段。武則天統治時期鼓勵詩歌創作，因此當代出現了不少對後來唐詩發展影響深遠的文人。唐初朝廷盛行遊宴，「武后遊龍門，命群官賦詩，先成者賜以錦袍。左史東方虬詩成，拜賜坐，未安，之問詩後成，文理兼美，左右莫不稱善，乃就奪錦袍衣之。」〔註215〕章培恆指出，從武后至中宗神龍（705～707）、景龍（707～709）年間，在當時的一批宮廷詩人筆下已大量湧現平仄協調、又合乎粘附規則的全篇合律的詩篇，標誌著五、七言律詩的完全成熟。在律詩形式的完成過程中，以活躍於武后時期的宋之問（656～713）、沈佺期、杜審言〔註216〕三人的成績最爲顯著。〔註217〕宋之問和沈佺期都是律詩格律定型的代表人物；杜審言是「文章四友」之一，其他還包括李嶠、蘇味道和崔融（653～706）。四人當中，李

〔註213〕章培恆、駱玉明主編：《中國文學史》〈中卷〉，頁9。

〔註214〕〔唐〕杜佑：《通典》卷十五《選舉三》注引禮部員外郎沈既濟語（北京：中華書局，1988年）第一冊，典357～358。

〔註215〕〔宋〕計有功撰：《唐詩紀事》，取自《中國哲學書電子化計劃》，《四部叢刊初編》本，卷十一，http://ctext.org/wiki.pl?if=gb&chapter=847655，2014年10月5日。

〔註216〕杜審言字必簡，是杜甫的祖父，曾任膳部員外郎。今存詩體主要爲律詩，曾作《和李大夫嗣眞奉使存撫河東》、《和晉陵陸丞早春遊望》等詩。由於他對律詩的掌握，後世如明人許學夷曾於《詩源辯體》中稱其爲「律詩正宗」，胡應麟也於《詩藪》裡稱其爲「初唐五言律第一」。

〔註217〕詳見章培恆、駱玉明等編：《中國文學史》〈中卷〉，頁23。

嶠和蘇味道曾是執宰大臣，位居顯貴。他們皆是詩律上的高手，「中與崔融、蘇味道齊名，晚諸人沒，而為文章宿老，一時學者取法焉。」〔註218〕高宗、武后時詩壇上還出現了著名的「初唐四傑」：盧照鄰、駱賓王（638～？）、王勃（650～676）和楊炯，聞一多曾概括四傑為「唐詩開創期中負起了時代使命的四位作家」。〔註219〕曾在則天朝當官的陳子昂也是初唐文學史裡不可忽略的人物。他不僅在詩歌方面有所建樹〔註220〕，在散文上也開創了新的風氣。他所寫的奏章《諫靈駕入京書》、《論政理書》等有別於前朝所流行的文體，少了堆砌鋪排的講究，因此內容上更呈現條理流暢與充實的面貌。

唐初時期君王流行延攬文人學士，武則天還是昭儀時便已著《內訓》一篇〔註221〕，此後也借助北門學士的力量完成涵蓋儒學、音樂、農業、法制等的典籍：「太后嘗召文學之士周思茂、范履冰、衛敬業，令撰《玄覽》及《古今內範》各百卷，《青宮紀要》、《少陽政範》各三十卷，《維城典訓》、《鳳樓新誡》、《孝子》、《列女傳》各二十卷，《內範要略》、《樂書要錄》各十卷，《百僚新誡》、《兆人本業》各五卷，《臣軌》兩卷，《垂拱格》四卷，并文集一百二十卷」〔註222〕這些典籍也得到統治階層的使用，如《兆人本業》這本指導農事生產的書籍一直到唐文宗時仍被使用，而《垂拱格》也被納入唐初法制之中。

武則天主政時期曾任用女官〔註223〕，當中最有名的要數上官婉兒。史書稱她「有文詞，明智吏事。」〔註224〕從長孫皇后少好讀書，武則天頗涉文史，上官婉兒能吟詩著文的例子來看，顯示了唐初統治階層的女性有機會受教育，「唐內廷有宮教博士教習宮人書、算、眾藝，整個宮廷教育體系非常完備，教學內容也十分豐富，是以才造就了一代才女──上官婉兒。」〔註225〕此外，

〔註218〕〔宋〕歐陽修，宋祁撰：《新唐書》卷一二三〈李嶠列傳〉，頁4371。

〔註219〕聞一多：《聞一多全集》（北京：三聯書店，1982年）第三卷〈四傑〉，頁23。

〔註220〕陳子昂，字伯玉，光宅元年（684）舉進士。他的代表作是《感遇》詩38首。孫昌武於《隋唐五代文化志》，頁128中提到，陳子昂在詩歌的理論與創作實踐兩方面都作出了重大貢獻。

〔註221〕〔後晉〕劉昫等撰：《舊唐書》卷四〈高宗本紀上〉，頁74記載：永徽六年三月「壬戌，昭儀武氏著《內訓》一篇。」

〔註222〕〔後晉〕劉昫等撰：《舊唐書》卷六〈則天皇后本紀〉，頁133。

〔註223〕自漢朝開始既已存在的女官制度是封建王朝的重要制度之一。女官制度的創設是為了管理後宮內的妃嬪和宮女們。

〔註224〕〔後晉〕劉昫等撰：《舊唐書》卷五十一〈后妃傳上〉，頁2175。

〔註225〕蔡明娟：〈從唐代女官制度看唐代婦女〉，《北方文學》（2010年10月），頁80。

上官婉兒設立修文館，盛引詞學之臣，對文人提拔獎掖，因此對文學亦頗有貢獻。

文獻整理、註釋方面，早於太宗時便曾詔令孔穎達（574～648）和諸儒撰五經義疏，成《五經正義》；顏師古（581～645）也受詔考定五經文字，作《五經定本》。章懷太子李賢在儀鳳元年（676）注成范曄的《後漢書》。

初唐統治者重視修史的工作，二十四史中，即有八部修成於初唐，即：《晉書》、《梁書》、《陳書》、《北齊書》、《周書》、《北史》、《南史》和《隋書》。自貞觀年起便已撰成多部史書。顯慶元年（656）「太尉長孫無忌進史官所撰梁、陳、周、齊、隋《五代史志》三十卷。」〔註226〕受武后重用的許敬宗曾三次主修、二次監修國史。著有《史通》的劉知幾（661～721）曾參與《三教珠英》的修撰，在長安二年（702）時兼修國史，當了二十年的史官，並於中宗景龍四年（710）書成《史通》。唐代史學著述成績斐然，是中國古代史學的一個巔峰。孫昌武認為，在短短二十餘年的時間裡，完成如此巨大的修史工程（指八部史書），在歷史上是未見先例的。這本身就顯示了唐朝廷對於史學的重視。自唐朝開始，新王朝為前朝修史形成定制，在史學發展上與政治上都是有意義的事。〔註227〕

唐朝與域外的交流頻繁，不僅有南北方的民族相繼入居中原，中原的人民也遷徙海外。因此對於邊疆地理和域外地理、風俗習慣等的知識也得到提升。《新唐書》載：「高宗遣使分往康國、吐火羅，訪其風俗、物產，畫圖以聞，詔史撰次，許敬宗領之，顯慶三年上。」〔註228〕這段記述表明了唐初統治者已經有系統的記錄海外國家的地理、文化等情況。

總括而言，由於「唐初統治者對文藝採取了比較寬容的態度」〔註229〕，加上其他文化的融入和交流，給了唐朝文化發展很大的自由空間，貽惠後代巨大而深遠。

〔註226〕〔後晉〕劉昫等撰：《舊唐書》卷四〈高宗上〉，頁75。
〔註227〕孫昌武撰，李學勤主編：《隋唐五代文化志》，頁93。
〔註228〕〔宋〕歐陽修，宋祁撰：《新唐書》卷五十八〈藝文志二〉，頁1506。
〔註229〕章培恆、駱玉明等編：《中國文學史》〈中卷〉，頁22。

第五章　女主臨朝之局限

在封建社會裡，女主臨朝是否意味著享有和皇帝相等的權利，她們真的能夠與男性皇帝行使一樣的權力？周代伊始中國社會結構便已以父系為本，「因而社會組織自然以男性為中心，且又配合封建、宗法等繼承制度，所以明定以男系為法定的繼承系統，故而以男性親屬方為同姓己族，而將妻黨、母黨、女黨等親族視為異姓外親。」〔註1〕在此觀念下，男主傳位於子嗣乃是理所當然，而后妃雖得以在維護皇權的前提下涉政，在選擇繼承人時卻只能以夫家子嗣為準，而無法選擇傳給原生家族的子孫。筆者將在下文中針對這兩個問題作探討。

第一節　朝臣之制約

「溥天之下，莫非王土，率土之濱，莫非王臣」，在中國傳統社會裡，皇帝是統治國家的最高領導者。從秦始皇建立專制帝制後，實現了「主獨制於天下而無所制也」〔註2〕，也意味著君主獨攬大權，擁有絕對及統一的權力。然而，在實際情況裡，皇帝並不可以隨著個人的意志執政，而必須經過一定的程序。這一點在漢唐兩朝初期表現得尤為明顯。揆諸史書，兩朝臣子犯顏固爭而皇帝不得不聽從的現象頗多。由此可推論，君臣之間並非處於命令與服從的關係，而是互相制衡，也就是說其時的皇權屬於「相對的獨裁」。〔註3〕

〔註1〕　林素英：《從《郭店簡》探究其倫常觀念》，頁58。
〔註2〕　〔漢〕司馬遷撰：《史記》卷八十七〈李斯列傳〉，頁2554。
〔註3〕　白鋼：《中國皇帝》（北京：社會科學文獻出版社，2008年），頁146中指出，趙匡胤以前的皇帝是相對獨裁時期；趙匡胤以後是絕對獨裁的時期。

略言之，皇帝並不能完全按照自己的意志對臣民進行統治。男性皇帝尙且如此，代行皇權的女主自然也不能避免必須受到朝臣的制衡。本節將就呂后和武后執掌國柄時，其皇權的發展、限度與範圍作探討。

一、呂后與朝臣的相互制衡

漢代的中央政府由三公九卿組成，他們各有專職，分理庶政，遇到重大國事便由皇帝下詔，廷臣進行討論，且往往可以在皇帝面前爭議。〔註4〕從史書記載可以看到，其時高祖的權力並非達到完全集權的程度，朝臣的權限相對比較大。舉例言，當高祖欲廢太子立趙王如意時，遭到朝臣的反對而無法如願：「如意立爲趙王後，幾代太子者數矣，賴大臣爭之，及留侯策，太子得毋廢。」〔註5〕

惠帝執政時，朝中重臣多爲顧命大臣，加上惠帝仁弱，故他們對於皇帝的制約力量要比高祖時來得強大，可說是不把惠帝放在眼裡。據史書記載，惠帝曾怪曹參不治事，而曹參卻以惠帝能力不如高祖，要惠帝「陛下垂拱」〔註6〕，一切依高祖和蕭何時的政策法令照辦就好。這樣一來，即使惠帝有雄心大志想要有所作爲，在曹參的制約下也很難施展了。

呂太后臨朝稱制時朝中的官僚班底主要仍然是高祖時期的朝臣，如陳平、周勃等人都是建國功臣。因此，朝臣仍然可以廷爭，敢於直言犯上。她欲立諸呂爲王時，先「問右丞相王陵」，再「問左丞相陳平、絳侯周勃」，可見她在下決定以前仍須先詢問朝臣。而王陵責怪陳平、周勃贊同讓呂太后封諸呂爲王時，陳平對曰：「於今面折廷爭，臣不如君；夫全社稷，定劉氏之後，君亦不如臣。」〔註7〕這段對話反映出漢初時期，對於皇帝的詔命，群臣可以在朝上進行「廷爭」，「表明他們有駁正皇帝違失的權力。」〔註8〕不僅如此，呂太后也允許朝臣集議，下詔曰「『欲差次列侯功以定朝位。其與列侯議定奏之。』丞相臣平言：『謹與絳侯臣勃、曲周侯臣商、潁陰侯臣嬰、安國侯臣陵等議云云。』奏可。」〔註9〕由此可以推論，當時君臣之間的關係是互相制衡。

〔註4〕 白鋼：《中國皇帝》，頁149。
〔註5〕 〔漢〕司馬遷撰：《史記》卷九〈呂后本紀〉，頁395。
〔註6〕 〔漢〕班固著，〔唐〕顏師古注：《漢書》卷三十九〈曹參列傳〉，頁2020。
〔註7〕 〔漢〕司馬遷撰：《史記》卷九〈呂后本紀〉，頁400。
〔註8〕 白鋼：《中國皇帝》，頁149。
〔註9〕 〔宋〕徐天麟撰：《西漢會要》卷四十〈職官十〉，頁471。

概言之，從高祖至呂太后，他們的皇權基本上並沒有達到獨裁式的高度集權。

二、武后與朝臣的相互制衡

　　唐初的皇帝權力同樣是屬於相對性的獨裁，朝臣對於君主的詔令並不需要絕對的服從。唐太宗和魏徵的君臣關係便是歷史上爲人所稱道的。〔註10〕高宗爲太子時曾犯顏進諫太宗，不使太宗在盛怒的情況下於朝堂上斬殺苑西監。〔註11〕高宗掌政時，朝臣也仍然可以「面折廷爭」，「臣下直諫之風不衰。」〔註12〕這一點從高宗欲立武則天爲后而在廷上遭到長孫無忌、褚遂良、韓瑗等人的力諫固爭即可見一斑。當高宗有意下詔令武則天攝國政時，遭到當時的中書侍郎郝處俊、李義琰的諫止，高宗因他們激烈的反對，此念頭「遂止。」〔註13〕據此可見，高宗掌政時並不能完全依據自己的意志辦事，仍需過問群臣的意見，可見其身爲皇帝的權力並沒有達到強化和集中的獨裁形態。

　　裴炎是社稷重臣，又受遺詔輔政，是惟一能和武則天抗衡的政治力量。〔註14〕他曾數次直言犯上，立七廟及殺韓王、魯王之事都因他固爭而作罷。裴炎被指謀反而下獄時，納言劉景先、胡元範都在武則天面前爲他辯護，力證裴炎不反。不僅如此，「文武之間證炎不反者甚眾。」〔註15〕可見當時的朝臣實有與君主抗辯的能力。武則天稱帝時，朝中也不乏諫臣，如狄仁傑很多時候以手中的相權制衡著武則天的君權，故有「唐室中興，諍由狄公」之說。武太后曾考慮立武氏族人爲太子，仁傑曰：「文皇帝身蹈鋒鏑，勤勞而有天下，傳之子孫。先帝寢疾，詔陛下監國。陛下掩神器而取之，十有餘年，又欲以三思爲後。」〔註16〕狄仁傑直言斥責她掩盜唐神器而自立爲帝，反對以武氏族人爲太子，而武則天不僅不發怒，還因此而迎回廬陵王。此外，陳子昂在

〔註10〕魏徵常犯顏直諫，據理力爭，即使曾經因此而險些被太宗殺頭也依然故我。在太宗時期，有許多政策的頒布都有魏徵的參與，可說是貞觀年間朝中的重臣。

〔註11〕詳見〔唐〕吳兢撰：《貞觀政要》卷二〈納諫第五〉（上海：上海古籍出版社，2007年），頁52。

〔註12〕馬小紅：〈唐王朝的法與刑〉《政法論壇（中國政法大學學報）》第24卷第2期（2006年3月），頁79。

〔註13〕〔後晉〕劉昫等撰：《舊唐書》卷八十四〈郝處俊列傳〉，頁2800。

〔註14〕詳見胡戟：《武則天本傳》，頁88。

〔註15〕〔後晉〕劉昫等撰：《舊唐書》卷八十七〈裴炎列傳〉，頁2844。

〔註16〕〔宋〕歐陽修、宋祁撰：《新唐書》卷一一五〈狄仁傑列傳〉，頁4212。

朝中官至右拾遺，正直敢言的他入朝後痛陳時弊，即便是尖刻言論、見識也被褒許。「在封建專制制度下，言論不僅決定於發言者的勇氣，更重要的要看統治者是否優容。」〔註17〕此外，武則天在逮捕宰相劉禕之時，未經中書、門下直接發敕，劉禕之以「不經鳳閣鸞臺，何名爲敕」爲由拒絕從命。據上，顯見武則天被朝臣、法律所制約，手中的皇權並不是無限的。

　　武則天的權限有多大？她在輔佐高宗時，「威勢與帝無異」〔註18〕，其權力範圍也已然涵蓋政治、經濟、軍事乃至文化禮俗等層面。儘管如此，其權限仍被高宗所限制。

　　《舊唐書》〈高宗本紀〉：「時帝風瘮不能聽朝，政事皆決於天后。」〔註19〕

　　《舊唐書》〈則天皇后本紀〉：「帝自顯慶已後，多苦風疾，百司表奏，皆委天后詳決。」〔註20〕

　　《新唐書》：「高宗自顯慶後，多苦風疾，百司奏事，時時令后決之。」〔註21〕

　　《資治通鑑》：「顯慶五年……冬，十月，上初苦風眩頭重，目不能視，百司奏事，上或使皇后決之。后性明敏，涉獵文史，處事皆稱旨。由是始委以政事，權與人主侔矣。」〔註22〕

　　《唐會要》：「顯慶五年十月已後，上苦風眩，表奏時令皇后詳決，自此參預朝政。」〔註23〕

比較上述資料，除了《舊唐書‧則天皇后本紀》的記載顯示高宗全權委政於武則天之外，其他記載都用「時」、「或」字表示，表明高宗是有時候，選擇性的讓武則天參與政務。即便是如《資治通鑑》所載認爲武則天權力幾與高宗同，然而用「委以政事」，即表明了高宗和武后尊卑的關係。據此，孟憲實提出類似的觀點。他認爲，《資治通鑑》所記說明了因爲皇后聰明，涉獵文史，

〔註17〕孫昌武撰，李學勤主編：《隋唐五代文化志》，頁25。
〔註18〕〔後晉〕劉昫等撰：《舊唐書》卷六〈則天皇后本紀〉，頁115。
〔註19〕〔後晉〕劉昫等撰：《舊唐書》卷五〈高宗本紀下〉，頁100。
〔註20〕〔後晉〕劉昫等撰：《舊唐書》卷六〈則天皇后本紀〉，頁115。
〔註21〕〔宋〕歐陽修，宋祁撰：《新唐書》卷四〈則天皇后本紀〉，頁81。
〔註22〕〔宋〕司馬光編著，〔元〕胡三省音注：《資治通鑑》卷二百〈唐紀十六〉，頁6322。
〔註23〕〔宋〕王溥撰：《唐會要》卷三〈皇后〉，頁24。

所以提出的處理意見都很符合皇帝的意思。這裡的主次關係很清楚，是否讓皇后參與，完全看皇帝的身體狀況和想法，同時處理朝政的最後決斷取決於高宗，因此說她權與人主侔是相當矛盾的。〔註 24〕根據史書的記載，則不難發現，高宗在麟德元年（664）〔註 25〕以前並沒有完全下放權力於武則天，可見侷限她的不僅是朝臣，也包括了高宗本人。武則天曾諫言涉及經濟、軍事、社會、政治諸方面共十二事，展現了她在治政上的企圖心。不過對於她的建言，高宗也只是「帝皆下詔略施行之」〔註 26〕，由此看來，高宗並沒有完全依照她的意思辦理，甚至武則天所提出的這些意見是否有得到施行也是個疑問，可見後世認為高宗為武后所控制的說法是不正確的。

　　無論如何，即使當時高宗有意的限制了她涉政的權力，他崩逝時卻以詔書形式給予了武則天參與朝政的合法性：「帝崩於真觀殿，時年五十六。宣遺詔：『七日而殯，皇太子即位於柩前。園陵制度，務從節儉。軍國大事有不決者，取天后處分。』」〔註 27〕高宗所言「軍國大事」，基本上便是涵蓋了所有方面，可說是直接賦予她一個皇帝的權力了。換言之，武則天從高宗那裡得到的權力範圍等同於男性皇帝。這一點從她臨朝乃至稱帝時的治績，如官員的任免、經濟的發展、法制的改革、文學的昌盛乃至宗教的地位（把佛教置於道法之上，僧尼處道士女冠之前）都有她插手的痕跡來看，顯見她的權力觸角已伸及所有層面。誠如上述，即使武則天擁有了至尊無上的權力，和太宗、高宗一樣，其時的政治環境並不容許她為所欲為，按照自己的意志治政。概言之，其時的皇權，仍然屬於相對性獨裁，而非單向的命令。

　　雖然中國皇帝制度以皇帝獨裁為本質。不過綜觀當時的政治環境、君待臣的方式都直接影響了皇帝集權的程度。無論是漢初還是唐初時期，君臣關係都是相互制衡的，故她們掌政時，手中的權力同樣必須受到朝臣一定程度的制約。

〔註 24〕孟憲實：《唐高宗的真相》（臺北：遠流出版社，2008 年），頁 241。

〔註 25〕〔宋〕司馬光編著，〔元〕胡三省音注：《資治通鑑》卷二百一〈唐紀十七〉，頁 6343 記載，武則天是在麟德元年，上官儀事件以後才「垂簾於後，政無大小，皆與聞之。」據此，武則天涉政的年份必須延後，並且她得以全權處理政務的契機是上官儀之事所致，而非高宗病。

〔註 26〕〔宋〕歐陽修、宋祁撰：《新唐書》卷七十六〈后妃列傳上〉，頁 3477。

〔註 27〕〔後晉〕劉昫等撰：《舊唐書》卷五〈高宗下〉，頁 112。

第二節　帝位之承繼

　　封建社會的繼承制度，是「按男系確定血統和父系繼承權，是父系氏族社會的主要標誌」。〔註28〕原以氏族血緣家長制爲本的皇權，其傳承方式早已從一宗一族發展到了僅限於在直系血緣內，以父傳子爲基本原則，「意味著權力範圍的縮小和權力的更加集中」〔註29〕，簡言之，在皇帝有子嗣的通常情況下，皇位一般由皇帝自己的兒子繼承，而不會是傳給其他兄弟的兒子，「父有天下，傳歸於子」。〔註30〕從而皇權應由誰接掌便成了歷朝皇帝最大的難題之一。揆諸史書即可發現，傳位不當或奪位常常是導致政治動亂的因素之一，以父兄弟生命換來皇帝寶座的例子比比皆是，故慎選繼承人，用適當的方式轉移權力等問題都是皇帝必須考慮的。皇位的傳承以萬世一系爲最理想的情況，以父傳子、子傳孫的方法，一代一代的傳承下去。呂后和武后以后妃的身份行使皇權，傳位於何人便成了她們必須思索的難題。顯然，武后稱帝導致她在這方面遇到的困擾又要比呂后多。

一、呂后之傳位

　　高祖崩逝後，惠帝繼承大統。惠帝早逝，少帝以太子身份即位。據此，劉漢皇權從高祖傳到少帝乃是中國帝制政體下皇權轉移的典型模式，即由太子繼承帝位。然而漢初時期的太子並不一定具有嫡長子身份。漢高祖無視朝臣的反對，數度欲更立太子，「上欲廢太子，立戚夫人子如意。大臣多諫諍，未能得堅決者也」〔註31〕，這顯示出他實際上並不注重嫡長子繼承制度。最終沒有成功更立太子是因爲高祖尊崇的四位高人──東園公，綺里季，夏黃公，角里先生〔註32〕願意輔佐惠帝，令高祖意識到惠帝已準備好繼位，《史記》

〔註28〕王玉波：《歷史上的家長制》（臺北：谷風出版社，1988 年），頁 6。

〔註29〕白盾：《歷史的磨道：論中華帝制》（合肥：安徽人民出版社，1999 年），頁 36。

〔註30〕〔漢〕班固著，〔唐〕顏師古注：《漢書》卷一下〈高帝紀下〉，頁 62。

〔註31〕〔漢〕司馬遷撰：《史記》卷五十五〈留侯世家〉，頁 2044。

〔註32〕〔漢〕司馬遷撰：《史記》卷五十五〈留侯世家〉，頁 2045：「天下有四人。四人者年老矣，皆以爲上慢侮人，故逃匿山中，義不爲漢臣。然上高此四人。」索隱曰：「四人，四晧也，謂東園公、綺里季、夏黃公、角里先生。按：陳留志云『園公姓庾，字宣明，居園中，因以爲號。夏黃公姓崔名廣，字少通，齊人，隱居夏里修道，故號曰夏黃公。角里先生，河內軹人，太伯之後，姓周名術，字元道，京師號曰霸上先生，一曰角里先生。』」

載：「（高祖）召戚夫人指示四人者曰：『我欲易之，彼四人輔之，羽翼已成，難動矣。呂后眞而主矣。』」〔註33〕

　　少帝年幼登基，故呂太后臨朝稱制，暫代正統的皇帝行使皇權。據史書記載，惠帝子嗣有少帝、劉弘〔註34〕（？～180BC）、劉不疑〔註35〕（？～186BC）、劉彊〔註36〕、劉朝〔註37〕、劉武〔註38〕和劉太〔註39〕，少帝失言遭呂太后幽於永巷後，劉弘被立。雖然劉弘繼承了皇帝之位，然而實際權力並沒有轉移到他手裡。同時也可以發現，呂太后並沒有依循嫡長子原則選立繼承人。不過，史書並沒有記載呂太后得以繼續把持朝政的原因，然而從當時朝臣的接受度來看，她的政權是具有正當性的。從她擁立劉氏子孫而非呂氏子孫來看，可以推斷，在她的認知裡，皇帝之位仍是應由劉氏子孫來繼承。因此，雖然劉弘並非藉由典型的模式來繼承皇統，而是有外界干擾（太后行使擅行廢立之權），卻符合了以一統系萬世的原則。

　　《新唐書》記曰：「自司馬遷、班固皆作《高后紀》，呂氏雖非篡漢，而盜執其國政，遂不敢沒其實」。〔註40〕她掌政時費盡苦心扶植呂氏的勢力，然而她不忘封劉氏宗親爲王侯，在政治上她亦依循高祖、高祖親信陳平、蕭何等人的意見施政，而不做大的更動。換言之，除了分封侯王一事，提拔自己

〔註33〕〔漢〕司馬遷撰：《史記》卷五十五〈留侯世家〉，頁2047。

〔註34〕劉弘，本名山，封襄城侯，恆山王劉不疑死後繼爲恆山王，前少帝被廢後即位，史稱後少帝。不過，《漢書》卷二十七〈五行志上〉，頁1331卻記劉弘本爲呂氏子孫：「更立呂氏子弘爲少帝。」對此趙翼：《廿二史箚記》卷二〈漢書書恆山王〉，頁32中提出：「漢書呂后紀，孝惠帝張后無子，取後宮美人子，殺其母，名之立爲太子。惠帝崩，太子立，太后稱制，立孝惠後宮子強（彊）爲淮陽王；不疑爲恆山王；宏（弘）爲襄城侯；朝爲軹侯；武爲壺關侯。四年，帝自知非皇后子，而所生母被殺，出怨言，太后乃廢之，以幽死，更立恆山王宏爲帝。太后崩，大臣以宏及三弟皆非孝惠子，共誅之。（〈恩澤表〉、〈五行志〉並云，皆呂氏子。周勃傳亦云呂后以計詐名他人子，殺其母，令孝惠子之。）由前所書，則強等孝惠後宮子也；由後所書，則皆非孝惠子也，此已屬歧互，且先所書恆山王則不疑也，宏則襄城侯也。後忽云立恆山王宏爲帝，更不明晰。據《史記》則襄城侯本名山，因常山王（即恆山王）不疑薨，以山改封常山，王更名義。後立爲帝，又名宏。」

〔註35〕劉不疑，封恆山王，卒於呂后二年。

〔註36〕劉彊，封淮陽王，卒於呂后五年。

〔註37〕劉朝，軹侯，恆山王劉弘即帝位後，繼立爲恆山王，後被文帝誅殺。

〔註38〕劉武，壺關侯，劉彊死後繼立爲淮陽王，後被文帝誅殺。

〔註39〕劉太，平昌侯，封呂王，後爲濟川王、梁王，及後被文帝誅殺。

〔註40〕〔宋〕歐陽修，宋祁撰：《新唐書》卷四〈則天皇后中宗本紀〉，頁113。

人居高位掌權之外，呂太后在其他方面並沒有表現出太大的野心。是故，從各種跡象來看，筆者認爲，誠如歐陽修等人所言，她實際上並沒有篡漢之意。因此在傳位上她首要考慮的人選仍然是劉家子嗣，而非本家的子嗣。

二、武后之傳位

　　皇權更迭的穩定性建立在嫡子繼承制度上，這個制度同時賦予繼承者掌政的合法性與正當性，唐朝時的皇位繼承方式自太宗始至玄宗時已呈現不穩定狀態。唐高祖李淵建立唐朝，在選定繼承人時仍依循嫡子繼承的方式，屬意由嫡長子李建成繼承皇權。然而此模式卻遭到了太宗李世民的破壞，發動玄武門之變、殺死自己的親兄弟以奪取皇位。透過奪嫡之爭的繼承方式在當時乃至後世，都鮮有人質疑其正當性和合法性，而高祖在他的脅迫之下也只能退位。

　　太宗初期仍以嫡長子李承乾（618～645）爲太子，然而在廢立承乾太子位後，依據禮法，本應由太子之子繼承的皇儲之位卻由嫡三子李治繼立。或許因爲太宗本身並非藉由嫡長子制度繼承皇統的關係，因此在選立太子時便能跳出舊制的框框。高宗時，長子李忠並非嫡出；武則天被立爲皇后後，其子李弘便被立爲太子。太子弘早薨，李賢繼立爲太子。李賢後來被廢，由李顯繼立。由此可以發現，太子之位不由嫡長子的子嗣繼承，而是以兄終弟及的方式。可見唐朝皇儲之位的傳承受外在因素干擾很多，變得極不穩定。高宗在遺詔中宣告了武后政治權力的合法性：「軍國大事有不決者，取天后處分」〔註41〕，由此武則天開始了臨朝稱制的時期。此後廢中宗立睿宗，也僅是皇權名義上的轉移，實際權力仍然掌握在武則天手裡。這點和呂太后廢少帝立劉弘可謂有異曲同工之妙。她們都選擇夫家子嗣繼承皇位，並且不擁立前任皇帝的子嗣（少帝年幼無子嗣故不計算在內，武則天則以睿宗代中宗，而不是中宗的兒子即位），可見她們都選擇了不依循舊制把皇權（即使只是名義上的）轉移下去。

　　武則天臨朝稱制時，其權力的合法性源自她身爲先帝嫡妻、李家媳婦的身份。由於手上掌握的政權是代管的，故在擅行廢立時，不論她以何制度爲基準，她亦只能選擇李家子嗣爲繼承人。當她打破常規稱帝開創屬於自己的

〔註41〕〔後晉〕劉昫等撰：《舊唐書》卷五〈高宗下〉，頁112。

的王朝時，那麼她要如何把所建立的武周政權轉移下去便成了一個無前例可循的難題，因爲「即使女主成爲皇帝，也不能改變皇位繼承權。她不能像男皇帝那樣，視夫族爲外戚，按照女皇帝的世系傳授帝位」。〔註42〕武周政權的建立不可能動搖流傳了千年，以父系男權爲主流的社會基礎，在這樣的文化背景下武周皇權該由誰繼承代行、該如何傳承、權力繼承者是否擁有正當性和合法性等都成了令人頭痛的問題。就第一個問題來說，究竟皇位是應該傳給李姓兒子還是武姓侄子？傳位給兒子看似理所當然，但是若她把皇位傳給兒子，便意味著復辟李唐政權，武周政權一世即亡；若爲保持武周王朝而傳位給武姓侄子，便會面臨「未聞侄爲天子而爲姑立廟者也」的問題。此外，她手中的政權當如何進行轉移，才能讓繼承者的權力擁有合法性和正當性？

　　武則天的稱帝爲武氏後人，尤其是在朝中權傾一時的武承嗣和武三思燃起了當皇帝的美夢。聖曆元年（698），武承嗣和武三思都爲了爭做太子，而使人在武則天前陳述：「自古天子未有以異性爲嗣者。」武承嗣更使人上表請立自己爲太子：「承嗣自爲次當爲皇儲，令鳳閣舍人張嘉福諷諭百姓抗表陳請，則天竟不許。」〔註43〕武則天拒絕立武承嗣爲太子的原因，除了得到岑長倩、格輔元等朝臣的反對，筆者認爲，其時武則天仍未就傳位問題作太多的思考，同時也並不願意下放太多的權力於武氏。武則天令武承嗣爲文昌左相，長壽元年（692）時李昭德奏曰：「『承嗣陛下之侄，又是親王，不宜更在機權，以惑眾庶。且自古帝王，父子之間，猶相篡奪，況在姑侄，豈得委權與之？脫若乘便，寶位寧可安乎？』則天瞿然曰：『我未之思也。』」〔註44〕由此可以推斷，雖然武則天讓武承嗣在朝中居高位，然而並沒有完全倚賴武承嗣。

　　傳位問題令武則天躊躇不已，同時也激起了朝廷內部的矛盾，導致朝臣之間分化爲兩大派別。值得注意的是，武則天稱帝時曾「降皇帝爲皇嗣，賜姓武氏」〔註45〕，可見這場奪位鬥爭是兩武之爭，而非武李之爭。儘管武則天賜兒子姓武，但內心裡仍將兒子劃入李家後代的範疇，朝臣們顯然也是這麼想的，故才會有支持立武氏和立李氏的派別出現。當武則天因傳位問題意

〔註42〕朱子彥：《帝國九重天——中國後宮制度變遷》，頁363。
〔註43〕〔後晉〕劉昫等撰：《舊唐書》卷一八三〈外戚列傳〉，頁4729。
〔註44〕〔後晉〕劉昫等撰：《舊唐書》卷八十七〈李昭德列傳〉，頁2854。
〔註45〕〔宋〕歐陽修、宋祁撰：《新唐書》卷四〈則天皇后中宗本紀〉，頁90。

未決時，李昭德奏：「『臣聞文武之道，布在方策，民有侄爲天子而爲姑立廟乎！以親親言之，則天皇是陛下夫也，皇嗣是陛下子也，陛下正合傳之子孫，爲萬代計。況陛下承天皇顧托而有天下，若立承嗣，臣恐天皇不血食矣。』則天寤之，乃止。」〔註46〕狄仁傑亦每從容勸諫她應以自己的親生兒子爲嗣，以天意說動武則天：「文皇帝櫛風沐雨，親冒鋒鏑，以定天下，傳之子孫。大帝以二子托陛下。陛下今乃欲移之他族，無乃非天意乎？且姑侄之與母子孰親？陛下立子，則千秋萬歲後，配食太廟，承繼無窮；立侄，則未聞侄爲天子而祔姑於廟者也。」〔註47〕

　　封建社會的皇帝制度並不容許皇帝選擇宗族以外的人爲繼承人。武則天既不能以嫡長子制度爲選擇繼承者的基準，也不能依她自己的喜惡來挑選繼承者。同時，雖然武則天自己以女身稱帝，然而她實際上也深受傳統觀念的束縛。舉例言，武則天重用上官婉兒，其職權和外朝官員無異，然而上官婉兒仍然只是一介女官。直到中宗封她爲昭容，才由宮官升遷爲內官。此外，武則天重視科舉，卻沒有推行允許女性考科舉的舉措。在父系家長制度下長大的武則天即使很寵愛太平公主，對於她著「紫衫、玉帶、皂羅折上巾，具紛礪七事，歌舞於帝前。帝與武后笑曰：『女子不可爲武官，何爲此裝束？』」〔註48〕由此可以看出，在武則天的思想觀念裡，「女主內」仍然是她對婦女職責的定位和認定。因此，即使太平公主想效仿其母當女皇帝，「但女兒繼位又不合傳統」〔註49〕，武則天也從來沒有想過要將皇位傳給她，更遑論她是否有能力了。

　　武則天在選擇繼承者時，從母子之情、禮制和能力等層面作考量，她實際上更傾向於讓自己的兒子即位。她曾問狄仁傑：「『朕夢大鸚鵡兩翅皆折，何也？』對曰：『武者，陛下之姓，兩翼，二子也。陛下起二子，則兩翼振矣。』太后由是無立承嗣、三思之意。」〔註50〕兒子比侄子來得親密，這是以母子之情爲考量的結果；在禮制上，李顯繼承皇位後也比侄子較能建立起政權的

〔註46〕〔後晉〕劉昫等撰：《舊唐書》卷八十七〈李昭德列傳〉，頁 2854。

〔註47〕〔宋〕司馬光編著，〔元〕胡三省音注：《資治通鑑》卷二百六〈唐紀二十二〉，頁 6526。

〔註48〕〔宋〕歐陽修、宋祁撰：《新唐書》卷三十四〈五行志一〉，頁 878。

〔註49〕朱子彥：《帝國九重天──中國後宮制度變遷》，頁 364～365。

〔註50〕〔宋〕司馬光編著，〔元〕胡三省音注：《資治通鑑》卷二百六〈唐紀二十二〉，頁 6526。

正當性和合法性；執政能力上，不論是李顯還是武家，實際上都沒有出現有
能力接班的人選。同時，倘若將皇位傳給侄子勢必引起政變，這是執政時期
努力穩定時局的武則天所不願意看到的。此外，武則天在傳位問題上躊躇，
一度把武氏之人納為皇位繼承的候選人之一，主要原因是不希望自己建立的
武周政權一世即亡，而非認為武氏之人能力高超得足以擔當皇帝之責任。舉
例言，儘管武承嗣在武則天的縱容下權傾朝野，以致讓他燃起了當皇帝的美
夢，然而事實上武則天對於他的信任和重用並非出於姑侄之情，而僅僅是因
為他是武氏後人。武則天重用武承嗣是以其自身的利益為考量的前提，不是
因為她愛侄勝於親子。從史書所記可以看到，她對武承嗣的這份重用並沒有
延續到其子身上，「太后春秋高，政事多委張易之兄弟；邵王重潤與其妹永泰
郡主、主壻魏王武延基竊議其事。易之訴於太后，九月，壬申，太后逼令自
殺。延基，承嗣之子也。」〔註51〕如前所述，武則天在外人面前極為維護武
氏一族，然而在她治政後期卻為了外人而殺害武延基，這看起來矛盾的舉動
實際上表示她晚年時已不再如此重用武氏一族於朝廷中。進一步言之，其時
她已立意歸政於子，因此已沒有提高武氏一族地位，藉以穩固武周政權的必
要。是故，在種種考量之下，傳位於子比傳位於侄能帶來更大的效益。

　　李樹桐也曾指出，武則天原就屬意自己的兒子繼承皇權。他引《資治通
鑑》一段考異曰：「《統紀》曰：太后善自粉飾，雖子孫在側，不覺其衰老。
及在上陽宮，不復節頹，形容羸悴，上入見，大驚。太后泣曰：『我自房陵迎
汝來，固以天下授汝矣。而五賊貪功，驚我至此。』上悲泣不自勝，伏地拜
謝死罪。由是三思等得入其謀。」他認為，這裡表現了二種意義：一、武后
既預備以天下授中宗而人們仍不敢相信，可推知那個時期，太子未即位前誰
也不敢相信將來定能即位而不發生變化。二、張柬之等五人為得擁戴之功，
不等到武后傳位於中宗，便提前迫武后退位擁中宗復位。〔註52〕在聖曆元年
（698），武則天下詔復立廬陵王李顯為太子。神龍元年（705），武則天臨死
前再下詔宣布廢除武周皇帝之號，改稱則天皇后，將天下歸還李唐。朱子彥
認為，武則天在其生前敢冒天下之大不韙，由皇后而垂簾，由垂簾而稱帝，

〔註51〕〔宋〕司馬光編著，〔元〕胡三省音注：《資治通鑑》卷二百七〈唐紀二十三〉，
　　　　頁6556～6557。
〔註52〕詳見李樹桐：〈唐代帝位繼承之研究〉，收入中國唐代學會編：《唐代研究論集・
　　　　第一輯》，頁146。

最終卻不得不廢除帝號，將皇位傳給兒子，說明她還是向傳統的宗法制屈服了。〔註53〕同時，她傳位於中宗而非睿宗也說明了她仍舊依照古老的傳位原則，立嫡立長。即便她明白中宗能力不足，然而此時以中宗爲最長，李旦也請立中宗（其時仍爲廬陵王）爲太子，加上朝廷群臣也紛紛擁立他爲帝，可見上至武后，下至朝廷，都深深的被傳統觀念所束縛。

朱子彥曾提到，作爲皇權的補充，后妃臨朝實際上並不能取代皇帝獨裁的統治地位，而只能在聽政的名義下，最大限度的行使皇權。〔註54〕呂太后臨朝稱制時，雖然能夠擅行廢立，掌握實際政權，然而她畢竟不能同男性統治者一樣，以皇帝的名義施政。究其原因，因爲她的政權僅僅是一種代管權，只是暫時成爲封建王朝實際上的最高統治者，執政的合法性源自高祖，而非基於她的能力。換言之，皇位的歸屬權並不會流向她。武則天雖然最終改唐爲周，成爲歷史上第一位，也是最後一位女皇帝，但她最後仍必須傳位於子。從代管天下，到謀取朝政建立武周，費盡心思經營十餘年的政權逐漸得到鞏固，但是「其特殊的女皇帝身份使她對皇位繼承問題傷透腦筋。一方面作爲高宗的皇后，她是李唐家族的一員，另一方面作爲女主稱帝，她又是李唐的敵對勢力」〔註55〕，而最終她不得不把天下歸還被視爲正統的李唐。說穿了，她的政權實際上也只是一種變異的過渡形式而已。

綜上所言，即使女主衝破了附庸者的藩籬，得以左右皇帝甚至取而代之，成爲封建社會最高的統治者，「但是她們不可能建立新的理論，進行政治制度的革命，她們仍然在封建文化的大網裡滾動，而不能衝決。從漢代、唐代、明代、清代諸多的太后們垂簾聽政看來，她們只不過是封建皇權的暫時代理人。」〔註56〕概言之，在封建社會所建立起來的嚴密制度下，臨朝的女主基本上不可能實現改朝換代的舉動。

〔註53〕 朱子彥：《帝國九重天——中國後宮制度變遷》，頁365。
〔註54〕 詳見朱子彥：《帝國九重天——中國後宮制度變遷》，頁188。
〔註55〕 朱子彥：《帝國九重天——中國後宮制度變遷》，頁363。
〔註56〕 門歸：《中國后妃的生死歌哭》，頁185。

第六章　女主臨朝之評價

　　在男權爲本的文化傳統下，女主涉足政治無論是在當代還是後世，不免受史家等文士的非議。把她們貶斥至極的負面評價有之；亦有過度吹捧、爲其申張，正向肯定女主的論點。換言之，歷史對於女主的評價結果可謂相當極端。基於此，本章擬以正史爲考察中心，以其他文獻爲輔，針對漢朝至近代史家學者對呂太后和武則天的評價作考察和分析。

　　劉勰（約 465～532）曾曰：「文變然乎世情，興廢繫乎時序」〔註1〕，一個時代的社會價值、政治環境、文化風氣乃至個人經歷對於作者的人格、思想、觀念都有莫大的影響。作者在著述史書的時候不可避免的存在主觀性，「一書之作，每爲作者自身之際遇及時代之反映，是以欲究其書，每冀知其人，而窺其世」。〔註2〕同時，倘若史書是奉皇帝之敕命而撰的官史，那麼所體現的就不僅僅是作者的個人意志，也反映了當時統治階級的思想。筆者以作者著書的年代爲劃分，從政治環境、社會文化探析史家發出相關評價的原因。基於史家著書皆有其情感的依托，因此筆者也不忽略主觀層面，即史家個人的性別觀。最終的目的，乃是從史家對兩位女主事蹟作全面和客觀的探討。

第一節　漢唐時期對兩后臨朝的評價

　　西漢建立至唐朝結束歷時逾千年，這段期間記述了呂后和武后的正史主

〔註 1〕〔南朝梁〕劉勰撰：《文心雕龍》（臺北：臺灣商務印書館，1965 年）卷九〈時序〉，頁 50。

〔註 2〕王明通：《漢書導論》（臺北：五南圖書，1991 年），頁 26。

要有西漢司馬遷之《史記》、東漢班固（32～92）之《漢書》、後晉（936～947）
劉昫之《舊唐書》、杜佑（735～812）之《通典》等，撰者對兩位女主提出了
或肯定或否定的評價。本節將就這些撰著對她們之評價進行探述。

一、司馬遷《史記》對呂后臨朝之評價

西漢司馬遷的《史記》乃中國首部紀傳體通史，在史學史上有重要深遠
的意義和影響。他不僅創造了以朝代、帝王爲主的本紀體例，更將呂后列入
帝王之列，作〈呂后本紀〉。姑且不論其內容是批判抑或讚賞，作爲「歷代封
建王朝所修『正史』的典範」〔註3〕，爲呂后立紀無疑已是對她執政的一種承
認和肯定。呂后雖非帝王亦稱本紀，是因爲「政由呂后所出」，故瀧川龜太郎
在《史記會注考證》曰：「史公舍惠帝而紀呂后，猶舍楚懷而紀項羽，蓋以政
令之所出也」〔註4〕；何喬新（1427～1502）也曾於《何文肅公文集》中提出
類似看法：「惠帝幼弱而呂后擅朝，故紀呂后焉」。〔註5〕蔡幸娟認爲，司馬遷
以呂后臨朝政治本身之良善來肯定呂氏之女主政治，並且由其「政令之所出」
的事實作憑準承認呂氏直接臨朝政治作爲至尊皇帝一般的事實。〔註6〕對於呂
后治政的表現，司馬遷確實給予了正面的肯定：「孝惠皇帝、高后之時，黎民
得離戰國之苦，君臣俱欲休息乎無爲，故惠帝垂拱，高后女主稱制，政不出
房戶，天下晏然。刑罰罕用，罪人是希。民務稼穡，衣食滋殖。」〔註7〕他也
數次提及高祖定天下，呂后輔佐有功，「呂后爲人剛毅，佐高祖定天下」〔註8〕；
「今呂氏雅故本推轂高帝就天下，功至大」。〔註9〕不過，書中他也藉由武帝
而提出「往古國家所以亂也。由主少母壯也。女主獨居驕蹇，淫亂自恣，莫
能禁也。女不聞呂后邪？」〔註10〕司馬遷既肯定呂后政治表現，卻又認爲她
亂國，是否表示他對呂后的看法存有矛盾？

〔註3〕 柴德賡：《史籍舉要》（香港：中華書局，2002年），頁5。
〔註4〕 〔日〕瀧川龜太郎：《史記會注考證》（臺北：萬卷樓，1993年），頁183。
〔註5〕 轉引自楊燕起等編：《歷代名家評史記》（北京：北京師範大學出版社，1986
　　　 年），頁105。
〔註6〕 詳見蔡幸娟：〈北朝正史女主政治評價之考察研究——兼論中國史上「女禍史
　　　 觀」之形成與發展〉，收入台灣歷史學會編：《認識中國史論文集》，頁169～
　　　 170。
〔註7〕 〔漢〕司馬遷撰：《史記》卷九〈呂后本紀〉，頁412。
〔註8〕 〔漢〕司馬遷撰：《史記》卷九〈呂后本紀〉，頁396。
〔註9〕 〔漢〕司馬遷撰：《史記》卷五十一〈荊燕世家〉，頁1995。
〔註10〕 〔漢〕司馬遷撰：《史記》卷四十九〈外戚世家〉，頁1986。

　　高祖崩逝後，她以高祖遺孀、皇帝母親身份臨朝，輔佐孝惠帝。她代表著劉氏皇朝，權力來自於她的身份。換言之，她最初稱制的目的乃是站在維護劉漢王朝的立場為出發點。然而惠帝崩逝後大權便由她全盤掌握，「孝惠帝崩，呂太后稱制，天下事皆決於高后」〔註11〕，她為了呂氏家族的利益而迫害劉氏宗親，便違背了她最初臨朝的目的。此時她已不再是守護夫家劉氏皇權的代理者，這點正是司馬遷所反對和譴責的，所以他藉王陵之口提出：「太后女主，欲王呂氏。諸君縱欲阿意背約、何面目見高帝地下。」〔註12〕這也呼應了他在〈太史公自序〉裡所述的作呂后本紀的原因，「惠之早霣，諸呂不台；崇祿、產，諸侯謀之；殺隱幽友，大臣洞疑，遂及宗禍。作呂太后本紀第九。」〔註13〕易言之，所謂女主亂國，指責的是她沒有好好執行她作為皇權代理人的角色，企圖以呂代劉，掌控屬於劉氏的政治大權，並且謀害劉氏後裔。這和司馬遷的天命觀有關。在他看來，呂太后和其親族並非天授的王者，王諸呂、謀亂奪漢室皇權違逆天命，故司馬遷再三強調「非劉氏王者，天下共擊之」，諸呂最終被滅才是順應天命，黃震曾明言點出司馬遷「史於呂氏，譏以非天命孰能當之」。〔註14〕反之，劉氏才是受天命而王的正統。〈高祖本紀〉裡載：「吾以布衣提三尺劍取天下，此非天命乎？」〔註15〕由此可見，正因為他認為劉邦才是受命帝王，劉漢宗室（尤指劉邦後嗣）才是得天命的統治者，因此他譴責呂后為了自己的族人殘害劉家後嗣。司馬遷批判呂后臨朝，女主亂政並非站在性別觀念之上，認為她牝雞司晨，或是女主為禍的女禍觀，而是站在正統與否的立場。

　　雷家驥曾說，司馬遷處理漢代統治人物的態度是「賢者記其治，不賢者彰其事」，即「不虛美，不隱惡」的客觀態度。〔註16〕有論者則認為這和司馬遷本身的人才觀有關，「人才不是完美無缺的，他不求全責備。他寫的許多歷史人物都有缺點，甚至有惡性，並對缺點和惡性進行猛烈的抨擊，但卻不埋沒他們的功績。」〔註17〕誠然，他在描繪呂太后如何以狠毒的手段殘害戚夫人、趙王如意等人時，極致的刻畫了她殘忍的一面。對於她欲助呂氏掌權卻

〔註11〕〔漢〕司馬遷撰：《史記》卷五十二〈齊悼惠王世家〉，頁2000。
〔註12〕〔漢〕司馬遷撰：《史記》卷九〈呂后本紀〉，頁400。
〔註13〕〔漢〕司馬遷撰：《史記》卷一百三十〈太史公自序〉，頁3302。
〔註14〕〔清〕黃震：《黃氏日抄》卷四六〈史記〉，轉引自《歷代名家評史記》，頁506。
〔註15〕〔漢〕司馬遷撰：《史記》卷八〈高祖本紀〉，頁391。
〔註16〕詳見雷家驥：《中古史學觀念史》（臺北：臺灣學生書局，1990年），頁114。
〔註17〕張大可：《司馬遷評傳》（北京：華文出版社，2005年），頁299。

最終反害呂氏被滅族一事的敘述，亦充滿了反諷之意。然而她終究是曾經維護劉漢皇朝的人，爲穩定時局作出了貢獻，對她所作出的貢獻和努力，司馬遷仍讚頌之。對於重用諸呂以及廢帝的舉動，以她年歲高而糊塗的聽信呂氏作了解釋：「孝惠崩，高后用事，春秋高，聽諸呂，擅廢帝更立，又比殺三趙王，滅梁、趙、燕以王諸呂，分齊爲四。」〔註18〕

　　除了人才觀，司馬遷能夠對她稱制的現象予以較爲客觀的評述與《史記》的性質有關。《史記》非奉皇帝之命而寫的官史〔註19〕，因此他得以在不受統治者的壓力和影響下成就他的「一家之言」。司馬遷「生活在君主專制空前強化的時代」〔註20〕，漢武帝是個爲了防範后妃染指政治而創制立子殺母的皇帝，倘若《史記》乃奉漢武帝之命寫成，那麼司馬遷不僅不可能爲她立紀，甚至對她事蹟的敘述、評價或許也會不一樣了。

　　有論者認爲，司馬遷能夠捨孝惠而紀呂后，是「司馬遷對婦女社會地位的尊重和肯定。」〔註21〕筆者認爲這個說法是值得商榷的。儘管沒有爲惠帝立紀，然而司馬遷在贊賞呂后的政績時，不難發現那些讚美之言係以「孝惠皇帝、高后之時」作開首，並且他將孝惠帝列於呂后前，亦可見司馬遷之用心。據此，雖然政令非由孝惠帝而出，但他仍是漢朝皇帝；反之，呂后雖立有本紀，統治漢朝，卻僅是皇后、皇太后身份，是暫時的皇權管理人，而非眞正的「帝」。換言之，司馬遷接受她的臨朝是根基於當時的需要性的考量。同時司馬遷的皇權正統觀念畢竟還是居首位，因此他在著〈高后紀〉時並不能完全擺脫這些觀念的束縛。

二、班固《漢書》對呂后臨朝之評價

　　東漢班固所撰之《漢書》〔註22〕是中國第一部紀傳體斷代史，記述了起

〔註18〕〔漢〕司馬遷撰：《史記》卷九〈呂后本紀〉，頁407。
〔註19〕呂思勉在《秦漢史》裡認爲《史記》是私史；徐朔方更提出四個證據：第一、太史掌天時星曆瑞應災異等事，是以星曆爲主的天官；第二、漢代沒有眞正的史官，那時統治者還沒有想到由朝廷編寫歷史的意義和作用；第三、《史記‧太史公自序》載壺遂曾批評司馬遷作史是不務正業；第四、如果《史記》是官史，那就不存在發憤著書的問題，可見《史記》是私史。
〔註20〕陳桐生：《中國史官文化與史記》（臺北：文津出版社，1993年），頁117。
〔註21〕曾秀芳：〈司馬遷的婦女觀及其成因探析──以《史記》爲考察文本〉，《求索》第1期（2011年），頁242。
〔註22〕柴德賡：《史籍舉要》，頁17指出，班固著《漢書》，未及完成八表和〈天文

自漢高祖元年（207BC）至王莽地皇四年（23）二百餘年的漢代史事。柴德賡指出，《漢書》武帝以前的史料來源絕大部分用《史記》原文，雖然文字略有精簡，有些也予以重新安排和剪裁，然而大體上還是《史記》的原材料。〔註23〕而班固沿襲司馬遷做法，也將呂后列入本紀，作〈高后紀〉。在被列入《漢書》本紀的十二個人物裡，除了呂后，其他都是皇帝。由此可以推論，班固亦將呂后視作帝王。同時，西漢時期尚有漢元帝（76BC～33BC）皇后——孝元皇后（71BC～33BC）臨朝，但是班固並未爲孝元皇后立本紀，僅爲她另立〈元后傳〉，可見班固對呂后和孝元皇后的差別看法。陳舜貞提出，班固爲呂后立紀，原因在於「呂后的事功可以與漢帝的事功等同，因此，雖然呂后因爲其皇后身份而難稱漢『帝』，但起碼是『女主』，做了一些應該由漢帝王去做的事，何況呂后王諸呂之前不忘先封宗室，政令無大改，所用重臣又爲高祖心目中可安劉氏天下的周勃與陳平。」〔註24〕

　　對於呂后的政績，班固在〈高后紀〉文末引司馬遷字曰：「孝惠、高后之時，海內得離戰國之苦，君臣俱欲無爲，故惠帝拱己，高后女主制政，不出房闥，而天下晏然，刑罰罕用，民務稼穡，衣食滋殖。」〔註25〕在〈刑法志〉、〈食貨志〉等記載：「當孝惠、高后時，百姓新免毒蠚……是以衣食滋殖，刑罰用稀」〔註26〕，「孝惠、高后之間，衣食滋殖。」〔註27〕由此可見，班固對司馬遷的看法是有相當程度的認同，對於她臨朝時能夠使社會穩定發展的表現亦是予以肯定的。不過班固亦同司馬遷一樣，將惠帝列於呂后之前，讚美之言仍是母子倆並享。

　　值得注意的是，有別於《史記》，班固另撰了〈惠帝紀〉。蔡幸娟認爲班固的作法流露出他對女主政治的看法與司馬遷不同。她認爲，雖然班固設〈高后紀〉以承認呂后臨朝政治「政之所由出」如同至尊統治皇帝的地位一樣，但是立〈惠帝紀〉也表示他不願意忽視惠帝作爲漢王朝皇帝的事實，雖然惠

　　　　志〉，因下獄死，和帝詔其妹班昭踵而成之，後來馬融兄馬續又繼昭成之，可見《漢書》不是成於一手，而班固是最主要的一人，故本文仍以班固爲《漢書》著者。
〔註23〕詳見柴德賡：《史籍舉要》，頁17。
〔註24〕陳舜貞：〈司馬遷《史記》〈本紀〉義探索：從呂后立紀說起〉，《新亞論叢》（2009年6月），頁1。
〔註25〕〔漢〕班固著，〔唐〕顏師古注：《漢書》卷二十三〈刑法志〉，頁1097。
〔註26〕〔漢〕班固著，〔唐〕顏師古注：《漢書》卷二十四〈食貨志〉，頁1127。
〔註27〕〔漢〕班固著，〔唐〕顏師古注：《漢書》卷三〈高后紀〉，頁10。

帝有名無實。同時，依照班固排列呂后本紀和惠帝本紀的順序來看，他是比較願意承認有名無實的男性皇帝作爲一國之統治者，優於一個有實卻無名的女性皇太后的。蔡幸娟認爲這顯示出班固在男女與名實之間的微妙思考。〔註28〕筆者認爲，班固的兩性和名實觀念和他的家學背景有關。班固受到儒學熏陶很深，他以儒學爲正統，讚揚儒家學說：「儒家者流，蓋出於司徒之官，助人君順陰陽明教化者也。游文於六經之中，留意於仁義之際，祖述堯舜，憲章文武，宗師仲尼，以重其言，於道最爲高」〔註29〕；《漢書》中強調了「緯六經，綴道綱」〔註30〕之志，又批評司馬遷「其是非頗繆於聖人，論大道則先黃老而後六經」〔註31〕，可見班固對儒學的尊崇。站在儒家立場，惠帝才是正統的執政者，爲他立紀亦是當然之理。如前所述，雖然司馬遷沒有爲惠帝立本紀，但是卻將惠帝之名列於呂后之前，可見司馬遷亦不願意忽視惠帝作爲劉漢王朝皇帝的存在。因此，班固在記述呂后臨朝的事蹟時，其所依據的立場或與司馬遷不同，然而在孝惠帝一事上，兩者的觀念本質上是一致的。

兩漢女主不少，在班固以前臨朝稱制的女主包括了呂后、孝元王后和章德竇皇后（？～97）。班固出身儒學之家，相關思想塑造了他的綱常倫理觀，「夫有再娶之義，婦無二適之文。故曰：『夫者天也』。天固不可逃，夫固不可離也。行違神祇，天則罰之；禮儀有愆，夫則薄之。」〔註32〕，即可見家學對他的影響之深。武帝獨尊儒術後，東漢儒家勢力更盛，社會對倫常也很重視〔註33〕，家庭教育加上社會風氣，故《漢書》雖然多取材於《史記》，然而兩者的立場在本質上有所分別。深受儒學和禮制影響的班固在《漢書》裡表露了他的女禍意識以及婦不與政的觀念。漢代董仲舒把陰陽學說與儒學糅合，並且把漢代以前的部分災異歸咎爲婦人之禍，並且也把當代各類災禍、怪異之責任歸責於女性。〔註34〕班固在《漢書》中亦表現出此觀點，他引《京

〔註28〕 詳見蔡幸娟：〈北朝正史女主政治評價之考察研究——兼論中國史上「女禍史觀」之形成與發展〉，收入《認識中國史論文集》頁171～172。

〔註29〕 〔漢〕班固著，〔唐〕顏師古注：《漢書》卷三十〈藝文志〉，頁1728。

〔註30〕 〔漢〕班固著，〔唐〕顏師古注：《漢書》卷一百下〈敍傳下〉，頁4271。

〔註31〕 〔漢〕班固著，〔唐〕顏師古注：《漢書》卷六十二〈司馬遷傳〉，頁2737～2738。

〔註32〕 〔南朝宋〕范曄撰，〔唐〕李賢等注：《後漢書》卷八十四〈列女傳〉，頁2790。

〔註33〕 劉增貴：〈試論漢代婚姻關係中的禮法觀念〉，收入鮑家麟編：《中國婦女史論集續集》，頁2～3。

〔註34〕 詳見劉詠聰：〈漢代之婦人災異論〉，收入《德才色權——論中國古代女性》（臺北，麥田出版社，1998）頁43～58。

氏易傳》曰：「婦人顓政，國不靜；牝雞雄鳴，主不榮」〔註35〕，認爲天災發生乃女主臨朝之故：「高后三年（185BC）夏，漢中、南郡大水，水出流四千餘家。四年秋，河南大水，伊、雒流千六百餘家，汝水流八百餘家。八年夏，漢中、南郡水復出，流六千餘家。南陽沔水流萬餘家。是時女主獨治，諸呂相王。」〔註36〕董仲舒所提倡的「子受命於父，臣受命於君，妻受命於夫，諸所受命這其尊皆天也」，把女性服從男性提到了天經地義高度的倫理秩序的觀念同樣顯見於書中：「又漢家列侯尚公主，諸侯則國人承翁主，使男事女，夫詘於婦，逆陰陽之位，故多女亂。」〔註37〕男事女既然違反了天理秩序，那麼班固對於呂后自然有所批評。站在批判女主臨政的立場，班固對於呂后稱制的貶斥，「今上病，屬任呂后。呂后婦人，專欲以事誅異姓王者及大功臣」〔註38〕，對於呂后其後的擁立幼主，立諸呂爲王之舉動，認爲是「罔顧天顯」〔註39〕，所以最終遭到天懲敗亡，「夫以呂太后之嚴，立諸呂爲三王，擅權專制，然而太尉以一節入北軍，一呼士皆袒左，爲劉氏，畔諸呂，卒以滅之。此乃天授，非人力也。」〔註40〕從這兩筆資料也可以看出班固的天命觀。事實上，從他記述劉邦的發跡便可略見一二，曰：「漢承堯運，德祚已盛，斷蛇著符，旗幟上赤，協於火德，自然之應，得天統矣！」〔註41〕在班固看來，劉邦建立漢朝乃是承順天命，而呂后所作所爲罔顧了天的意志。

　　不過，對於她的執政表現，他卻引用了司馬遷的看法，可見他對司馬遷的觀點有相當程度的認同。他批判的部分大抵和司馬遷同，也即是王諸呂、誅宗室功臣，然而呂后維繫漢祚於不墜，遵循了高祖的政策治國，爲穩定時局發展社稷等功勞不可磨滅，雖然他認爲婦無於外事，然而對於呂后的政績仍能持較客觀的立場，不吝給予肯定。

三、其他史書、文獻對呂后臨朝之評價

　　《前漢紀》又稱《漢紀》，乃東漢荀悅所撰。雖然普遍認爲此書取材多來

〔註35〕〔漢〕班固著，〔唐〕顏師古注：《漢書》卷二十七中之上〈五行志中之上〉，頁1371。

〔註36〕〔漢〕班固著，〔唐〕顏師古注：《漢書》卷二十七〈五行志上〉，頁1346。

〔註37〕〔漢〕班固著，〔唐〕顏師古注：《漢書》卷七十二〈王貢兩龔鮑傳〉，頁3064。

〔註38〕〔漢〕班固著，〔唐〕顏師古注：《漢書》卷三十四〈韓彭英盧吳傳〉，頁1893。

〔註39〕〔漢〕班固著，〔唐〕顏師古注：《漢書》卷一百〈敘傳下〉，頁4237。

〔註40〕〔漢〕班固著，〔唐〕顏師古注：《漢書》卷四〈文帝紀〉，頁106。

〔註41〕〔漢〕班固著，〔唐〕顏師古注：《漢書》卷一下〈高帝紀下〉，頁82。

自《漢書》，但因爲荀悅在撰書時對史料有所選取刪減，並以「荀悅曰」的形式申述他對史實的看法，故本節亦納入作探析，以期能從中找出作者對呂后以及她臨朝的評價。記述十二位皇帝的紀裡，獨有呂后不是皇帝。荀悅對於呂后的涉政，〈高后紀〉文末曰：「本紀稱孝惠、高后之時，海內得離戰爭之苦。君臣俱無爲。故惠帝拱己，高后女主制政，不出房闥而天下晏然。刑罰罕用，民務稼穡，衣食滋殖矣。及福祚諸呂，大過漸至，縱橫殺戮，鴆毒生於豪強。賴朱虛、周、陳惟社稷之重，顧山河之誓，殲討篡逆，匡救漢祚，豈非忠哉！」〔註42〕由此可見，荀悅並沒有反對前人司馬遷、班固對呂后臨朝的看法，但對於她王諸呂的一事亦同樣持譴責立場。

由南朝（420～589）劉宋（420～479）范曄（398～445）所著的《後漢書》主要記述東漢之歷史。司馬遷和班固把皇帝列入本紀內，皇后等其他人物則記於列傳之中。不過，范曄並沒有沿用司馬遷和班固的體例，反而創立了〈皇后本紀〉，記述後漢諸皇后的事蹟。對於女主臨朝范曄是持否定態度的，這點在《皇后紀·序》裡清楚表露了他的觀點：「自古雖主幼時艱，王家多釁，必委成冢宰，簡求忠賢，未有專任婦人，斷割重器。唯秦芈太后始攝政事，故穰侯權重於昭王，家富於嬴國。漢仍其謬，知患莫改。東京皇統屢絕，權歸女主，外立者四帝，臨朝者六后，莫不定策帷簾，委事父兄，貪孩童以久其政，抑明賢以專其威。任重道悠，利深禍速。」〔註43〕范曄在書中述及呂后臨朝之事，說道：「及臻呂后，祿、產專政，擅斷萬機，決事禁省，下陵上替，海內寒心」〔註44〕；「甲申，使司空告祠高廟曰：『高皇帝與群臣約，非劉氏不王。呂太后賊害三趙，專王呂氏，賴社稷之靈，祿、產伏誅，天命幾墜，危朝更安。呂太后不宜配食高廟，同祧至尊』」〔註45〕，針對呂后殺害劉氏宗室，屢王呂氏作出了貶斥，認爲她所作所爲不配祀於高廟，可見他對於呂后的批判極嚴厲。蔡幸娟指出，從司馬遷《史記》的〈呂后本紀〉到班固《漢書》〈呂后本紀〉與〈惠帝紀〉並立，再到范曄《後漢書》〈皇后本紀〉體例使用過程中，可以窺覺出如司馬遷一般相對性進步的就史論史、不分男

〔註42〕〔東漢〕荀悅：《前漢紀》卷六〈高后紀〉，頁42。
〔註43〕〔南朝宋〕范曄撰，〔唐〕李賢等注：《後漢書》卷十上〈皇后紀上〉，頁400～401。
〔註44〕〔南朝宋〕范曄撰，〔唐〕李賢等注：《後漢書》卷七十四上〈袁紹劉表列傳〉，頁2393。
〔註45〕〔南朝宋〕范曄撰，〔唐〕李賢等注：《後漢書》卷一下〈光武帝紀下〉，頁83。

女的史家意識已在無形中蛻變，而以比較絕對性男性爲中心的父權意識史觀則有日益滲透的發展趨勢。〔註46〕

此外，生於南朝的劉勰在《文心雕龍・史傳》雖非批評呂后本身，卻是針對前朝史家爲她立紀作出批判，曰：「及孝惠委機，呂后攝政，班史立紀，違經失實，何則？庖犧以來，未聞女帝者也。漢運所値，難爲後法。牝雞無晨，武王首誓；婦無與國，齊桓著盟；宣后亂秦，呂氏爲漢，豈唯政事難假，亦名號宜愼矣。張衡司史，而惑同遷固，元帝王后，欲爲立紀，謬亦甚矣，尋子弘雖僞，要當孝惠之嗣；孺子誠微，實繼平帝之體；二子可紀，何有於二后哉。」〔註47〕劉詠聰據此認爲，劉勰主張以皇帝入本紀，而不宜以太后入本紀，其實是純粹從性別出發的史觀，也就是說不管實際的主政者是誰，只有具君主名分的男性方可列入本紀。〔註48〕

四、《舊唐書》對武后臨朝之評價

對於叱吒政治逾半世紀的武則天，史家學者對於她的評價不少於呂后。以下筆者將探析歷朝史書對武則天的評價。

《舊唐書》爲後晉劉昫等人所撰，「是現存最早的系統記錄唐代歷史的一部史籍」。〔註49〕有別於之前的史書多成於一人之手（《漢書》雖非由班固一人完成，然而他仍是主要的撰者，因此《漢書》仍可視爲反映班固思想的著作），成書於亂世的《舊唐書》乃集多人之智始得完成〔註50〕，加上《舊唐書》乃官修史書，並且在唐亡國後逾四十年便完成，故可反映出唐代及五代統治階層對於武后涉政的看法。

《舊唐書》有〈則天皇后紀〉，劉昫對此解釋曰：

> 若天后不紀，帝緒缺矣，則二十二年行事，何所系乎？曰：孝和以
> 始年登大位，以季年復舊業，雖尊名中奪，而天命未改，足以首事，

〔註46〕詳見蔡幸娟：〈北朝正史女主政治評價之考察研究——兼論中國史上「女禍史觀」之形成與發展〉，收入台灣歷史學會編：《認識中國史論文集》，頁175。
〔註47〕劉勰撰，范文瀾注：《文心雕龍注》（北京：人民文學出版社，1958年）卷四〈史傳〉，頁285。
〔註48〕劉詠聰：〈魏晉以還史家對后妃主政之負面評價〉，收入鮑家麟編著：《中國婦女史論集 第三集》，頁33。
〔註49〕柴德賡：《史籍舉要》，頁126。
〔註50〕柴德賡：《史籍舉要》，頁127：「《舊唐書》成於眾手。以言監修，則趙瑩在先；以言纂修，則張昭遠、賈緯、趙熙、鄭受益、李爲先等之功居多。」

足以表年，何所拘閡，裂爲二紀？昔魯昭之出也，《春秋》歲書其居，曰「公在乾侯」。且君在，雖失位，不敢廢也。今請並《天后紀》合《孝和紀》，每於歲首，必書孝和所在以統之，書曰某年春正月，皇帝在房陵，太后行某事，改某制云云。則紀稱孝和，而事述太后，俾名不失正，而禮不違常；名禮兩得，人無間矣！其姓氏名諱，入宮之由，歷位之資，才藝智略，年辰崩葬，別纂錄入《皇后傳》，列於廢后王庶人之下，題其篇曰「則天順聖武后」云。〔註51〕

這和劉昫等人的正名觀念不無關係：「昔仲尼有言，必也正名，故夏、殷二代爲帝者三十世矣，而周人通名之曰王；吳、楚、越之君爲王者百餘年，而《春秋》書之爲子。蓋高下自乎彼，而是非稽乎我。過者抑之，不及者援之，不爲弱減，不爲僭奪。握中持平，不振不傾，使其求不可得，而蓋不可掩，斯古君子所以慎其名也。」〔註52〕正名觀念實乃以正統思想爲基礎，由此可以推言，撰述者選擇以〈則天皇后〉爲本紀名稱表露了他們對武后政權的看法，雖然認可她曾經行使皇權，政由其出的行爲，然而她改唐爲周自立爲帝並不具正統性，「夫則天體自坤順，位居乾極，以柔乘剛，天紀倒張，進以強有，退非德讓。今史臣追書，當稱之太后，不宜曰『上』」。〔註53〕劉昫等人認爲，武則天以周代唐，立武氏七廟已有違天紀，倘若將她的王朝列於帝紀之中，便是亂了名份：「則天廢國家曆數，用周正朔；廢國家太廟，立周七廟。鼎命革矣，徽號易矣，旂裳服色，既已殊矣！今安得以周氏年曆而列爲《唐書》帝紀徵諸禮經，是謂亂名」〔註54〕，因此在是非褒貶有所辨正的原則下，劉昫等選擇以則天皇后稱之，把她視作高宗的妻子，李唐宗室的媳婦，而拒絕認可她建立的大周政權，把她當作皇帝看待。

《舊唐書》不認可武則天改朝換代，對於她任用酷吏，掌政時的行政決策皆進行了嚴厲的抨擊，曰：「上元以來，政由武氏，文明之後，法在兇人。賊害宗親，誅滅良善」〔註55〕；「李氏自武后移國三十餘年，朝廷罕有正人，附麗無非險輩。持苞苴而請謁，奔走權門；效鷹犬以飛馳，中傷端士。以致斫喪王室，屠害宗枝。骨鯁大臣，屢遭誣陷；舞文酷吏，坐致顯榮。禮儀無

〔註51〕〔後晉〕劉昫等撰：《舊唐書》卷一四九〈沈傳師列傳〉，頁4035～4036。
〔註52〕〔後晉〕劉昫等撰：《舊唐書》卷一四九〈沈傳師列傳〉，頁4034。
〔註53〕〔後晉〕劉昫等撰：《舊唐書》卷一四九〈沈傳師列傳〉，頁4035。
〔註54〕〔後晉〕劉昫等撰：《舊唐書》卷一四九〈沈傳師列傳〉，頁4035。
〔註55〕〔後晉〕劉昫等撰：《舊唐書》卷二十七〈禮儀志七〉，頁1030。

復興行，刑政壞於犬馬，端揆出阿黨之語，冕旒有和事之名，朋比成風，廉恥都盡。」〔註56〕作者亦把呂太后人彘和武后殺女相提並論，試圖刻畫她們同樣具有殘忍秉性的形象，更總括言「其不道也甚矣，亦奸人妒婦之恆態也。」〔註57〕

　　作者如此抨擊武則天的原因是不難理解的。《舊唐書》具有鮮明的女禍意識：「歷觀前古邦家喪敗之由，多基於子弟召禍。子弟之亂，必始於宮闈不正。」〔註58〕由此可見，在漢時發展起來的婦人弄權亡國論說在此時也持續發酵。是故，婦不與政的觀點也顯見於史書內文：「夫婦之道，人倫之始。尊卑法於天地，動靜合於陰陽，陰陽和而天地生成，夫婦正而人倫式序。自家刑國，牝雞無晨，四德之禮不愆，三從之義斯在」。〔註59〕同時，作者以「褒貶以言，孔道是模」作為評論武則天的準則，因此直斥「韋、武喪邦，毒侔蛇虺。陰教斯僻，嬪風寖毀。」〔註60〕雖然書中對於武后亦有讚賞之語，說她輔佐高宗時「伏以則天皇后，初以聰明睿哲，內輔時政，厥功茂矣」〔註61〕；評價她的政績曰：「然猶泛延讜議，時禮正人，初雖牝雞司晨，終能復子明辟，飛語辯元忠之罪，善言慰仁傑之心，尊時憲而抑幸臣，聽忠言而誅酷吏。」〔註62〕然而，總的來說，作者忽視武則天的政績而批判她，以「牝雞司晨」的眼光看待武則天的掌政不可謂不狹隘。

五、其他史書、文獻對武后臨朝之評價

　　批評武則天政治的文章早在她執政時已出現，那便是駱賓王〈代徐敬業討武曌檄〉，其文曰：「偽臨朝武氏者，人非溫順，地實寒微。昔充太宗下陳，嘗以更衣入侍。洎乎晚節，穢亂春宮，密隱先帝之私，陰圖後庭之嬖，入門見嫉，蛾眉不肯讓人，掩袖工讒，狐媚偏能惑主，踐元后於翬翟，陷吾君於聚麀。」〔註63〕在檄文中，駱賓王清楚的表達了他反對武則天執政的看法。

〔註56〕〔後晉〕劉昫等撰：《舊唐書》卷九〈玄宗本紀下〉，頁235～236。
〔註57〕〔後晉〕劉昫等撰：《舊唐書》卷六〈則天本紀〉，頁133。
〔註58〕〔後晉〕劉昫等撰：《舊唐書》卷五十一〈后妃列傳上〉，頁2162。
〔註59〕〔後晉〕劉昫等撰：《舊唐書》卷二十七〈禮儀志〉，頁1027。
〔註60〕〔後晉〕劉昫等撰：《舊唐書》卷五十二〈后妃列傳下〉，頁2204。
〔註61〕〔後晉〕劉昫等撰：《舊唐書》卷一四九〈沈傳師列傳〉，頁4034。
〔註62〕〔後晉〕劉昫等撰：《舊唐書》卷六〈則天本紀〉，頁133。
〔註63〕〔宋〕司馬光編著，〔元〕胡三省音注：《資治通鑑》卷二百三〈唐紀十九〉，頁6423。

然而，駱賓王對武則天的批判是人身攻擊，並沒有針對武則天當政時的政績作出客觀的評論，故有失偏頗。此外，據《新唐書》，唐人沈既濟也否定武則天執政，提出不應把她列入本紀的觀點。〔註64〕

　　距離唐朝亡國後逾四十年，成書於士人之手的《舊唐書》批判武則天，然而唐時統治者對於武則天並不全盤否定。胡戟認爲「中宗、睿宗、玄宗三朝，武則天的子孫在位，這時武則天保持受尊崇的地位。」〔註65〕雖然武則天廢立中宗，然而他對於武則天卻還是相當尊重的，其時也還有「今天下蒼生，猶以武氏爲念，大周必可再興」之語。〔註66〕睿宗時期曾有貶低武則天的傾向，試圖改其名號，「復則天大聖皇后號曰天后」，然不久又「追號天后曰大聖天后」，但是對「武則天的評價明顯降低」。〔註67〕王雙懷指出，唐玄宗肯定武則天的施政綱領，加上武惠妃〔註68〕的得寵，因此武則天仍受到相當的尊崇。同時，盛唐以後的統治者對武則天相當尊重，如把武則天繪入《歷代聖賢圖》，春耕時節效法武則天進行勸農，皇帝和百官朝謁乾陵時向她行天子之禮等，以此說明當時的最高統治者是肯定武則天的。〔註69〕不過，胡戟認爲，安史之亂後李

〔註64〕〔宋〕歐陽修、宋祁撰：《新唐書》卷一三二〈沈既濟列傳〉，頁4538～4539記載：「初，吳兢撰國史，爲《則天本紀》，次高宗下。既濟奏議，以爲：『則天皇后進以彊有，退非德讓，史臣追書，當稱爲太后，不宜曰上。中宗雖降居藩邸，而體元繼代，本吾君也，宜稱皇帝，不宜曰廬陵王。睿宗在景龍前，天命未集，假臨大寶，於誼無名，宜曰相王，未容曰帝。且則天改周正朔，立七廟，天命革矣。今以周廁唐，列爲帝紀，考於《禮經》，是謂亂名。中宗嗣位在太后前，而敍年制紀反居其下，方之躋僖公，是謂不智。昔漢高后稱制，獨有王諸呂爲負漢約，無遷鼎革命事，時孝惠已歿，子非劉氏，不紀呂后，尚誰與哉？議者猶謂不可。況中宗以始年即位，季年復祚，雖尊名中奪，而天命未改，足以首事表年，何所拘閡而列爲二紀？魯昭公之出，《春秋》歲書其居曰：『公在乾侯。』君在，雖失位，不敢廢也。請省《天后紀》合《中宗紀》，每歲首，必書孝和在所以統之，曰：『皇帝在房陵，太后行其事，改某制。』紀稱中宗而事述太后，名不失正，禮不違常矣。夫正名所以尊王室，書法所以觀後嗣。且太后遺制，自去帝號，及孝和上諡，開元冊命，而後之名不易。今祔陵配廟，皆以後禮，而獨承統於帝，是有司不時正，失先旨。若後姓氏名諱、才藝智略、崩葬日月，宜入皇后傳，題其篇曰《則天順聖武皇后》云。』議不行。」
〔註65〕胡戟：《武則天本傳》，頁176。
〔註66〕〔後晉〕劉昫等撰：《舊唐書》卷一八三〈武承嗣傳附武延秀傳〉，頁4734。
〔註67〕王雙懷：〈歷代對武則天的評價〉，《人文雜誌》第3期（1996年），頁69。
〔註68〕武惠妃是武則天從父子恆安王武攸止之女，開元12年以後極受玄宗寵幸。
〔註69〕詳見王雙懷：《唐代歷史文化論稿》（香港：商務印書館，2003年），頁32。

唐王朝漸衰微，同時女禍亡國的議論漸興，因此士人之間出現非難武則天的聲
音。雖然唐德宗時期曾有陸贄讚賞她，然而晚唐時期對於武則天的評價仍以否
定居多，如楊嗣復便認爲「天后重行刑辟，輕用官爵，皆自圖之計耳」〔註70〕，
直至五代時期便不難理解劉昫何以作出斥責武則天的評論了。

第二節　宋明時期對兩后臨朝的評價

　　從趙匡胤（927～976）建立北宋（960～1127）至明朝（1368～1644）在
崇禎（1628～1644）帝時結束，在這歷時七百餘年的時間裡記述了呂后和武
后的正史主要有北宋歐陽修（1007～1072）等人之《新唐書》、司馬光《資治
通鑑》、范祖禹（1041～1098）《唐鑑》等，撰者對兩位女主提出了或肯定或
否定的評價。本節將就這些撰著對呂太后和武則天之評價進行探述。

一、《新唐書》對武后臨朝之評價

　　《新唐書》成書於北宋仁宗嘉祐（1056～1063）年間，由歐陽修、宋祁〔註
71〕等撰。《新唐書》把武則天的事蹟同時列入本紀和列傳中，本紀內所記乃是
其稱制後之政事，而治政以外之事蹟則見於〈后妃傳〉內。〔註72〕

　　《新唐書》對於女主臨朝可說是相當貶斥的，對女主涉政的現象直斥爲
女禍：「睿宗因其子之功，而在位不久，固無可稱者。嗚呼！女子之禍於人者
甚矣！自高祖至於中宗，數十年間，再罹女禍，唐祚既絕而復續，中宗不免
其身，韋氏遂以滅族。玄宗親平其亂，可以鑒矣，而又敗以女子。方其勵精
政事，開元之際，幾致太平，何其盛也！及侈心一動，窮天下之欲不足爲其
樂，而溺其所甚愛，忘其所可戒，至於竄身失國而不悔。」〔註73〕而「女禍」
一詞亦由此起。書中以「武氏之禍」、「武氏之亂」形容武則天臨朝，可知歐
陽修等人批判她之苛刻嚴厲：「武氏之亂，唐之宗室戕殺殆盡，其賢士大夫不
免者十八九。以太宗之治，其遺德餘烈在人者未遠，而幾於遂絕，其爲惡豈

〔註70〕　〔宋〕王溥撰：《唐會要》卷五十二〈識量下〉，頁902。
〔註71〕　《新唐書》乃北宋仁宗命翰林學士歐陽修、端明殿學士宋祁重加刊修。
〔註72〕　〔清〕趙翼撰：《陔餘叢考》（臺北：世界書局，1965年）卷十〈新唐書改訂
　　　　　之善〉，頁15「既有武后本紀，又有武后傳，或疑歐公作紀，宋公作傳，各不
　　　　　相謀，遂致重出，不知本紀專載改朔易號用人行政者諸大事，而淫穢瑣屑之
　　　　　蹟本紀中既不便書，又不可全沒其實，是以紀傳。」
〔註73〕　〔宋〕歐陽修、宋祁撰：《新唐書》卷五〈玄宗皇帝本紀〉，頁154。

一褒姒之比邪？」〔註74〕更指責她：「自高宗時挾天子威福，脅制四海」。〔註75〕同時，書中也強調在她的暴政之下，「宗姓侯王及它骨鯁臣將相駢頸就鈇，血丹猰戶，家不能自保。」〔註76〕不僅如此，〈后妃傳〉亦針對武則天秉性曰：「然畏人心不肯附，乃陰忍鷙害，肆斬殺怖天下。內縱酷吏周興、來俊臣等數十人爲爪吻，有不慊若素疑憚者，必危法中之。」〔註77〕爲了強化武則天爲權而不擇手段的形象，作者似有意的把一些事件的發生歸咎於武后，其中包括了鴆殺李弘。在《舊唐書》裡，作者分別於〈高宗本紀〉和〈高宗中宗諸子列傳〉中記述了太子弘的死亡日期，卻沒有闡明死亡原因：上元二年夏四月己亥「皇太子弘薨於合璧宮之綺雲殿」；「上元二年（675），太子從幸合璧宮，尋薨」〔註78〕，而《新唐書》卻直接記曰上元二年四月己亥時「天后殺皇太子。」〔註79〕武后爲了擅政而手刃親生子的殘忍形象便由此始。

由上可知，《新唐書》對於武則天可說是不遺餘力的抨擊。儘管如此，作者並不否認她的執政表現，評武則天曰：「然賞罰己出，不假借群臣，僭於上而治於下。」〔註80〕王雙懷認爲，這種評價顯然帶有部分肯定的意思。〔註81〕

二、司馬光《資治通鑑》對呂后、武后臨朝之評價

《資治通鑑》乃由北宋司馬光主導編撰，記載了從周威烈王（？～402BC）至後周世宗（921～959）止共十六個朝代一千餘年史實的編年體通史，與《新唐書》修成的時間相當接近。

司馬光推崇儒家思想，對綱常倫理的秩序極爲重視：「天地設立，聖人則之，以制禮立法，內有夫婦，外有君臣。婦之從夫，終身不改；臣之事君，有死無貳；此人道之大倫也。苟或廢之，亂莫大焉！」〔註82〕在這樣的思想觀念下，加上其秉持「止於敘國家之興衰，著生民之休戚，使觀者自擇其善

〔註74〕〔宋〕歐陽修，宋祁撰：《新唐書》卷三〈高宗本紀〉，頁79。
〔註75〕〔宋〕歐陽修，宋祁撰：《新唐書》卷七十六〈后妃列傳上〉，頁3496。
〔註76〕〔宋〕歐陽修，宋祁撰：《新唐書》卷七十六〈后妃列傳上〉，頁3481。
〔註77〕〔宋〕歐陽修，宋祁撰：《新唐書》卷七十六〈后妃列傳上〉，頁3481。
〔註78〕〔後晉〕劉昫等撰：《舊唐書》卷五〈高宗本紀下〉，頁100；卷八十六〈高宗中宗諸子列傳〉，頁2830。
〔註79〕〔宋〕歐陽修，宋祁撰：《新唐書》卷三〈高宗本紀〉，頁71。
〔註80〕〔宋〕歐陽修，宋祁撰：《新唐書》卷七十六〈則天順聖皇后武氏傳〉，頁3496。
〔註81〕王雙懷：〈歷代對武則天的評價〉，《人文雜誌》第3期（1996年），頁69～72。
〔註82〕〔宋〕司馬光撰：《迂書·士則》（臺北：老古出版社，1978年），頁5。

惡得失，以爲勸戒，非若《春秋》立褒貶之法，撥亂世反諸正也」〔註83〕爲編寫《資治通鑑》的原則，因此對於女主，尤其是武則天有不少極爲嚴厲的批判。

司馬光在漢紀高后部分多著墨於呂太后稱制之禍。高后元年篇首句即道出了她以太后身份稱制後「議欲立諸呂爲王」〔註84〕，後文也再次強調她的企圖心。〔註85〕同時司馬光也藉由灌嬰、朝臣之口，道出呂太后對呂氏族人的重用而殘害劉氏後嗣，「灌嬰至滎陽，謀曰：『諸呂擁兵關中，欲危劉氏而自立』」；「大臣皆曰：『呂氏以外家惡而幾危宗廟，亂功臣。』」〔註86〕此外也多次刻畫了諸呂權勢之大：「陳平患諸呂，力不能制」〔註87〕；「呂氏作亂」；「立諸呂爲王，擅權專制」。〔註88〕書中也不難發現，較之呂太后執政的表現，司馬光對於她殺人有更多的敘述，「遂廢帝（少帝），幽殺之」；「趙王至，置邸，不得見，令衛圍守之，弗與食；其群臣或竊饋，輒捕論之。丁丑，趙王餓死」；「燕靈王建薨；有美人子，太后使人殺之」；「呂后以計詐名他人子，殺其母養後宮」〔註89〕，側面勾勒出呂太后殘忍的形象。換言之，在司馬光筆下，呂太后被塑造成一個危害劉氏皇朝，而非守護皇祚的人。對於司馬遷所讚頌的天下晏然之政局，司馬光並沒有作出更多的記述。

王雙懷指出，司馬光採用了舊史中有關武則天過惡的一些記載〔註90〕，一些甚至有誇大、抹黑之嫌。舉例言，許多史家學者都批評武則天爲把持朝政而鳩殺李弘。然而，胡戟比較《新唐書》、《舊唐書》與《資治通鑑》的記

〔註83〕〔宋〕司馬光編著，〔元〕胡三省音注：《資治通鑑》卷六十九〈魏紀一〉，頁2187。

〔註84〕〔宋〕司馬光編著，〔元〕胡三省音注：《資治通鑑》卷十三〈漢紀五〉，頁419。

〔註85〕〔宋〕司馬光編著，〔元〕胡三省音注：《資治通鑑》卷十三〈漢紀五〉，頁420、429：「太后又追尊其父臨泗侯呂公爲宣王，兄周呂令武侯澤爲悼武王，欲以王諸呂爲漸」；「太后欲王呂氏，乃先立所名孝惠子彊爲淮陽王，不疑爲恆山王」。

〔註86〕〔宋〕司馬光編著，〔元〕胡三省音注：《資治通鑑》卷十三〈漢紀五〉，頁432、435。

〔註87〕〔宋〕司馬光編著，〔元〕胡三省音注：《資治通鑑》卷十三〈漢紀五〉，頁428。

〔註88〕〔宋〕司馬光編著，〔元〕胡三省音注：《資治通鑑》卷十三〈漢紀五〉，頁431、436。

〔註89〕〔宋〕司馬光編著，〔元〕胡三省音注：《資治通鑑》卷十三〈漢紀五〉，頁424～435。

〔註90〕詳見王雙懷：〈歷代對武則天的評價〉，《人文雜誌》第3期（1996年），頁71。

載，認爲高宗「議使天后攝知國政」乃是在上元三年（676）正月至四月間，也即是李弘死大半年後。〔註91〕然而，《資治通鑑》卻把此事系在上元二年三月〔註92〕，「以爲三月裡武則天圖謀攝政被阻而遽萌殺子之心，以致李弘在四月遇鴆身亡，那完全是司馬公等有意無意製造的誤會。歷史學家用這類筆法爲人羅織罪名，是輕而易舉的事情。」〔註93〕不過，根據筆者考究，高宗欲遜位於武則天的時間，《舊唐書》中便有模糊的上元年（674～676）、上元二年和上元三年三種說法。第一種說法沒有明確指出是上元哪一年，可見於〈李義琰傳〉，記曰：「上元中……高宗嘗欲下詔令后攝知國事」；第二種說法出現在〈高宗紀〉，明確記爲上元二年「三月……丁巳，天后親蠶於邙山之陽。時帝風疹不能聽朝，政事皆決於天后……帝欲下詔令天后攝國政」〔註94〕；第三種說法則出現於〈郝處俊傳〉，曰：「上元……三年，高宗以風疹欲遜位，令天后攝知國事。」〔註95〕因此，能否把殺子罪名套在武則天身上，是值得商榷的。

司馬光對於武則天也不全部否定：「太后雖濫以祿位收天下之心，然不稱職者，尋亦黜之，或加刑誅。挾刑賞之柄以駕御天下，政由己出，明察善斷，故當時英賢亦競爲之用。」〔註96〕

三、范祖禹《唐鑒》對武后臨朝之評價

范祖禹之《唐鑒》實爲他在協助司馬光撰寫《資治通鑑》唐史部分時，另以自己的觀點記述了唐代三百餘年史事的斷代史。

范祖禹「受儒家思想影響很深，特別反感女人專權」〔註97〕，因此對於武則天廢立中宗，自己臨朝執政持反對立場，曰：「中宗之有天下，受之於高宗也。武后以無罪而廢其子，是絕先君之世也。況其革命乎！……天

〔註91〕〔後晉〕劉昫等撰：《舊唐書》卷八十四〈郝處俊列傳〉，頁2799記載：上元「三年，高宗以風疹欲遜位，令天后攝知國事，與宰相議之。」
〔註92〕〔宋〕司馬光編著，〔元〕胡三省音注：《資治通鑑》卷二百二〈唐紀十八〉，頁6375記載上元二年「三月……上苦風眩甚，議使天后攝知國政」。
〔註93〕胡戟：《武則天本傳》，頁64。
〔註94〕〔後晉〕劉昫等撰：《舊唐書》卷五〈高宗下〉，頁100。
〔註95〕〔後晉〕劉昫等撰：《舊唐書》卷八十四〈郝處俊列傳〉，頁2799。
〔註96〕〔宋〕司馬光編著，〔元〕胡三省音注：《資治通鑑》卷二百五〈唐紀二十一〉，頁6478。
〔註97〕王雙懷：〈歷代對武則天的評價〉，《人文雜誌》第3期（1996年），頁71。

下者，唐之天下也，武后豈得而間之。故臣復系嗣聖之年，黜武氏之號，以爲母后禍亂之戒。」〔註98〕在范祖禹看來，天下是屬於中宗的，因此他拒絕使用武則天的年號，即使在這期間武則天掌權了二十餘年，並且改唐爲周，他仍舊把中宗視爲當時唯一的，也是唐朝正統的皇帝，因此把武則天之事記於中宗年號之下。郭露媛等學者認爲，范祖禹這麼做是因爲受到了當時「義理」風氣的影響，故評論武則天時也緊循天理之道，不承認她的統治。〔註99〕這亦反映出，范氏更願意承認沒有實權的中宗爲皇帝，而非有貢獻、有政績的武則天，顯示了他狹隘的，以性別爲主導的歷史觀。

實際上，范祖禹拒絕稱中宗爲盧陵王，即使是武則天執政期間仍然沿用中宗嗣聖的年號的做法，早在《舊唐書》已有跡可尋，「孝和雖迫母后之命，降居藩邸，而體元繼代，本吾君也，史臣追書，宜稱曰『皇帝』，不宜曰『盧陵王』。」〔註100〕

四、其他史書、文獻對武后臨朝之評價

北宋皇帝趙匡胤論武則天曰：「則天，一女主耳，雖刑罰枉濫，而終不殺狄仁傑，所以能享國者，良由此也。」〔註101〕孫甫（998～1057）於《唐史論斷》評武后曰：「武后臨朝僭竊二十餘年，所用之人，奸正相半。蓋后俊智之性，有過於人，謂不用奸人，無以成己欲；不用賢人，無以庇己過。然持大權者多賢才也，如狄仁傑，姚元崇相於內，婁師德，郭元振將於外，天下事何慮乎？故雖兇殘不道，不至禍敗者以此也。」〔註102〕孫甫指出武后用奸人的目的，也看出武后所重用的是一群賢能之才。雖稍有偏頗之辭，對於她的執政表現仍大抵給予較爲客觀的評論。

南宋時隨著理學的興起和發展，婦女的地位在那時伊始越趨低落且被邊緣化，對於女主的評價，尤其是武則天明顯降低。如胡寅曾列舉武則天的九條罪狀，譴責曰：「武后以太宗才人蠱惑嗣帝，一罪也；戕殺主母皇后，二罪

〔註98〕〔宋〕范祖禹：《唐鑑》（臺北：臺灣商務印書館，1968年）卷七，頁64～65。
〔註99〕郭露媛、王敏：〈由「牝雞司晨」看范祖禹、司馬光對武則天的史學態度〉，《文學界（理論版）》第7期（2010年），頁160。
〔註100〕〔後晉〕劉昫等撰：《舊唐書》卷一四九〈沈傳師列傳〉，頁4035。
〔註101〕〔宋〕李燾撰：《續資治通鑑長編》（臺北：世界書局，1964年）卷七，宋太祖乾德四年五月庚寅，頁6。
〔註102〕〔宋〕孫甫：《唐史論斷》，收入《函海》卷上，頁2942。

也；黜中宗幽而奪之，三罪也；殺君之子三人，四罪也；自立爲帝，五罪也；廢唐宗廟，六罪也；誅鋤宗室殆盡，七罪也；穢德彰聞，八罪也；尊用酷吏，毒痛四海，九罪也」〔註103〕，總結曰：「武氏之禍，古所未有也」。儘管如此，書中也有肯定的部分：「武氏雖肆行誅殺，而當時號爲賢士則未有死者，惟所寵信邪惡之人，反多不免。如狄仁傑、徐有功、朱敬則、宋璟之徒，則保護尤力，其與庸君遠矣」；「太后不以內嬖之私屈外庭之議，肯自抑斷以伸正直之氣，其與漢文聽申屠嘉而摧辱鄧通何以異哉！使其生爲男子而臨天下，其雄才大略殆與孝武等矣。」〔註104〕由此可見，他對於武則天的政治才能是予以肯定的，然而根植於思想裡男子爲尊的觀念，加上他終究生活於理學日益強化的宋朝，才會在讚揚武則天的時候爲她不是生而爲男兒身感到可惜。易言之，性別仍是他評斷武則天時最大的盲點。這樣的評論在本質上便不能避免的出現偏頗，有欠客觀和公允了。

五、明代對武后臨朝之評價

胡應麟「出於對駱賓王的崇拜，極力貶低武則天，竭盡謾罵攻擊之能事。」〔註105〕對武則天極度貶斥的，認爲她是天地間最罪大惡極的人，即使把所有暴君佞臣的罪加起來也不及武則天：「惡之窮天地亙古今者誰乎？武曌是也。吾求其庶幾萬一者，於數千年史冊之間，而弗睹也。意者亙數千劫之前有之乎？吾知其惟一曌獨也。合蚩尤、商辛、王莽、董卓、曹操、蕭鸞、趙高、林甫、秦檜而爲一，足以當曌乎？惡未也。」〔註106〕

然而，李贄（1527～1602）卻持與胡應麟相反的觀點，說：「試觀近古之王，有知人如武氏者乎？亦有專以愛養人才爲心、安民爲念如武氏者乎？此固不能逃萬世之公鑒矣。夫所貴乎明王者，不過以知人爲難，愛養人才爲急耳。今觀婁、郝、姚、宋諸賢，並列於武則天朝，追及開元，猶用之不盡。如梁公者，殊眷異禮，固沒身不替也。宋璟剛正嫉邪，屢與二張爲仇，武氏

〔註103〕〔宋〕胡寅：《致堂讀史管見》（臺北：臺灣商務書局，1981年）卷十九，頁1279。

〔註104〕〔宋〕胡寅：《致堂讀史管見》卷十九，頁1277～1278。

〔註105〕王雙懷：〈歷代對武則天的評價〉，《人文雜誌》第3期（1996年），頁71。

〔註106〕〔明〕胡應麟著：《少室山房筆叢》取自《百家諸子：中國哲學書電子化計劃》卷五〈史書占畢〉http://ctext.org/wiki.pl?if=gb&chapter=972297，2014年4月27日。

亦不過也。何者？賢人君子，固武氏之所深心愛惜而敬禮者也」〔註107〕，給予了武則天極高的評價。

　　晚明時期，傳統婚姻觀依然佔據著統治地位，女性貞節觀從原本的典範理想發展成為一般性的風氣甚至規範。明朝「從開國時便形成法規和條例，嚴禁后族干政擅權。由於家法嚴謹，有明一代『后妃居宮中，不預一髮之政，外戚循理謹度，無敢恃寵以病民，漢唐以來所不及』。」〔註108〕

第三節　清代以還對兩后臨朝的評價

一、清代對兩后臨朝之評價

　　明末清初是個革新和傳統觀念相互交匯、衝突的時期。當西方文化漸漸傳進中國，男女平等的思想開始萌芽，更多同情婦女、反對封建禮教的思想，批判理學對於婦女鄙視壓迫的聲音開始出現。不過，支持者有之，仍然持有男外女內、男尊女卑觀念的保守派也有之。成書於清朝的史籍包括了王夫之（1619～1692）《讀通鑑論》、趙翼《廿二史劄記》等。

（一）王夫之《讀通鑑論》對呂后、武后臨朝之評價

　　《讀通鑑論》是清初儒家王夫之撰寫的歷史評論。他反對女主臨朝，認為「婦者，所畜也；母者，所養也；失其道，則母之禍亦烈矣」〔註109〕；「母后臨朝，未有不亂者也。」〔註110〕顯見王夫之的史觀乃是以性別為出發點，而非基於女主治理國家的政績與能力。王夫之會對女主臨朝作出完全否定的評價，其中原因是可以理解的，因為他認為「聖王之治，以正俗為先，以辨男女內外之分為本。」〔註111〕這種「婦無外事」的觀念讓他無法客觀的評價女主，對於認同女主的史家更批評說到：「獎婦賢者，非良史之辭也；事女主者，非丈夫之節也。」〔註112〕

〔註107〕〔明〕李贄著：《藏書》（臺北：臺灣學生書局，1974年）卷五十六〈武臣傳‧賢將〉，頁941。
〔註108〕朱子彥：《帝國九重天──中國後宮制度變遷》，頁403。
〔註109〕〔清〕王夫之：《讀通鑑論》（北京：中華書局，1975年）卷五〈哀帝〉頁127。
〔註110〕〔清〕王夫之：《讀通鑑論》卷七〈安帝〉，頁214。
〔註111〕〔清〕王夫之：《讀通鑑論》卷五〈哀帝〉，頁127。
〔註112〕〔清〕王夫之：《讀通鑑論》卷七〈安帝〉，頁215。

　　由於他否定女主，因此呂后和武后的評論皆附於〈惠帝〉和〈中宗〉內。王夫之批判呂后的問題，主要在於她重用呂氏導致外戚亂政之事：「乃呂祿掌北軍，呂產掌南軍，呂后死，且令據兵衛宮以遂其狂逞，而劉氏幾移於呂。」〔註113〕

　　王夫之不承認武則天皇后的地位，說她「不可爲天下母」〔註114〕，在文中不稱武則天「武后」，而稱其「武氏」。〔註115〕因此他也批判不出言反對立她爲后的李勣「懷姦」〔註116〕，對於她沒有被廢后而感到惋惜，「高宗以厭禱故怒武氏而欲廢之，使其廢也，社稷之福也。」〔註117〕他以高宗「柔懦之主」〔註118〕的形象刻畫出而武則天的「悍狡」〔註119〕，也直呼她爲「悍婦」〔註120〕、「淫嫗」。〔註121〕他稱武氏政權爲僞周，對於協助武則天廢黜中宗的裴炎，貶責其爲「無賴之徒也。」〔註122〕總括而言，王夫之認爲「武氏之惡，浮於韋氏多矣，鬼神之所不容，臣民之所共怨，萬世聞其腥，而無不思按劍以起。」〔註123〕

（二）趙翼《廿二史劄記》對呂后、武后臨朝之評價

　　趙翼對呂后的評價傾向於肯定，對於史書所載呂后之惡，予以了反駁。他

〔註113〕〔清〕王夫之：《讀通鑑論》卷二〈惠帝〉，頁26。

〔註114〕〔清〕王夫之：《讀通鑑論》卷二十一〈高宗〉，頁720。

〔註115〕林礽乾：〈駱賓王討武塱系標題商榷〉（上），《國文學報》第30期（2001年6月），頁42：「當她（武則天）還是高宗之后時，才稱『武后』；到她已是帝王（中宗、睿宗）之母，便應稱她『太后』。……不論稱她『太后』或『武后』，都仍帶有承認她地位尊貴的敬意在；稱『武氏』，則視同民婦，便表示了輕蔑的意思。」

〔註116〕〔清〕王夫之：《讀通鑑論》卷二十一〈中宗〉，頁729。

〔註117〕〔清〕王夫之：《讀通鑑論》卷二十一〈高宗〉，頁720。

〔註118〕〔清〕王夫之：《讀通鑑論》卷二十一〈中宗〉，頁729。

〔註119〕〔清〕王夫之：《讀通鑑論》卷二十一〈高宗〉，頁720：「雖然，廢后大事也，惡有倏然怒之，倏然言之，而即倏然廢之者乎？倏然言之，即可倏然廢之，則其人雖不廢，亦無能害於國兇於家矣。悍狡如武氏，而可以偶然之忿黜之須臾乎？」

〔註120〕〔清〕王夫之：《讀通鑑論》卷二十一〈高宗〉，頁721：「夫高宗乍然一怒，聽宦者之辭，而立命上官儀草詔以廢武氏，是惟無激，激之而不揣以憤興，不忍於先，則無恆於後，所以終脅於悍婦者正此也。」

〔註121〕〔清〕王夫之：《讀通鑑論》卷二十一〈中宗〉，頁738：「乃武氏以嗜殺之淫嫗」。

〔註122〕〔清〕王夫之：《讀通鑑論》卷二十一〈中宗〉，頁729。

〔註123〕〔清〕王夫之：《讀通鑑論》卷二十一〈中宗〉，頁743。

認為呂后初時乃以穩定政局而臨朝：「當高帝臨危時，問蕭相國後孰可代者，是固以安國家為急也。孝惠既立，政由母氏，其所用曹參、王陵、陳平、周勃等，無一非高帝注意安劉之人，是惟恐孝惠之不能守業」。〔註124〕她並沒有取孝惠而代之或企圖篡漢。然而發生人彘事件後，仁弱的惠帝因打擊而不聽政，為了維護其子的皇權始臨朝。此外，高祖在位時呂后地位已備受戚姬威脅，皇帝兒子崩逝其地位便更為岌岌可危，趙翼認為呂后為了保護自己和親族的權位，始採取了王諸呂的舉動：「迨孝惠既崩，而所取後宮子立為帝者，又以怨懟而廢，於是己之子孫無在者，則與其使諸姬子據權勢以凌呂氏，不如先張呂氏以久其權，故孝惠時未嘗王諸呂，王諸呂乃在孝惠崩後，此則后之私心短見。」〔註125〕儘管部分史家認為呂后為了權位而誅殺高祖子嗣，趙翼卻持另一種看法，認為她並非立意這麼做：「諸姬子，如文帝封於代，則聽其母薄太后隨之。淮南王長無母，依呂后以成立，則始終無恙。齊悼惠王以孝惠庶兄失后意，后怒欲酖之，已而悼惠獻城陽郡，為魯元湯沐邑，即復待之如初。其子朱虛侯章入侍宴，請以軍法行酒，斬諸呂逃酒者一人，后亦未嘗加罪也。趙王友之幽死，梁王恢之自殺，則皆以與妃呂氏不諧之故。然趙王友妃呂產女，梁王妃亦諸呂女，又少帝后及朱虛侯妻，皆呂祿女。呂氏有女，不以他適，而必以配諸劉，正見后之欲使劉呂常相親。」〔註126〕不僅如此，許多論者認為呂后佞幸辟陽侯和張子卿，他也反駁認為「即其以辟陽侯為左丞相，令監宮中，亦以辟陽侯先嘗隨后在項羽軍中同患難。雖有所私，而至是時其年已老，正如人家老僕，可使令于闈闥間，非必尚與之呢？《史記》〈劉澤傳〉太后尚有所幸張子卿。然如淳註，謂奄人也，則亦非私褻之嬖。」〔註127〕

雖然同樣政由母氏，然而趙翼認為呂后臨朝係以安國家為急，而武后卻「以嫌忌而殺太子宏、太子賢也」〔註128〕，「改周滅唐」。〔註129〕兩者臨朝的用意可說是「相去萬萬也」〔註130〕，因此他形容武后稱制乃「武后之禍」〔註

〔註124〕〔清〕趙翼：《廿二史劄記》卷三〈呂武不當並稱〉，頁57。

〔註125〕〔清〕趙翼：《廿二史劄記》卷三〈呂武不當並稱〉，頁57～58。

〔註126〕〔清〕趙翼：《廿二史劄記》卷三〈呂武不當並稱〉，頁58。

〔註127〕〔清〕趙翼：《廿二史劄記》卷三〈呂武不當並稱〉，頁58。

〔註128〕〔清〕趙翼：《廿二史劄記》卷三〈呂武不當並稱〉，頁57。

〔註129〕〔清〕趙翼：《廿二史劄記》卷三〈呂武不當並稱〉，頁58。

〔註130〕〔清〕趙翼：《廿二史劄記》卷三〈呂武不當並稱〉，頁58。瀧川龜太郎於
《史記會注考證》，頁189中亦考證認為，「世乃以呂武並稱，豈公論哉？愚按王觀國學林云，呂后無盜漢之意，與武氏篡唐心事全異。」

131〕，卻沒說呂后臨朝是「呂后之禍」，對兩者的評價可見一斑。由於武后臨朝是爲了自己的利益，因此他認爲李賢等人之死都是武后之意〔註132〕，於〈武后之忍〉一文中更列舉出她殺過的人，直言自古帝王不論是昏君或英主，其嗜殺者「皆未有如唐武后之忍者也。」〔註133〕

對於武后淫亂之說，相比於呂后「非私褻之變」這樣有反駁意味的形容，他直言武后寵幸薛懷義、張昌宗、張易之，讓他們俱侍宮中是「不知恥」〔註134〕；「中冓之醜，千載爲笑端。」〔註135〕儘管與呂后相比她是不知恥，然而與男性皇帝相比，他認爲「人主富有四海，妃嬪動千百，后既爲女王，而所寵幸不過數人，固亦未足深怪，故后初不以爲諱，而且不必諱也。」〔註136〕據此而言，趙翼的評論是以其身份做比較，而非性別。

縱然趙翼認爲武后「改朔易朝，徧王諸武，殺唐子孫幾盡，甚至自殺其子孫數人，以縱淫慾，其惡爲古今未有」〔註137〕，然而「其納諫知人，亦自有不可及者」〔註138〕，對於她的執政表現卻是肯定的。他提出，武后「以懷義、易之等狀第之間，何言不可中傷善類，而后迄不爲所動搖，則其能別白人才，主持國是，有大國人者。……至用人行政之大端，則獨握其綱，至老不可撓撼。陸贄謂后收人心，擢才俊，當時稱知人之明，累朝賴多士之用。李絳亦言后命官猥多，而開元中名臣，多出其選。舊書本紀贊，謂后不惜官爵，籠豪傑以自助，有一言合，輒不次用；不稱職，亦廢誅不少假，務取實才眞實。然則區區帷薄不修，固其末節，而知人善任，權不下移，不可謂非女中英主也。」〔註139〕

〔註131〕〔清〕趙翼：《廿二史箚記》卷三〈呂武不當並稱〉，頁58。

〔註132〕〔清〕趙翼：《廿二史箚記》卷十九〈唐追贈太子之濫〉，頁403～404：「中宗子重潤在高宗時，已立爲皇太孫，後爲武后杖死。……高宗立子賢爲太子，爲武后廢死」；〈祔葬變禮〉，頁406：「唐中宗和思趙皇后，先爲武后幽死」；〈沒入掖庭〉，頁410：「武后殺唐宗室，壯者皆被戮」；〈唐女禍〉，頁411：「貞觀之末，武后已在宮中，其後稱制命，殺唐子孫幾盡。」

〔註133〕〔清〕趙翼：《廿二史箚記》卷十九〈武后之忍〉，頁412。

〔註134〕〔清〕趙翼：《廿二史箚記》卷三〈呂武不當並稱〉，頁58：「以視武后之寵薛懷義、張易之兄弟，恬不知恥者，更相去萬萬也。」

〔註135〕〔清〕趙翼：《廿二史箚記》卷十九〈唐女禍〉，頁411。

〔註136〕〔清〕趙翼：《廿二史箚記》卷十九〈武后納諫知人〉，頁416。

〔註137〕〔清〕趙翼：《廿二史箚記》卷三〈呂武不當並稱〉，頁57。

〔註138〕〔清〕趙翼：《廿二史箚記》卷十九〈武后納諫知人〉，頁415。

〔註139〕〔清〕趙翼：《廿二史箚記》卷十九〈武后納諫知人〉，頁416～417。

二、民國以後對兩后臨朝之評價

　　清末民初，五四運動的發生使社會反思了對於兩性的觀念，一些學者開始對武則天重新進行評價。新思潮對男尊女卑的觀念提出了批判，對於女性的觀念漸有改變，然而對於呂后和武則天的功過是非仍是議論不絕。歷來史家在評論她們時，讚賞或貶斥的言論經常圍繞於她們的性格、政治才能等方面，且自古至今各派史家學者的見解仍存分歧。民國以後關於呂后和武則天的學術著作不勝其數，因此本節筆者不以個別作者的文獻討論他對呂后和武后的評價，而選擇從兩位女主的性格，私生活和政治才能等方面切入，探討民初至今，學者研究和文學著作對於呂后和武則天的評價。

（一）性格與手段

　　司馬遷於《史記》裡具體的描述了呂后殺害戚姬的過程，加上她剷滅諸侯的行為，世人多認為她殘忍好殺，批判她的人有之，能夠持中立客觀的立場看待此事的論者也有。如楊友庭便提到，說呂后誅功臣，殺劉氏，手段卑鄙兇殘，哪個封建統治者在奪權鬥爭時是溫文爾雅的呢？再說在呂后當政期間，西漢社會比較安定，經濟有較大的恢復和發展，為以後的文景之治打下基礎。因此，呂后對西漢前期的經濟發展還是有貢獻的。呂后篡權鬥爭僅限於統治階級上層的範圍內，沒有波及到百姓，因此對整個社會的安定影響不大。而且呂后對呂氏子弟的管束還是比較嚴的，如：「建成侯釋之卒，嗣子有罪，廢，立其弟呂祿為胡陵侯，續康侯后」。從史料中，沒有呂氏子弟驕橫欺壓百姓的記載，所以不能從封建正統觀念出發，反對牝雞司晨來斥責呂后。〔註140〕

　　歷朝史書典籍記載了很多有關武則天殺戮的事蹟，從而影響了近人對武則天的評價。近人李甲孚在《中國古代女性》形容武則天曰：「為人任性，殘忍。嗜殺，是女子中少見的。她把唐室的宗親貴族殺光，她還殺過反對她的大臣好幾百戶，連小孩也逃不過她的魔掌。」〔註141〕魏良弢曾根據《新唐書・宰相表》統計，「武則天稱帝的頭兩年（690和691年），宰相被殺的有八人，被流、被貶的有四人。宰相的調動、任免極為頻繁，她稱帝的十五年間……一般官吏更是陞黜生殺無定。」〔註142〕此外據史書記載，武則天

〔註140〕詳見楊友庭：《后妃外戚專政史》，頁35。
〔註141〕李甲孚：《中國古代的女性》，頁46。
〔註142〕魏良弢：〈論武則天〉，《新疆大學學報》Z1期（1979年），頁51。

甚至爲了登上皇后之位而下毒手殺害仍在襁褓中的女兒，並且以此誣賴王皇后。許多史家學者都認爲，這是唐高宗決定廢黜王皇后改立武則天的重要契機。部分論者認爲這一史料是可信的。胡戟便提出，十六年的宮廷生活已經泯滅了武則天原有的循規蹈矩的思維邏輯和行爲準則，在當時的情勢下，倘若她不施展宮廷陰謀，是很難朝皇后位置邁進的。因此，殺死襁褓中的女兒嫁禍於王皇后，是在最不合情理的情理之中了。〔註143〕史書亦以暗示或明言的方式，說武則天爲了把持朝政而不惜接二連三的把自己的孩子殺死。李弘、李賢等人的死皆與武則天有關，李賢更作詩勸諭。古人謂：「虎毒不食子」，因此歷朝學者史家也放大此事件，作爲她秉性殘忍的證明。倘若說殺死自己的親骨肉便是殘忍歹毒的最佳證明，其孫唐玄宗（685～762）連殺三子（瑛、瑤、琚），那麼其殘忍秉性自應是遺傳其祖母武則天了。同時，比較近代和古代的評價來看，古人在評論武則天時雖多針對屠戮宗室和朝臣之事件，然而近代論者在刻畫武則天殘忍的一面時，卻傾向於羅列更多她殺死親生子的記載爲憑據。

除此之外，許多論者皆認爲武則天以高壓手段（很多時候是屠戮）打擊政敵也是她天性殘忍的明證。如林語堂在《武則天傳》一書中便形容武則天謂：「武則天大殺武將和文官，似乎可以和另一位東方暴君史達林相比。」〔註144〕

吳晗談武后時提出：「鎮壓反對派是武則天在複雜、緊張的鬥爭中所採用的手段。」他也認爲，雖然武則天殺了很多保守派，但保守派是反對她的人，主要是元老重臣、皇親國戚，而不是一般老百姓。這些人不願意看到新的措施，故「要實現某些政治上的巨大改變，必須徹底打垮反對派。」〔註145〕他也進一步提出：「說她殺了不少的唐朝皇家宗親、元老重臣，這固然是事實；問題是她不殺這些人，這些人就要殺她，要記住這是一場封建統治階級的內部激烈鬥爭，是個你死我活的鬥爭啊。值得注意的是在她以後，唐朝人，包括她所殺的李家子孫在內，對她的評論是好話多，壞話少，褒多於貶，在政治上幾乎是一致肯定的，稱她爲則天大聖皇帝。」〔註146〕

〔註143〕胡戟：《武則天本傳》，頁25～26。
〔註144〕林語堂著，張振玉譯：《武則天正傳》（臺南：德華出版社，1976年），頁144。
〔註145〕詳見吳晗：《歷史的眞實與藝術的眞實》，收入《吳晗史學論著選集》第三卷，頁191。
〔註146〕吳晗：《歷史的眞實與藝術的眞實》，收入《吳晗史學論著選集》第三卷，頁190。

（二）違禮與淫蕩

　　除了殘忍個性，武則天的私生活也是最常爲世人非議的問題。一些後世史家學者不齒她違反禮教，身爲女性竟然大膽的蓄養男寵（男性嬪妃），對她的所作所爲大加鞭撻，直斥其無恥、淫亂等。即使是在近現代，仍有許多封建保守的史家學者抱持「婦無二適」的傳統觀念，批判她淫穢。李甲孚便寫道：「武則天的私生活，在唐代文人的筆底下，是荒淫而穢亂的。她正是利用這一點向男人進攻，希望達到她出頭的心願。」〔註147〕憑藉這樣的記述，可見作者對於武則天的想法有二：其一，作者贊同唐代文人筆下所描繪的武則天，認爲她是荒淫無道的。這在其後的文字裡可以得到明證：「武則天貪歡色欲，在女人群中首屈一指」〔註148〕；其二，武則天接近男人是爲了出頭，因此她是有預謀且野心勃勃的人。在一女僅能侍一夫，要求婦女守貞節的傳統社會裡，武則天最爲文人史家撻伐的便是置面首。不過，一妻配多夫之例並非武則天開創，南朝宋廢帝姐姐山陰公主曾要求廢帝爲她置面首，其理由是：「妾與陛下，雖男女有殊，俱託體先帝。陛下後宮數百，而妾惟駙馬一人。事不均平。一何至此？」朱子彥認爲這是封建社會底下的兩性觀念所致，說：「世道對於皇帝和皇后是太不公平了。皇帝後宮萬千，一夜九御，視爲合禮。皇后有一私夫，就斥爲淫亂，稍有妒忌就要廢黜處死。這是封建體制下男尊女卑所決定的。」〔註149〕

　　同時，武則天先後成爲太宗的才人和高宗的昭儀、皇后，一女侍二夫的她也被後世斥其淫蕩，認爲她有預謀使手段誘惑高宗，如李甲孚便認爲武則天在唐太宗生病時勾引高宗，以及高宗至感業寺追悼唐太宗時，已落髮爲尼的武則天使用手段接近高宗爲例，作爲她淫恣的論據。〔註150〕倘若高宗納先父才人爲妃的舉動並非當時社會所能接受的婚制之一，必然引起更大的輿論，而非等到高宗欲立其爲皇后時才遭到大臣們的反對。事實上，據王貴民，收繼婚乃秦漢至唐五代多見的一種婚姻關係，「當時匈奴、烏孫等屬國都盛行收繼婚……北魏、北齊、北周等也有上下輩的收繼婚。一直影響到隋唐皇室，楊勇嬖幸其父楊堅的妾滕，楊廣烝納宣華夫人、容華夫人。唐初，李建成、

〔註147〕李甲孚：《中國古代的女性》，頁45。
〔註148〕李甲孚：《中國古代的女性》，頁52。
〔註149〕朱子彥《帝國九重天——中國後宮制度變遷》，頁298～299。
〔註150〕詳見李甲孚：《中國古代的女性》，頁45。

元吉並寵張婕好等，李世民又納元吉之妻楊氏……此風一直到五代盛行不衰……漢族的此俗，雖說受邊裔民族的感染，也可能有歷史的遺傳。」〔註151〕再婚在唐朝是可行且受法律認可的，時人並不以再嫁爲恥，據《通典》：「大唐貞觀元年（627）二月詔，其庶人無室家者，並仰州縣官人以禮聘娶，皆任其同類相求不得，抑取男年二十，女年十五以上及妻喪達制之後，孀居服紀已除，並須申以婚媾，令其好合，若守志貞潔，並任其情，無勞抑以嫁娶。」〔註152〕

　　不過，也有另一些史家學者爲武則天辯護，認爲針對武則天私生活作嚴屬批評是有欠公允的。陳寅恪認爲武后既然是皇帝而非太后，便也應該享有皇帝的禮制，區區易之、昌宗、懷義等男寵，較之唐代的皇帝后宮人數猶爲寡少也。〔註153〕郭沫若認爲前人說武則天淫蕩是不可盡信的。他從生理學的角度上辨正，認爲武則天寵信薛懷義時已經 62 歲，蓄養張氏兄弟時已經 76 歲了，因此說她廣置面首是很難讓人信服的。武則天管教孩子極嚴格，她的外侄賀蘭敏之在男女關係上胡作非爲，她便把他殺了。如果她自己到了六七十歲還在逾閑蕩檢，又怎能管教子侄，駕馭臣下呢？〔註154〕翦伯讚把武則天的納面首看作和男性皇帝納妾的道理一樣，則提出武則天的男寵比起任何不荒淫的封建皇帝的女寵，也不成比例。〔註155〕

（三）治政的才能

　　歷來一些史家在批判呂太后立幼帝、王諸呂、殺宗室的時候，對於她能夠穩定時局、爲漢朝發展所起的正面作用給予了讚賞。

　　在批判武則天的同時，許多史家學者仍能對她的政治才能予以讚賞。雖然前文列舉了不少李甲孚以性別之差批評武則天的論述，然而他卻也肯定武則天在治政上的表現。〔註156〕在歸政於中宗一事上，他認爲武后最終能夠還

〔註151〕王貴民：《中國禮俗史》（臺北：文津出版社，1993 年），頁 139～140。

〔註152〕〔唐〕杜佑撰：《通典》卷五十九〈禮十九〉，典 341。

〔註153〕詳見陳寅恪：〈記唐代之李武韋楊婚姻集團〉，《歷史研究》第 1 期（1954 年），頁 42。

〔註154〕詳見郭沫若：《武則天》附錄一，收入《我怎樣寫武則天》（人民文學出版社，1979 年），頁 109～110。

〔註155〕翦伯讚：〈評越劇〈則天皇帝〉〉，收入《翦伯讚歷史論文選集》（人民出版社，1980 年），頁 455。

〔註156〕李甲孚：《中國古代的女性》，頁 56：「她的政權，能夠維持十五年，她用的手段和方法是相當高明的。她懂得用中國固有的禮法來維繫人心；她善於起

政於李唐，雖然狄仁傑不無功勞，然而主要仍然是武后的明智決定。〔註 157〕
宋慶齡曾爲皇澤寺題詞：「武則天是中國歷史上惟一的女皇帝，封建時代傑出
的女政治家。」〔註 158〕王雙懷在許多方面給予武則天肯定，也引用史證推翻
了不少對她的指責。王認爲，武則天作爲一個政治人物，有知人之明和納諫
之明，她重視知識，善於用人，能夠集中統治階級的集體智慧。因此，她在
決策上很少失誤，在行政上卓有成效，她的所作所爲基本上都是有利於社會
發展的。所以就連一些反對武則天的人，也不得不承認她是封建時代的「明
君」。王進一步提出，在武則天參政和當政的四十多年間，政治比較清明，經
濟有所發展，文化得到振興，國力也很強盛。而這一切爲「開元盛世」的出
現奠定了堅實的基礎。他最後總結說，武則天不僅有勇於革新的精神，堅韌
不拔的意志，日理萬機的才幹，而且具有良好的政績，故是中國古代傑出的
政治家，是中國古代女性中的佼佼者。〔註 159〕

　　李樹桐曾評價武則天曰：「武后的史事，因史官認爲她是篡竊而有意的予
以略去，所以有關武后的記載，特別簡略。就簡略的史料中，可知她還有幾
項不差的政治措施。一、爲經濟中心在江淮，而關中離江淮太遠，運輸困難，
故遷都洛陽，改名神都。二、爲打破傳統，拔取新的人才，特重科考以吸取
文人學士，創設武舉，培植將才。三、爲軍食民食，規定義倉不許雜用。四、
爲避免人才全集中央，地方官吏人才低落；獎勵人才任郡、縣官吏。五、因
府兵制漸趨破壞，局部的採取募兵制以增強軍力。」〔註 160〕他認爲，太宗、
武后、玄宗，二帝一后在位之時，唐代內政大致清明，國內秩序安定，對外
國威發揚，誠爲唐代盛世。〔註 161〕

　　楊友庭則認爲，武則天得以代唐稱帝，個人的能力固然很重要，所使用
的手法或策略也很重要，而最關鍵的是當時的社會背景給她提供了機會和條

用人才，信任幹部；她爲人聰明、果斷、明察是非……當她登上皇帝的寶座
後，在那幾十年中，國家有好幾次在邊境用兵，但後方還是那樣的平靜和安
定。這就是她重用狄仁傑的收穫。」
〔註 157〕詳見李甲孚：《中國古代的女性》，頁 57。
〔註 158〕轉引自胡戟：《武則天本傳》，頁 9。
〔註 159〕王雙懷：〈關於武則天的是非功過〉，收入《唐代歷史文化論稿》，頁 68〜69。
〔註 160〕李樹桐：〈唐代帝位繼承之研究〉，收入中國唐代學會編：《唐代研究論集》（臺
　　　　　北：新文豐出版社，1992 年），頁 162。
〔註 161〕李樹桐：〈唐代帝位繼承之研究〉，收入中國唐代學會編：《唐代研究論集》，
　　　　　頁 166。

件，她很好的利用了這個機會，所以成功了。而她能成功，便也表現了她非凡的政治才能，高明的政治手法。他進一步提到，武則天所處的時代是封建社會士族階層處於沒落，而庶族剛興盛的階段，她掌權不代表庶族地主的利益，但奪權過程中所表現出來的庶族身份和形象使她得到廣大庶族地主的支持和擁護。〔註162〕

相反地，呂思勉則大力反對武則天，認爲她是個濫刑殺人、殘酷的暴君，批評她奢侈腐化、不能用人。〔註163〕岑仲勉在《隋唐史》批判武則天說：「即使撇去私德不論，總觀其在位二十一年，實無絲毫政績可紀。」〔註164〕

總括而言，封建社會把兩性角色定位於男外女內，因此后妃把持或染指朝廷大權普遍上要受到貶抑，所謂「牝雞無晨，牝雞之晨，惟家之索」〔註165〕就是這一傳統觀念的深刻反映。針對后妃涉政的批評言論早至先秦時期已出現，對於后妃涉政的約束機制則在漢代就已出現，至宋代基本上已法制化了。〔註166〕

漢代是封建專制主義的開始，儒學的興起，不過從史書內容來看，不難發現西漢的史家並不特別支持或反對呂后臨朝。從司馬遷乃至荀悅等人的評述，雖然「已然滲入與強化男女各司其職的男女性別意識在內」〔註167〕，大體上他們都尚能實事求是，客觀的記述呂太后臨朝時的國家情況，肯定她執政的表現。筆者認爲，這是因爲她的臨朝能夠穩定當時的政局，掌政時能夠不改高祖所立政策，依循高祖的意思掌政有關系。雖然他們對於呂太后把持權柄擁立幼主，殺劉氏宗親等舉動是非常譴責的，然而這是封建社會觀念之下所不能避免的。相反地，東漢的史家則侷限於以性別爲史觀的枷鎖，普遍對她抱持否定和撻伐的立場。雖然如此，相較於後世的評論，東漢時期對於女主貶責仍算客氣。

隨著時間的推演，社會的變化，兩部記述了唐代歷史的典籍雖然對於武則天都抱持著批判的立場，然而《新唐書》卻是比《舊唐書》更爲嚴苛，也

〔註162〕詳見楊友庭：《后妃外戚專政史》，頁175～179。
〔註163〕呂思勉：《隋唐五代史》（上海：上海古籍出版社，1959年），頁141～148。
〔註164〕岑仲勉：《隋唐史》，卷下〈唐〉頁155。
〔註165〕孔穎達疏：《尚書正義》，收入《十三經註疏》（臺北：藝文印書館，1985年）卷十一〈周書・牧誓〉，頁183。
〔註166〕朱子彥：《帝國九重天——中國後宮制度變遷》，頁3。
〔註167〕詳見蔡幸娟：〈北朝正史女主政治評價之考察研究——兼論中國史上「女禍史觀」之形成與發展〉，收入台灣歷史學會編：《認識中國史論文集》，頁186。

更強化了武則天許多負面的形象，「著其大惡而不隱」的主觀意識明顯，直接影響了後世對武則天的評述。像范祖禹本著《春秋》尊王之義，力斥武氏入於本紀的史家，「實乃封建正統史家之陋見。」〔註168〕

　　以性別爲史觀的評論乃是根基於女不言外、男尊女卑的傳統觀念；而明清時期則不僅從性別上，也從婦道的觀點上批判女主臨朝之現象，略言之，在認爲婦不與政、婦無二適等傳統婦道的觀念上去看待女主臨朝，故才會出現抨擊武后淫蕩、違反禮教的評論。不論男女臨朝支配統治，政治良窳才是史家學者評價的依據。然而從近現代對於女主的評論來看，不難發現許多論者仍未能擺脫傳統觀念的束縛，仍然站在男權的角度去看待女主臨朝的現象。此外，由於中國的歷史都是站在男性視角下所修撰，因此對於女性參與了專屬男性的活動，自然便要貶斥批評。而在這樣的角度之下，後世學者使用這樣的史料，其結論自然也會產生偏頗。劉詠聰曾提出，古人對於臨朝太后、女主之評價，很少是把她們當作政治家或行政者來批評，而是從后妃應否預政的角度出發，把她們當作女性來評論。他認爲，要客觀的處理歷史上女主、后妃的評價，最爲重要的便是擺脫從性別去評價，放棄前提式的「女人從政不好」論，實事求是的對不同的女主，具體的治績作出合理的評估。他進一步提出，倘若說女主臨朝本身存有流弊，那是制度本身的問題，而非其女性身份。因爲制度本身未嘗予后妃以高度的行政訓練，社會也不鼓勵她們接受政治教育，又如何可以要求她們有理想完美的治績呢？劉詠聰也強調，朝代之興亡實在必須從深刻的經濟、政治、社會、軍事、外交等因素上去尋找治亂根源，而不應直覺地歸咎於女性之得寵和主政上，否則就不是尊重歷史事實的做法了。〔註169〕

〔註168〕朱友華：〈《新唐書・則天皇后紀》解題〉，《蘇州科技學院學報（社會科學版）》第 1 期（1987 年），頁 104。

〔註169〕劉詠聰：〈魏晉以還史家對后妃主政之負面評價〉，收入鮑家麟編著：《中國婦女史論集 第三集》，頁 33～36。

第七章 結 論

　　在眾多臨朝的女主中，得以立紀的女主唯有漢朝呂太后和唐朝武后兩人。呂太后和武則天這兩位女主，一個在封建社會后妃制剛剛建立不久，一個在封建社會鼎盛時期，恰好代表了封建社會發展的其中兩個階段的兩位女性執政者的出現。〔註1〕考查各史書也不乏把兩人相提並論的記載，《新唐書》：「昔者孔子作《春秋》而亂臣賊子懼，其於殺君篡國之主，皆不黜絕之，豈以其盜而有之者，莫大之罪也，不沒其實，所以著其大惡而不隱歟？自司馬遷、班固皆作《高后紀》，呂氏雖非篡漢，而盜執其國政，遂不敢沒其實，豈其得聖人之意歟？抑亦偶合於《春秋》之法也。唐之舊史因之，列武后於本紀，蓋其所從來遠矣。」〔註2〕武則天掌政時，朝臣中也時有以呂太后之事訓誡武后者。筆者認為，這是因為她們相類點不少，對於漢唐各個方面，乃至整個中國的歷史皆留下了深遠的影響。

　　就臨朝的因素而言，兩位女主都透過丈夫皇帝而得到了涉政的機會。儘管皇權的最終歸屬並不屬於她們，兩位女主在執政期間卻最大程度的行使了她們手中的代理權，呂太后盡可能的提高了自己和族人的權勢地位，武后甚至讓自己成了皇帝。並且她們也為社稷帶來了穩定與富庶。同樣是以女子身份參與朝政，但顯然的兩位女主的目的是不同的。筆者認為，這和她們的出身經歷有密切的關係。呂太后在成為皇后之前只是一個平民婦女，婚後也以撫育孩子、侍奉舅姑為最大的生活目標。自小在男主女從這樣的文化氛圍下長大，受到這種規範的社會化，認為女主內是女性的天生職責。這種內化而來的價值觀念與道德情操，使她將從夫從父的觀點感情化和絕對化。從種種

〔註1〕詳見門巋：《中國后妃的生死歌哭》，頁142。
〔註2〕〔宋〕歐陽修，宋祁撰：《新唐書》卷四〈則天皇后中宗本紀〉，頁113。

跡象看來，她都比較傾向於「從夫從子」的。身爲妻子，爲了穩固丈夫皇帝的政權而協助他誅滅異姓諸侯王；身爲母親，爲了保護自己的親生孩子〔註3〕而不惜殺害高祖的子嗣。但是，當她握有皇權時，也僅僅是用手中的皇權去提高諸呂的政治權勢地位，出於保護的理由而殺害劉氏子嗣；在治理國家上，她並沒有表現出太多的主見。反之，武則天年紀輕輕便已接觸宮中的內鬥政治，並沒有經歷過呂太后般的平民婦女生活，宮中的歷練讓她學習到了更多執政之道。概言之，雖然她們在相似的背景下掌朝，然而出身經歷和才能卻使兩者在政治上的表現有所差異，從而直接影響了外戚的下場。相比起呂太后，武后在政治上展露出更多的野心，在治政上進行了不少沿革和創新。在剷除異己上，兩者的立場是不一樣的。筆者認爲，呂太后是基於保護孩子和自己地位的原則上殺害異己。反之，武則天卻完全是爲了自己的利益而殺害異己。這一點也表現出了武后比呂太后更殘忍的一面。

相比起武后的革故鼎新，呂太后在執政上的表現顯然保守許多。從史書的記載來看，不論在用人、經濟、外交等層面上，她主要遵循高祖、蕭何、曹參、陳平等人的建議，少有自己的看法。反之武后在還沒臨朝時已經建言十二事，憂勞天下，臨朝掌權甚至稱帝時，在各方面都推行、沿革了很多政策，對當代乃至後世起了重要的歷史作用，故李贄認爲，「武氏固聰明主也，非呂氏比也。」〔註4〕正如第六章所舉趙翼之言，兩者臨朝目的不一樣，呂太后無篡漢之意，而武后卻立意掌政。

李樹桐曾以唐太宗爲例，認爲太宗的能力較建成尤強，當屬事實。由太宗奪嫡而打破長子繼承制度，一方面固然給唐代帶來許多宮廷內爭；另一方面也是走上天演淘汰的路線。強者成功而執政，對於內政外交各方面，當更能發揮才能，造成比較偏重於保守者執政更爲輝煌的成績。如此，則他的玄武門政變也是罪中之功了。〔註5〕據此話之原則，筆者以爲，武則天能夠掌政

〔註3〕 除了前文所述保護惠帝的政權，呂太后對於唯一的女兒魯元公主也是極爲保護的。高祖爲了於匈奴締結和親之約，曾有意把長公主，也即是魯元公主嫁給匈奴，卻遭到了呂太后的反對，《史記》卷九十九〈劉敬叔孫通列傳〉頁2719記載：「（高祖）欲遣長公主。呂后日夜泣，曰：『妾唯太子、一女，奈何棄之匈奴！』上竟不能遣長公主」。

〔註4〕 〔明〕李贄著：《藏書》（臺北：臺灣學生書局，1974年）卷五十六〈武臣傳・賢將〉，頁941。

〔註5〕 詳見李樹桐：〈唐代帝位繼承之研究〉，收入中國唐代學會編：《唐代研究論集》，頁167。

這麼久，也必是強者無疑。她的執政雖然興起了不少腥風血雨，然而她能夠安定社會，發展國家，保持政治的清明，比起中宗和睿宗，她的政治才能可說是在他們之上。那麼，她的革唐建周也算是「罪中之功」了。

　　儘管如此，誠如李海生等所言，「婦人參政，在封建統治的最高層裡，其實是對父系王權的侵削。不管涉入的程度如何，專擅的手段如何，結果都會引帶出兩種不妙的因素……二是悖逆禮義，心理上不能為正統的士大夫所接受……顯然，從維護父權家長制的角度出發，在權力歸屬的問題上，把婦人參政視為禍水，完全符合封建禮義。」〔註6〕歷來對她們的批評是不少的。從西漢至現代，歷經兩千多年，史家學者對她們的評論歧義仍然很大。筆者以為，這與歷朝史家的正統觀念有關。在正統觀念之下，呂太后王諸呂乃是罔顧天命，而武則天革唐命則是違反天紀，都是於正統不合，於禮所不容。不過，總結歷朝對兩位女主的評論，不難發現史家的態度是有所改變的，早期以司馬遷為代表的是持較客觀的立場，至中期以宋時歐陽修為代表的激烈批判，至現代較多學者能夠站在兩性平等的立場上，據實客觀的評斷她們的功績，如朱子彥曾說，按照歷史唯物主義觀點，無論是皇帝掌權還是女主擅政，都沒有什麼本質的區別，其優劣高下之分，在於他們秉政時期執行了什麼政策，這些政策是否有利於國計民生，有利於社會安定團結，有利於生產力發展。凡對推動社會進步，促進歷史發展，以及維護國家的統一和民族融合作出貢獻者就應肯定，反之就須否定。〔註7〕楊友庭亦曾提出，凡推進社會進步，促進歷史發展，有益於國家的統一和民族的融合者就應肯定，反之就須否定，而不應該受封建傳統觀念的左右，認為后妃外戚不該當政，凡當政者就應否定。〔註8〕從中也可以看到兩性觀念、天命觀、正統觀對於史家學者的影響，這當然和他們身處的社會環境有關。

　　劉伯驥曾謂，在中國四千年歷史裡，凡二十二個朝代中，最能創建國家深厚之基礎，發揚華夏鴻烈之威儀，為後世所矜慕者，曰漢曰唐而已。〔註9〕漢初時不論是劉氏掌政抑或呂氏掌政；唐初時儘管政權更替，但權力鬥爭僅限於統治階層而未擾民，兩位女主所奉行的政策利於國家發展，從而奠定了國家穩固的發展基礎，有著不可磨滅的貢獻。

〔註6〕李海生、完顏紹元：《夫人政治》（臺北：新新聞文化，1992年），頁14。
〔註7〕朱子彥：《帝國九重天——中國後宮制度變遷》，頁371。
〔註8〕詳見楊友庭：《后妃外戚專政史》，緒論，頁6。
〔註9〕劉伯驥：《唐代政教史》，頁395。

參考文獻

一、古籍文獻

1. 〔西漢〕孔安國傳，〔唐〕孔穎達等正義：《尚書》，收入《十三經注疏》（臺北：藝文印書館，1985 年）

2. 〔西漢〕戴德輯：《大戴禮記》（山東：山東友誼書社，1991 年）

3. 〔東漢〕鄭玄注，〔唐〕孔穎達疏：《禮記》，收入《十三經注疏》（臺北：藝文印書館，1955 年）

4. 〔東漢〕鄭玄注，〔唐〕孔穎達等正義：《儀禮》，收入《十三經注疏》（臺北：藝文印書館，1955 年）

5. 〔東漢〕鄭玄注，〔唐〕孔穎達等正義：《周禮》，收入《十三經注疏》（臺北：藝文印書館，1955 年）

6. 〔魏〕何晏集解，〔宋〕邢昺疏：《論語注疏》，收入《十三經注疏》（臺北：藝文印書館，1955 年）

7. 〔清〕焦循撰，沈文倬點校：《孟子正義》（北京：中華書局，1998 年）

8. 〔唐〕元宗明皇帝御注，〔宋〕邢昺疏：《孝經》，收入《十三經注疏》（臺北：大化書局，1982 年）

9. 李宗侗譯註：《春秋公羊傳今註今譯》（臺北：臺灣商務印書館，1973 年）

10. 〔西漢〕司馬遷著：《史記》（北京：中華書局，2003 年）

11. 〔西漢〕劉向撰，黃清泉註釋，陳滿銘校閱：《新譯列女傳》（臺北：三民書局，1996 年）

12. 〔東漢〕班固撰，〔唐〕顏師古注：《漢書》（北京：中華書局，2012 年）

13. 〔東漢〕荀悅：《前漢紀》（臺北：鼎文書局，1977 年）

14. 〔南朝宋〕范曄撰，〔唐〕李賢等注：《後漢書》（北京：中華書局，1965 年）

15.〔唐〕長孫無忌等撰：《唐律疏議》（北京：中華書局，1983 年）

16.〔唐〕吳兢撰：《貞觀政要》（臺北：河洛圖書出版社，1975 年）

17.〔唐〕杜佑撰：《通典》（臺北：臺灣商務印書館，1987 年）

18.〔後晉〕劉昫等撰：《舊唐書》（北京：中華書局，2010 年）

19.〔北宋〕歐陽修，宋祁撰：《新唐書》（北京：中華書局，2003 年）

20.〔北宋〕王溥撰：《唐會要》（臺北：臺灣商務印書館，1968 年）

21.〔北宋〕司馬光編著，〔元〕胡三省音注：《資治通鑑》（北京：中華書局，1997 年）

22.〔北宋〕司馬光著：《迂書》（臺北：老古出版社，1978 年）

23.〔北宋〕范祖禹：《唐鑒》（臺北：臺灣商務印書館，1968 年）

24.〔北宋〕胡寅著：《致堂讀史管見》（臺北：臺灣商務書局，1981 年）

25.〔北宋〕孫甫：《唐史論斷》，收入《函海》（臺北：宏業書局，1968 年）

26.〔北宋〕李昉：《太平御覽》（北京：中華書局，1960 年）

27.〔南宋〕徐天麟著：《西漢會要》（臺北：九思出版社，1978 年）

28.〔南宋〕鄭樵撰：《通志》（臺北：臺灣商務印書館，1987 年）

29.〔南宋〕李燾撰：《續資治通鑑長編》（臺北：世界書局，1964 年）

30.〔元〕馬端臨撰：《文獻通考》（北京：中華書局，2011 年）

31.〔元〕元脫脫等撰：《宋史》（北京：中華書局，1977 年）

32.〔明〕李贄著：《藏書》（臺北：臺灣學生書局，1974 年）

33.〔清〕趙翼撰：《廿二史箚記》（臺北：華世出版社，1977 年）

34.〔清〕趙翼撰：《陔餘叢考》（臺北：世界書局，1965 年）

35.〔清〕王夫之：《讀通鑑論》（臺北：里仁書局，1985 年）

36.〔清〕沈家本撰：《歷代刑法考》（北京：中華書局，2006 年）

37.〔日本〕橫田惟孝：《戰國策正解》（臺北：河洛圖書出版社，1976 年）

38.〔日本〕瀧川龜太郎著：《史記會註考證》（臺北：萬卷樓，1993 年）

39.〔東漢〕許慎撰，〔清〕段玉裁注：《說文解字注》（上海：上海古籍出版社，1997 年）

40.〔東漢〕班固撰：《白虎通》，收入《諸子會要》（臺北：廣文書局，1965 年）

41.〔唐〕唐倞注，〔清〕王先謙集解：《荀子集解》（臺北：世界書局，2000 年）

42.〔清〕王先慎集解：《韓非子集解》（臺北：臺灣商務印書館，1968 年）

43.〔南朝梁〕劉勰撰：《文心雕龍》（臺北：臺灣商務印書館，1965 年）

44.〔唐〕武則天:《臣軌序》(臺北:臺灣商務印書館,1981 年)

45.〔宋〕宋敏求編:《唐大詔令集》(臺北:鼎文書局,1972 年)

46.〔清〕董浩等敕撰:《全唐文》(長春:吉林文史出版社,2000 年)

二、今人專著
(依出版年份為順序,若出版年份相同,則依作者姓氏筆劃)

1. 呂思勉著:《秦漢史》(上海:上海古籍出版社,1947 年)

2. 吳楓著著:《隋唐五代史》(北京:北京人民出版社,1958 年)

3. 陳寅恪著:《隋唐制度淵源略論‧唐代政治史述論合集》(臺北:樂天出版社,1972 年)

4. 黑格爾著,謝詒徵譯:《歷史哲學》(臺北:大林出版社,1972 年)

5. 劉伯驥著:《唐代政教史》(臺北:臺灣中華書局,1974 年)

6. 林語堂著‧張振玉譯:《武則天正傳》(臺南:德華出版社,1976 年)

7. 李甲孚著:《中國古代的女性》(臺北:黎明文化公司,1978 年,初版)

8. 國立臺灣師範大學公民訓育學系著述:《中華文化新探選集之一》(臺北:國立臺灣師範大學出版組,1978 年)

9. 郭沫若著:《我怎樣寫武則天》(北京:人民文學出版社,1979 年)

10. 翦伯讚著:《翦伯讚歷史論文選集》(北京:人民出版社,1980 年)

11. 滋賀修三著:《中國家族法の原理》(東京:創文社,昭和 56 年)

12. 瞿同祖著:《中國法律與社會》(臺北:里仁書局,1982 年)

13. 聞一多著:《聞一多全集》(北京:三聯書店,1982 年)

14. 張金鑑著:《中國政治制度史》(臺北:三民書局,1986 年,四版)

15. 楊燕起等編:《歷代名家評史記》(北京:北京師範大學出版社,1986 年)

16. 王玉波著:《歷史上的家長制》(臺北:谷風出版社,1988 年)

17. 朱迪絲‧維爾斯特著:《必要的喪失》(北京:北京大學出版社,1988 年)

18. 李又寧、張玉法編:《中國婦女史論文集 第二輯》(臺北:臺灣商務印書館,1988 年)

19. 朱鳳瀚著:《商周家族形態》(天津:古籍出版社,1990 年)

20. 雷家驥著:《中古史學觀念史》(臺北:臺灣學生書局,1990 年,初版)

21. 王明通著:《漢書導論》(臺北:五南圖書出版社,1991 年)

22. 鮑家麟編:《中國婦女史論集續集》(臺北:稻鄉出版社,1991 年)

23. 中國唐代學會編:《唐代研究論集》(臺北:新文豐出版股份有限公司,1992 年,初版)

24. 陳寅恪著：《陳寅恪史學論文選集》（上海：上海古籍出版社，1992 年）

25. 康學偉著：《先秦孝道研究》（臺北：文津出版社，1992 年）

26. 王貴民著：《中國禮俗史》（臺北：文津出版社，1993 年）

27. 李海生，完顏紹元著：《夫人政治——民國政壇的枕邊效應》（臺北：新新聞文化事業股份有限公司，1993 年，初版）

28. 門巋著：《中國后妃的生死歌哭》（臺北：博遠出版有限公司，1993 年）

29. 孟悅、戴錦華著：《浮出歷史地表：中國現代女性文學研究》（臺北：時報文化，1993 年）

30. 陶春芳、蔣永萍主編：《中國婦女社會地位概觀》（北京：中國婦女出版社，1993 年）

31. 陳桐生著：《中國史官文化與《史記》》（臺北：文津出版社，1993 年）

32. 趙鳳喈著：《中國婦女在法律上之地位》（臺北：稻鄉出版社，1993 年，初版）

33. 瀧川龜太郎著：《史記會注考證》（臺北：萬卷樓圖書公司，1993 年）

34. 楊友庭著：《后妃外戚專政史》（廈門：廈門大學出版社，1994 年，初版）

35. 李樹桐著：《隋唐史別裁》（臺北：臺灣商務印書館，1995 年）

36. 翁俊雄著：《唐代人口與區域經濟》（臺北：新文豐出版股份有限公司，1995 年）

37. 劉詠聰著：《女性與歷史——中國傳統觀念新探》（臺北：台灣商務印書館，1995 年，初版）

38. 周勛初主編、嚴傑、武秀成、姚松編：《唐人軼事彙編》（上海：上海古籍出版社，1995 年）

39. 徐連達、朱子彥著：《中國皇帝制度》（廣州：廣東教育出版社，1996 年，初版）

40. 朱雷主編：《唐代的歷史與社會：中國唐史學會第六屆年會暨國際唐史學術研討會論文選集》（武漢：武漢大學出版社，1997 年）

41. 章培恆、駱玉明主編：《中國文學史》（上海：復旦大學出版社，1997 年）

42. 周何著：《禮學概論》（臺北：三民書局，1998 年）

43. 劉詠聰著：《德才色權——論中國古代女性》（臺北：麥田出版社，1998 年）

44. 寧欣撰、劉澤華主編：《選舉志》（上海：上海人民出版社，1998 年）

45. 王宏治、郭成偉撰，龐朴主編：《法學志》（上海：上海人民出版社，1998 年）

46. 劉慶、皮明勇撰：《軍事學志》（上海：上海人民出版社，1998 年）

47. 熊鐵基撰、李學勤主編:《秦漢文化志》(上海:上海人民出版社,1998年)

48. 孫昌武撰,李學勤主編:《隋唐五代文化志》(上海:上海人民出版社,1998年)

49. 白盾編著:《歷史的磨道:論中華帝制》(合肥:安徽人民出版社,1999年,初版)

50. 趙文潤、王雙懷著:《武則天評傳》(西安:三秦出版社,2000年)

51. 臺灣歷史學會編:《認識中國史論文集》(臺北:稻鄉出版社,2000年,初版)

52. 段塔麗著:《唐代婦女地位研究》(北京:人民出版社,2001年)

53. 張家山二四七號漢墓竹簡整理小組編:《張家山漢墓竹簡〔二四七號墓〕》(北京:文物出版社,2001年)

54. 蕭群忠著:《孝與中國文化》(北京:人民出版社,2001年)

55. 朱亞非主編:《歷代名君治國方略》(濟南:山東人民出版社,2002年)

56. 馬新主編:《歷代名相施政方略》(濟南:山東人民出版社,2002年)

57. 柴德賡著:《史籍舉要》(香港:中華書局,2002年)

58. 陳鼓應著:《老子註釋及評介》(北京:中華書局,2003年)

59. 王雙懷著:《唐代歷史文化論稿》(香港:香港教育圖書公司,2003年)

60. 林素英著:《禮學思想與應用》(臺北:萬卷樓圖書公司,2003年)

61. 鮑家麟主編:《中國婦女史論集 第三集》(臺北:稻香出版社,2004年)

62. 張大可著:《司馬遷評傳》(北京:華文出版社,2005年)

63. 程俊英、蔣見元著:《詩經註析》(北京:中華書局,2005年)

64. 朱子彥著:《帝國九重天——中國後宮制度變遷》(北京:中國人民大學出版社,2006年,一版二刷)

65. 劉大傑著:《中國文學發展史》(臺北:華正書局,2006年)

66. 劉燕儷著:《唐律中的夫妻關係》(臺北:五南圖書出版社,2007年)

67. 白鋼著著:《中國皇帝》(北京:社會科學文獻出版社,2008年,初版)

68. 孟憲實著:《唐高宗的真相》(臺北:遠流出版社,2008年)

69. 呂世浩著:《從《史記》到《漢書》:轉折過程與歷史意義》(臺北:國立臺灣大學出版中心,2009年)

70. 王洪軍著:《武則天評傳》(濟南:山東大學出版社,2010年,初版)

71. 岑仲勉著:《隋唐史》

72. 胡戟著:《武則天本傳》(北京:北京大學出版社,2011年)

73. 鄧小南、王政、游鑑明編：《中國婦女史讀本》（北京：北京大學出版社，2011 年）

74. 郭茵著：《呂太后期の權力構造》（福岡：九州大學出版社，2014 年）

三、學位論文（依學位次序與出版日期爲順序）

博士論文

1. 米莉著：《帝制中國的女主與政治》（北京：中國政法大學政治與公共管理學院，政治學博士論文，2008 年）

2. 陳開穎著：《性別・信仰・權力——北魏女主政治與佛教》（河南：鄭州大學歷史學院，古代史博士論文，2012 年）

碩士論文

1. 鄔之元著：《武則天生平初探》（臺中：東海大學文學院，歷史研究所碩士論文，1977 年）

2. 曹嘉琪著：《武則天政治事業之研究》（臺北：中國文化大學文學院，史學研究所碩士論文，1979 年）

3. 陳美專著：《武則天的女性形象——以史傳記載爲中心的考察》（彰化：彰化師範大學文學院，國文研究所碩士論文，2003 年）

4. 楊舒眉著：《漢代宮廷女性生活探微》（山東：曲阜師範大學歷史文化學院，古代史碩士論文，2005 年）

5. 王國泰著：《論「以孝治天下」與兩漢政治、制度》（臺北：中國文化大學文學院，史學研究所碩士論文，2006 年）

6. 高榮茹著：《兩漢后妃選拔、教育及后妃與政治關係問題考述》（長春：吉林大學古籍研究所，古代史碩士論文，2006 年）

7. 陳靜著：《《史記》中漢初政治女性形象研究》（重慶：重慶師範大學文與新聞學院，中國古代文學碩士論文，2006 年）

8. 蕭青雲著：《呂后、元后史學形象比較與班固的女性觀》（北京：北京語言大學人文學院，中國古代文學碩士論文，2007 年）

9. 藍敏華著：《《史記・呂后本紀》與其相關問題研究》（宜蘭：佛光大學人文社會學院，文學研究所碩士論文，2008 年）

10. 王景麟著：《武則天政治人格之研究》（臺北：中國文化社會科學院，政治學研究所碩士論文，2008 年）

11. 蔡榕津著：《武則天在唐前期的影響》（福建：廈門大人文學院，中國古代史碩士論文，2008 年）

12. 梁艷麗著：《論西漢婦女的政治參與》（內蒙古：內蒙古大學人文學院，歷史學碩士論文，2008 年）

13. 李昕著：《唐代女性對唐朝社會的影響》（濟南：山東大學歷史文化學院，古代史碩士論文，2008 年）

14. 畢曉暉著：《武則天時期的對外政策》（長春：吉林大學文學院，歷史學碩士論文，2008 年）

15. 嚴韡著：《唐代前期的皇權與司法》（北京：中國政法大學法律史學研究院，法律史碩士論文，2008 年）

16. 陳美伶著：《兩漢太后臨朝稱制研究》（臺南：國立臺南大學人文與社會學院，國語文學系碩士論文，2009 年）

17. 黃文珊著：《論近代學者對武則天之歷史評價》（臺北：臺北市立教育大學人文藝術學院，社會科教育學系碩士論文，2009 年）

18. 張璪方著：《武則天「臣軌」研究》（嘉義：國立嘉義大學人文藝術學院，中國文學系碩士論文，2009 年）

19. 張萍萍著：《從唐代后、妃看唐代的政治與社會》（天津：天津師範大學歷史文化學院，中國古代史碩士論文，2009 年）

20. 林淑玫著：《漢唐后妃參政干政研究》（新竹：玄奘大學社會科學院，中國語文學系碩士論文，2010 年）

21. 張筱懿著：《武則天女性政權與佛教關係之研究》（新竹：玄奘大學社會科學院，宗教學系碩士論文，2010 年）

22. 陳富美著：《武則天及其詩歌對初唐詩壇的影響》（臺中：逢甲大學人文社會學院，中國文學碩士論文，2011 年）

23. 林君儀著：《西漢后妃研究——以呂后、竇后及元帝王后爲主》（新竹：玄奘大學社會科學院，中國語文學系碩士論文，2012 年）

24. 段桂英著：《新中國成立以來的武則天研究》（開封：河南大學歷史文化學院，史學理論及史學史碩士論文，2012 年）

四、期刊論文

台灣地區期刊論文

（依出版日期爲順序，若出版日期相同，則依作者姓氏筆劃）

1. 楊聯陞著，林維紅譯：〈中國歷史上的女主〉，《食貨月刊》第 1 卷第 11 期（1972 年 2 月），頁 570～577。

2. 卓遵宏著：〈武則天用人之研究〉，《淡江學報》第 16 期（1978 年 11 月），頁 55～82。

3. 黃約瑟著：〈武則天何以會臨朝聽政？〉，《歷史月刊》第 18 期（1989 年 7 月），頁 24～29。

4. 蔡幸娟著：〈史傳中之女主臨朝「稱制」「攝政」與「聽政」〉，《國立成功大學歷史學報》第 23 期（1997 年 12 月），頁 247～274。

5. 何美慧著：〈武則天以刑法治天下對後世女性參政之影響〉,《中國歷史學會史學集刊》第 31 期（1999 年 6 月）,頁 1＋3～35。

6. 林礽乾著：〈駱賓王討武曌系標題商榷〉（上）,《國文學報》第 30 期（2001 年 6 月）,頁 33～76。

7. 鄭雅如著：〈重探上官婉兒的死亡、平反與當代評價〉,《早期中國史研究》第 4 卷第 1 期（2012 年 6 月）,頁 111～145。

大陸地區期刊論文

（依出版年份爲順序,若出版年份相同,則依作者姓氏筆劃）

1. 趙文潤著：〈從曹操到武則天〉,《陝西師範大學學報（哲學社會科學版）》第 4 期（1974 年）,頁 66～75。

2. 熊德基著：〈武則天的眞面目——梁效《有作爲的女政治家武則天》一文的批判〉,《社會科學戰線》第 1 期（1978 年）,頁 159～187。

3. 魏良弢著：〈論武則天〉,《新疆大學學報（哲學人文社會科學版）》Z1 期（1979 年）,頁 44～59。

4. 張瑞昌著：〈我國科舉制的淵源及概況〉,《四平師院學報（哲學社會科學版）》,第 3 期（1980 年）頁 25～29。

5. 朱友華著：〈《新唐書·則天皇后紀》解題〉,《蘇州科技學院學報（社會科學版）》第 1 期（1987 年）,頁 104～105。

6. 高景新著：〈評西漢前期的「和親政策」〉,《內蒙古民族師院學報（社會科學版）》第 2 期（1987 年）,頁 72～76＋86。

7. 卞直甫著：〈漢代后妃的歷史作用〉,《歷史教學》第 10 期（1990 年）,頁 5～8。

8. 毛佩奇著：〈中國后妃制度述論〉,《中國人民大學學報》第 6 期（1990 年）,頁 82～93。

9. 杜芳琴著：〈中國古代女主政治略論〉,《山西師大學報（社會科學版）》第 20 卷第 2 期（1993 年 4 月）,頁 82～86。

10. 朱子彥著：〈略論中國封建社會的后妃干政〉,《上海大學學報（社會科學版）》第 1 期（1994 年）,頁 60～64。

11. 雷達著：〈《則天大帝》中的武則天〉,《小說評論》第 1 期（1994 年）,頁 10～13。

12. 徐嫩棠著：〈武則天稱帝原因淺析〉,《史學月刊》第 6 期（1995 年）,頁 32～36。

13. 劉泰祥著：〈東漢外戚的作用〉,《南都學壇（哲學社會科學版）》第 15 卷第 1 期（1995 年）,頁 1～5。

14. 顧文幸著：〈歷代后妃涉政原因析〉，《中華女子學院山東分院學報》第 1 期（1995 年），頁 27～29。

15. 王雙懷著：〈歷代對武則天的評價〉，《人文雜誌》第 3 期（1996 年），頁 69～74。

16. 張建國著：〈試析漢初「約法三章」的法律效力──兼談《二年律令》與蕭何的關係〉，《法學研究》第 1 期（1996 年），頁 154～160。

17. 葉哲明著：〈武則天稱帝和選士制度政策的革新──兼評科舉殿試的歷史作用〉，《台州師專學報》第 19 卷第 1 期（1997 年 2 月），頁 44～49＋58。

18. 趙文潤著：〈略論唐代的制舉與殿試〉，《唐都學刊》第 13 卷第 1 期（1997 年），頁 7～8。

19. 朱子彥著：〈垂簾聽政制度述論〉，《學術月刊》第 2 期（1998 年），頁 55～61。

20. 趙文潤著：〈略論隋唐文化的主要特點〉，《陝西師範大學成人教育學院學報》第 16 卷第 1 期（1999 年 3 月），頁 16～19。

21. 劉昌安著：〈呂后的個性心理特徵及其形成〉，《漢中師範學院學報（社會科學版）》第 3 期（1999 年），頁 37～42。

22. 陳梧桐著：〈西漢軍事思想的重大成就〉，《學術月刊》第 8 期（1999 年），頁 77～84。

23. 冨谷至著：〈晉泰始令への道──第一部秦漢の律と令〉，《東方學報》第 72 冊（2000 年），頁 79～131。

24. 王媛、喬麗萍著：〈淺談武則天稱帝的社會和文化因素〉，《大同職業技術學院學報》第 15 卷第 4 期（2001 年 12 月），頁 24～25。

25. 賈麗英著：〈論漢代母后政治〉，《石家莊師範專科學校學報》第 4 卷第 3 期（2002 年 9 月），頁 40～43。

26. 文愚著：〈西漢后妃干政問題淺析〉，《史學月刊》第 12 期（2002 年），頁 114～117。

27. 張星久著：〈母權與帝制中國的后妃政治〉，《武漢大學學報（社會科學版）》第 56 卷第 1 期（2003 年 1 月），頁 41～51。

28. 魯同群著：〈略論漢初儒家知識份子〉，《南京師大學報（社會科學版）》第 2 期（2003 年 3 月），頁 141～148。

29. 李媛媛著：〈《漢書·刑法志》評述〉，《呼蘭師專學報》第 19 卷第 3 期（2003 年 9 月），頁 8～11。

30. 張麗著：〈以呂后的性格特徵看臨朝稱制〉，《黑龍江教育學院學報》第 4 期（2003 年），頁 85～86。

31. 李鋒敏著：〈淺談武則天嵩山封禪與道佛兩教的興盛〉，《甘肅高師學報》第 8 卷第 6 期（2003 年），頁 66～68。

32. 王雙懷著：〈關於秦漢農業的若干問題〉，《西北大學學報（哲學社會科學版）》第 35 卷第 1 期（2005 年 1 月），頁 14～22。

33. 安秀玲著：〈武則天的人才思想及其啓示〉，《商丘職業技術學院學報》第 4 卷第 3 期（2005 年 6 月），頁 44～45。

34. 魯雲華著：〈試論呂后歷史功過〉，《和田師範專科學校學報》第 25 卷第 5 期（2005 年 7 月），頁 167～168。

35. 何磊著：〈武周革命對李唐王朝的影響〉，《雲南師範大學學報（哲學社會科學版）》第 37 卷第 6 期（2005 年 11 月），頁 33～37。

36. 王雙懷著：〈論武則天當政時期的經濟形勢〉，《唐都學刊》第 21 卷第 6 期（2005 年 11 月），頁 1～6。

37. 冨谷至著：〈江陵張家山二四七號墓出土竹簡——とくに《二年律令》に關して〉，《木簡研究》第 27 號（2005 年），頁 244～249。

38. 楊振紅著：〈秦漢律篇二級分類説——論《二年律令》二十七種律均屬九章〉，《歷史研究》第 6 期（2005 年），頁 74～90。

39. 楊振紅著：〈從《二年律令》的性質看漢代法典的編纂修訂與律令關係〉，《中國史研究》第 4 期（2005 年），頁 27～57。

40. 馬小紅著：〈唐王朝的法與刑〉《政法論壇（中國政法大學學報）》第 24 卷第 2 期（2006 年 3 月），頁 73～86。

41. 黃霞、王倩著：〈試析武周吏治——兼論武則天的用人特徵〉，《宜賓學院學報》第 4 期（2006 年 4 月），頁 30～34。

42. 孫喆、劉廣林著：〈論西漢法律中的宗法倫理原則〉，《焦作師範高等專科學校學報》第 22 卷第 3 期（2006 年 9 月），頁 32～36。

43. 柳俊傑著：〈「家國一體」與中國古代倫理政治分析〉，《内蒙古社會科學（漢文版）》第 27 卷第 6 期（2006 年 11 月），頁 12～17。

44. 于華東著：〈略述武則天在歷史上的積極作用〉，《武漢大學學報（人文科學版）》第 59 卷第 6 期（2006 年 11 月），頁 796～800。

45. 楊頡慧著：〈從張家山漢簡《二年律令》看漢初法典的儒家化〉，《學術論壇》第 10 期（2006 年），頁 141～144。

46. 林紅著：〈漢代母權研究〉，《中華女子學院學報》第 19 卷第 2 期（2007 年 4 月），頁 77～81。

47. 汪兵著：〈生存‧協理‧代管：中國古代女性的權力〉，《思想戰線》第 3 期第 33 卷（2007 年），頁 70～79。

48. 陳世著：〈論呂雉爲穩定漢初局面做出的貢獻〉，《社科縱橫》第 2 期（2007 年），頁 114～115。

49. 趙文潤著：〈女皇武則天緣何執掌天下〉，《人民論壇》總第 190 期（2007 年），頁 60～61。

50. 淦家輝、李雪強著:〈宗法制度及其影響新議〉,《寧波廣播電視大學學報》第 6 卷第 1 期(2008 年 3 月),頁 108～111。

51. 白如祥著:〈從岱岳觀碑看泰山道教與唐代政治〉,《經濟與社會發展》第 6 卷第 4 期(2008 年 4 月),頁 181～183。

52. 林勵、林新陽著:〈淺析呂太后形象的多樣性〉,《湘潮》第 5 期(2008 年 5 月),頁 93～94。

53. 趙騫、彭忠德著:〈從角色理論看司馬遷筆下的呂后〉,《咸寧學院學報》第 28 卷第 4 期(2008 年 8 月),頁 58～61。

54. 陳舜貞著:〈司馬遷《史記》〈本紀〉義探索:從呂后立紀說起〉,《新亞論叢》(2009 年 6 月),頁 1～15。

55. 喬鳳岐著:〈武則天封禪嵩山略論〉,《淮北煤炭師範學院學報》第 30 卷第 3 期(2009 年 6 月),頁 34～36＋78。

56. 謝紹鶡著:〈呂后身後的西漢中樞政局〉,《西北大學學報(哲學社會科學版)》第 39 卷第 5 期(2009 年 9 月),頁 29～33。

57. 李慶陽著:〈武則天與忠孝觀念〉,《西北大學學報(哲學社會科學版)》第 39 卷第 6 期(2009 年 11 月),頁 138～140。

58. 陳靜著:〈試析西漢呂太后權力極盛之原因〉,《淮海工學院學報(社會科學版)》第 8 卷第 3 期(2010 年 3 月),頁 59～61。

59. 蔡明娟著:〈從唐代女官制度看唐代婦女〉,《北方文學》(2010 年 10 月),頁 79～80。

60. 李治勤著:〈武則天參政原因探析〉,《重慶科技學院學報(社會科學版)》第 8 期(2010 年),頁 116～118。

61. 夏增民著:〈從張家山漢簡《二年律令》推論漢初女性社會地位〉,《浙江學刊》第 1 期(2010 年),頁 85～90。

62. 郭露媛、王敏著:〈由「牝雞司晨」看范祖禹、司馬光對武則天的史學態度〉,《文學界(理論版)》第 7 期(2010 年),頁 160。

63. 蘭青青著:〈《史記》中西漢開國功臣命運初探〉,《魅力中國》第 12 期(2010 年),頁 205＋207。

64. 李宗慈著:〈從分封和翦滅異姓諸侯王看漢初「武人政治」出現的原因〉,《鄭州航空工業管理學院學報(社會科學版)》第 30 卷第 6 期(2011 年 12 月),頁 45～48。

65. 呂軍旺著:〈漢唐初年統治階層指導思想之比較〉,《內蒙古農業大學學報(社會科學版)》第 13 卷第 6 期(2011 年),頁 336～338。

66. 曾秀芳著:〈司馬遷的婦女觀及其成因探析——以《史記》為考察文本〉,《求索》第 1 期(2011 年),頁 242～244。

67. 李恆全著：〈從出土簡牘看秦漢時期的戶稅徵收〉，《甘肅社會科學》第 6 期（2012 年），頁 160～163。

68. 米莉著：〈女主政治研究的範式與未來趨向〉，《湖南師範大學社會科學學報》第 5 期（2012 年），頁 46～50。

五、網站

1. 〔宋〕宋祁：《筆記》，百家諸子：中國哲學書電子化計劃 http://ctext.org/wiki.pl?if=gb&res=735570

2. 〔宋〕呂祖謙：《大事記解題》，百家諸子：中國哲學書電子化計劃 http://ctext.org/library.pl?if=gb&res=480

3. 〔宋〕計有功撰：《唐詩紀事》，百家諸子：中國哲學書電子化計劃 http://ctext.org/wiki.pl?if=gb&res=438234

4. 〔明〕胡應麟著：《少室山房筆叢》，百家諸子：中國哲學書電子化計劃 http://ctext.org/wiki.pl?if=gb&chapter=972297，2014 年 4 月 27 日。

5. 〔清〕徐松：《登科記考》，百家諸子：中國哲學書電子化計劃 http://ctext.org/library.pl?if=gb&res=78391

6. 簡帛研究 http://www.jianbo.org/index.asp